Klaus Hildebrand

Deutsche Außenpolitik 1933–1945

Kalkül oder Dogma?

Vierte Auflage
mit einem Nachwort:
Die Geschichte der deutschen Außenpolitik (1933–1945) im Urteil
der neueren Forschung: Ergebnisse,
Kontroversen, Perspektiven

Verlag W. Kohlhammer
Stuttgart Berlin Köln Mainz

Meiner Mutter

CIP-Kurztitelaufnahme der Deutschen Bibliothek

Hildebrand, Klaus:
Deutsche Außenpolitik : 1933–1945 ; Kalkül oder Dogma? / Klaus Hildebrand. –
4., erg. Aufl. Mit e. Nachw.: Die Geschichte der deutschen Außenpolitik
(1933–1945) im Urteil der neueren Forschung. –
Stuttgart, Berlin, Köln, Mainz : Kohlhammer, 1980.
ISBN 3-17-005572-0

Vierte, ergänzte Auflage 1980
Alle Rechte vorbehalten
© 1971 Verlag W. Kohlhammer GmbH
Stuttgart Berlin Köln Mainz
Verlagsort: Stuttgart
Umschlag: hace
Gesamtherstellung: W. Kohlhammer GmbH
Grafischer Großbetrieb Stuttgart
Printed in Germany

Inhalt

Vorwort 7

Einleitung: ›Kontinuität‹ oder ›Bruch‹ in der Außenpolitik des preußisch-deutschen Nationalstaates 9

I. Kapitel: Außenpolitische Positionen innerhalb der NSDAP vor der ›Machtergreifung‹ 19

II. Kapitel: Traditionelle Revisionsforderungen als Auftakt zur Expansionspolitik des Dritten Reiches (1933–1935) 30

III. Kapitel: Das Ringen um England (1935–1937) 43

IV. Kapitel: Der Weg in den Krieg (1937–1939) 55

  1. Hitlers ›Programm‹ der Expansionen und Chamberlains Konzept des Appeasement 55

  2. Der ›Anschluß‹ Österreichs und die englische Neutralität 63

  3. Das Münchener Abkommen und die ›Auskreisung‹ der Sowjetunion 69

  4. Der ›Griff nach Prag‹: Zu einer Diagnose der deutschen Außenpolitik 78

  5. Die polnische Krise und der ›aufgezwungene‹ Krieg 86

V. Kapitel: Die Idee einer ›Teilung der Welt‹ (1939–1940) 94

VI. Kapitel: Im Zeichen des Unternehmens ›Barbarossa‹: Machtpolitik und Doktrin im Widerspruch (1941–1943) 107

VII. Kapitel: Deutschland zwischen den USA und der UdSSR: Die Anfänge des ›Kalten Krieges‹ (1943–1945) 122

Schlußbetrachtung: Hitler in der preußisch-deutschen Geschichte:
Zum Verhältnis von Innen- und Außenpolitik 135

Abkürzungsverzeichnis 146

Literatur in knappster Auswahl 146

Anmerkungen 147

Personenregister 180

Nachwort zur vierten Auflage:
Die Geschichte der deutschen Außenpolitik (1933–1945) im Urteil
der neueren Forschung: Ergebnisse, Kontroversen, Perspektiven . 183

Anmerkungen zum Nachwort 202

Vorwort

Sicherlich ist es ein Wagnis, den Versuch zu unternehmen, auf relativ knappem Raum eine Darstellung der Außenpolitik des Deutschen Reiches während der Jahre 1933—1945 vorzulegen — selbst wenn der Verfasser bewußt auf den Ansatz zur Vollständigkeit im Sinne einer Ereignisgeschichte verzichtet und sich auf eine Skizze der historischen Entwicklung beschränkt. Dennoch erscheint es lohnend und notwendig — zumal in einer Zeit, in der das Genre der Spezialuntersuchungen blüht —, sich im Bewußtsein der Vorläufigkeit eines solchen Unternehmens einmal dem Ganzen eines Zeitabschnitts, seiner Politik und Akteure, zu widmen, um damit der Gefahr einer ›Atomisierung‹ von Geschichte in Details entgegenzuwirken.

Es wäre mir gewiß unmöglich gewesen, mich diesem Thema zu nähern, hätte ich dabei nicht zahlreiche Hilfe und Beratung erfahren dürfen.

Vor allem die grundlegenden Arbeiten zur deutschen Außenpolitik von Professor A. Hillgruber (Freiburg i. Brsg.) sowie dessen kritische und anregende Korrektur des Manuskripts meiner Studie wiesen mich auf den Weg, der mich zu der im folgenden vorgetragenen Analyse führte.

Ebenso fühle ich mich der Unterstützung durch meinen Freund Dr. V. Berghahn (University of East Anglia, Norwich) dankbar verpflichtet, mit dem ich alle im Buch angeschnittenen Probleme ausführlich erörterte und der das Manuskript gleichfalls sorgfältig durchsah.

Meine Kollegen J. Dülffer (Freiburg i. Brsg.), Priv.-Doz. Dr. W. Link (Universität Marburg/L.), Dr. B. Martin (Universität Freiburg i. Brsg.), Dr. J. Röhl (University of Sussex), Dr. M. Stürmer (Technische Hochschule Darmstadt) und Priv.-Doz. Dr. H.-U. Wehler (Universität Köln) scheuten ebenfalls nicht die Mühe, meine Skizzen zur deutschen Außenpolitik zu lesen und sachkundig zu kommentieren: Ihnen allen, die mir geholfen haben, gilt mein aufrichtiger Dank!

Endlich sei betont, daß mir das große Werk von Professor H.-A. Jacobsen (Bonn) zur nationalsozialistischen Außenpolitik für den Zeitraum der Jahre von 1933–1938 eine stets wertvolle Orientierung bot.

Daß der Versuch, ein relativ weit gestecktes Thema auf vergleichsweise sehr begrenztem Raum abzuhandeln, keine ›endgültigen‹ Ergebnisse vermitteln kann, braucht nicht besonders betont zu werden. Meine Absicht ist es, durch eine historische Betrachtung der deutschen Außenpolitik in den Jahren 1933–1945 einen Beitrag zu liefern, der die Diskussion über die Probleme der preußisch-deutschen Großmacht erneut anregen und weiterführen möge.

Zum Schluß möchte ich nicht versäumen, Frl. Beatrix Nips (Mannheim), die das Manuskript rasch und zuverlässig in eine lesbare Form übertrug, herzlich zu danken.

London, im August 1970   K. H.

EINLEITUNG

›Kontinuität‹ oder ›Bruch‹ in der Außenpolitik des preußisch-deutschen Nationalstaates

Die These vom ›Primat der Außenpolitik‹ ist in der deutschen Geschichtswissenschaft der Nachkriegszeit heftig umstritten.[1] Fast gehört es schon zu den Gemeinplätzen geschichtswissenschaftlicher Forschung, zu fordern, man müsse die Interdependenz von Innen- und Außenpolitik als entscheidendes Kennzeichen moderner Historiographie gebührend berücksichtigen. Nicht zuletzt angesichts solcher theoretischer Überlegungen bedarf die Ankündigung eines Buches zur Außenpolitik des Dritten Reiches vorab einer thematischen Rechtfertigung und methodischen Besinnung. Unsere Untersuchung möchte Grundzüge der deutschen Außenpolitik während der Jahre 1933–1945 skizzieren, in bewußt gedrängter Form den Stand der internationalen Forschung auf diesem Gebiet spiegeln und neue Gedanken zu den außenpolitischen Planungen und Konzeptionen, ihrer Verwirklichung und ihrem Scheitern in den dreißiger und vierziger Jahren unseres Jahrhunderts vortragen. Damit soll eine Lücke in der sonst so reichhaltigen Literatur über das ›Dritte Reich‹, seinen ›Führer‹ Adolf Hitler und die ›Bewegung‹ des Nationalsozialismus geschlossen werden.[2] Es ist jedoch nicht beabsichtigt, eine vollständige Ereignisgeschichte der diplomatischen Beziehungen zwischen den ›großen Mächten‹ als eine vielleicht global erscheinende, im Grunde aber rein deskriptive Vorgeschichte und Geschichte des Zweiten Weltkrieges zu bieten, die Fakten sammelt, aber nicht erklärt. Denn gerade Erklärung scheint heute im Zusammenhang mit allen wissenschaftlichen Bemühungen um die Erforschung der Hitler-Diktatur nötig zu sein, um das »mit Vernunft betrachtet brennendste aller Erkenntnisprobleme« unserer Gegenwart,[3] das Phänomen Adolf Hitler, begreifen zu können.

Ein Weg zu diesem Ziel, der uns gleichzeitig erlaubt, unseren heutigen Standort in der Geschichte zu bestimmen, führt uns auf das Terrain der äußeren Politik des ›Dritten Reiches‹ als der höchsten Steigerung der welthistorischen Epoche des Imperialismus,[4] als Ergebnis der durch die

Motive von ›Gleichgewicht oder Hegemonie‹[5] charakterisierten Geschichte des europäischen Staatensystems und als Vollendung bzw. als Ruin der preußisch-deutschen Nationalgeschichte.[6] Gerade weil die deutsche Geschichtswissenschaft in ihrer besten Tradition[7] jahrzehntelang die Quellen im Zeichen der methodisch prägenden Vorentscheidung für den ›Primat der Außenpolitik‹ durchforschte — nicht zuletzt deshalb, weil auch das subjektive Bewußtsein der leitenden Politiker von Bismarck bis Hitler die Außenpolitik weitgehend als Domäne des wahren Staatsmannes einschätzte —, wir dagegen heute wissen,[8] wie funktional-abhängig, manchmal sogar direkt und beabsichtigt außenpolitische Aktionen in den Dienst innenpolitischer Aufgaben gestellt werden, erscheint ein Blick auf die Außenpolitik des Dritten Reiches fruchtbar, um neben einem Fragen nach den ›letzten Zielen‹ Hitlers, den Planungen seiner Partei und den Ideen der ihn — erst willig, dann zunehmend verdrossener — unterstützenden Konservativen zu einer ›Ortsbestimmung‹ des nationalsozialistischen Systems und seines ›Führers‹ in der Geschichte der preußisch-deutschen Großmacht vorzudringen.

Dabei wird sich die Studie innerhalb der auch in den Handbüchern zur modernen Geschichte geläufigen Zäsuren der Jahre 1933–1945 bewegen,[9] ohne diesen Zahlen mehr Wert beizumessen, als sie als konventionelle Orientierungshilfen besitzen.

Gewiß ist das Jahr 1945 als eine sog. weltgeschichtliche Zäsur ins Bewußtsein vieler der miterlebenden Zeitgenossen eingegangen. Die Kapitulation des Deutschen Reiches leitete für alle Welt deutlich die Vorherrschaft jener beiden Flügelmächte, der USA und der UdSSR, ein, die, aus verschiedenen Motiven bestimmt,[10] auch bereits in die Politik der dreißiger Jahre — wenn auch für das Bewußtsein der Mehrzahl der Zeitgenossen kaum *direkt* sichtbar — eingriffen und die Hitler beide in die Phalanx seiner Gegner einbezogen hatte. Großbritannien, das zu den Siegern zählte, existierte zwar an der Spitze eines nach wie vor scheinbar mächtig auftretenden Commonwealth[11] weiter. Unverkennbar aber war, daß die Ereignisse des 1945 zu Ende gehenden Weltkrieges mitgeholfen hatten, den Prozeß des macht- und wirtschaftspolitischen Niedergangs Englands, der lange vorher eingesetzt hatte,[12] zu beschleunigen. Sowohl das geschlagene Deutschland, dessen beide Teilstaaten sehr bald wieder in den Rang mittlerer Mächte aufstiegen, als auch das siegreiche England, das während der gleichen Zeit zu einer mittleren Macht absank, repräsentierten an der Wendemarke des Jahres 1945 das zur Neige gehende Zeitalter europäischer Vorherrschaft über die Welt. Durch den Verlauf des Zweiten Weltkrieges angespornt, verstärkten dagegen die revolutionären Befreiungsbewegungen in den Ländern der kolonialen und halbkolonialen Welt ihre Emanzipationsbestrebungen, und bald schon mußten die beiden das europäische System der Machtpolitik ablösenden neuen Supermächte auf die Wünsche und Vorstellungen der sog. Dritten Welt Rücksicht nehmen.[13] Ja, während die Angehörigen der Eliten der jungen Nationen Asiens und Afrikas Bildungsprinzipien, Lebensstil und Leistungsethik Europas aus Harrow, Oxford und Frankreichs ›Grandes Écoles‹ übernahmen, gab und gibt sich vor allem die intellektuelle Jugend des alten Kontinents den Kulturen des Fernen Ostens und Schwarzafrikas hin, um in der kontemplativen Innerlichkeit und ursprünglichen Naivität einst belächelter Riten Erlösung vom materialistischen Erfolgsstreben der westlichen Welt zu finden.[14]

Diese bis in den Bereich der Privatheit des Individuums deutlichen Einschnitte dürfen allerdings nicht darüber hinwegtäuschen, daß auch starke Kontinuitäten das Epochejahr 1945 überdauert haben. Vor allem die als so notwendig geforderte, ja hoffnungsvoll erwartete ›neue Moral‹ in der internationalen Politik[15] konnte offenbar bis heute den Gang der Weltgeschichte kaum entscheidend beeinflussen. 1945 allerdings, als über dem Territorium des asiatischen Partners des ›Dritten Reiches‹ die Atombombe fiel und das nukleare Zeitalter einleitete, da glaubte man, den Krieg nicht mehr länger als Mittel der Politik betrachten zu können, um Mitgliedern der Staatengesellschaft den eigenen Willen zu bestimmten Zwecken aufzuzwingen. Konsequenzen jedoch zog man aus dieser Einsicht kaum und ächtete auch den Krieg nicht, sondern fuhr im Besitz einer erschreckend modernen Waffe fort, in Kategorien zu denken,[16] die der europäischen Politik im Prinzip seit den Tagen Heinrichs II. von England (1133—1189), Philipps II. August von Frankreich (1165—1223) und Karls V. von Spanien (1500 bis 1558) vertraut waren. Auch die im Zeichen des im Weltkrieg bereits (wieder) anbrechenden ›Kalten Krieges‹ und im Windschatten amerikanischer atomarer Politik sich etablierende politische Führung der Bundesrepublik dachte und denkt in weiten Teilen bis heute in jenen Kategorien der Machtpolitik unter spezifisch deutschen Vorzeichen weiter, die z. T. von den Tagen Bismarcks bis ins ›Dritte Reich‹ hinein bestimmend blieben und die wir auf den folgenden Seiten erkennen wollen. Nicht zu übersehen ist dabei allerdings, daß die Bundesrepublik als eine nur mittlere Macht kaum je wieder so entscheidend in die Weltpolitik wird eingreifen können, wie dies für das Deutsche Reich in den vorhergehenden Epochen der europäischen und der Weltgeschichte der Fall war. Denn als Ausgangspunkt für unsere Betrachtung sollten wir festhalten, daß das Reich 1945 als autonomer außenpolitischer Faktor ausgeschaltet wurde, seine Erben — ganz anders als nach dem Ende des Krieges von 1914—1918 — auf den Status von Mächten zweiten oder dritten Ranges zurückfielen und dieses Datum wohl das Ende der von Bismarck in raschen Waffengängen und im Pakt mit dem Bürgertum während der sechziger Jahre des vorigen Jahrhunderts geschaffenen preußisch-deutschen Großmacht bildete.[17]

Noch problematischer erscheint die Diskussion um Kontinuität oder Bruch in der Außenpolitik des preußisch-deutschen Nationalstaates jedoch, wenn wir einen Blick auf das Datum des Jahres 1933 werfen. Vor zwei Jahren erschien in der Bundesrepublik eine umfangreiche, äußerst kenntnisreich geschriebene und auf kaum zu überbietender Materialbasis aufgebaute Studie aus der Feder des Bonner Politikwissenschaftlers Hans-Adolf Jacobsen,[18] die mit überreichen Belegen die These plausibel zu machen versucht, 1933 habe in der deutschen Außenpolitik ein neues, typisch nationalsozialistisches Kapitel der Geschichte begonnen. Denn Hitlers ›revolutionäre‹ Methoden, sein außenpolitisches Wirken über ›Fünfte Kolonnen‹, seine rassenideologische Fundierung außenpolitischer Planungen, das Agitieren verschiedenster Gruppen der Staatspartei des ›Dritten Reiches‹ und ihre nicht unerheblichen Einflüsse auf den Entscheidungsprozeß der Außenpolitik, verbunden mit einer in ihrer Zielsetzung prinzipiell maßlosen Politik — dies alles bestimmt Jacobsen dazu, 1933 einen Bruch in der Geschichte der deutschen Außenpolitik zu registrieren. Seine kühne These hat inzwischen Widerspruch gefunden, und mit ebenso gewichtigen Argumenten legt etwa der Freiburger Historiker Andreas Hillgruber den Akzent auf die den »Weg von Bismarck bis Hitler« kennzeichnende Kontinuität in der deutschen Außenpolitik zwischen 1866/71 und 1945.[19] Daher wird es eine unsere Untersuchung zentral beschäftigende Frage sein, aus der Optik der Zeitgenossen, aber auch aus der relativ gesicherten Perspektive der rückblickenden Betrachtung heraus diese Kontroverse zu verfolgen und einer Klärung zuzuführen. Dabei wird es unumgänglich sein, sich zuweilen der Methode des historischen Vergleichs zu bedienen und politische Situationen, Zielvorstellungen und Strategien der Außenpolitik des ›Dritten Reiches‹ neben solche aus vorhergehenden Epochen zu stellen. Weiterhin gilt es, Unterschiede und Gleichheiten etwa durch folgende Fragen zu erschließen: Wer legte vor und nach 1933 die Prinzipien der Außenpolitik fest? Welche Interessen prägten vor und nach dem ›30. Januar 1933‹ außenpolitische Entscheidungen? Hatte sich die Gesellschaft grundlegend verändert, auf deren Boden vor und nach der ›Machtergreifung‹ Außenpolitik betrieben wurde? Welche Ziele visierte die Außenpolitik vor und nach Hitlers Machtantritt an? Wie versuchte man, sie zu realisieren? Beschritt man durchaus vertraute Wege der Politik, oder suchte man das Ziel vor allem auf den Pfaden abenteuerlich-revolutionärer Strategie zu erreichen? Welcher Stellenwert endlich kam der Außenpolitik innerhalb der Gesellschaft während der Bismarck-Ära, des Wilhelminischen Reiches, der Weimarer Republik und des Hitler-Staates zu?

Um alle diese Fragen beantworten zu können, erscheint es hilfreich, in einem Rückblick auf die Geschichte der Außenpolitik des preußisch-deutschen Nationalstaates den historischen Hintergrund zu schaffen, ohne den ein Verständnis der Ereignisse zwischen 1933 und 1945 unmöglich ist. Es geht dabei nicht darum, eine bekannte Linie nachzuvollziehen, die »from Luther to Hitler« besonders Preußens Könige, ihren ›Militarismus‹ und ihre Expansionspolitik zu Vorläufern Hitlers stempelt.[20] Sinnvoller dürfte es sein, sich innerhalb eines einigermaßen gesicherten Terrains der Forschung zu bewegen und die historischen Voraussetzungen, denen sich die deutsche Außenpolitik auch in den dreißiger und vierziger Jahren dieses Jahrhunderts ausgesetzt sah, im Rahmen der Geschichte des preußisch-deutschen Nationalstaates kurz darzulegen. Denn die prekäre Situation der neuen Großmacht Preußen-Deutschland, entweder ihre im Grunde von Englands Gnaden garantierte ›halbhegemoniale‹ Stellung zu behalten oder aber zur Weltmacht aufzusteigen, blieb bis ins ›Dritte Reich‹ hinein für die deutsche Außenpolitik ein aktuelles Problem.[21] Bereits kurz nach der offiziellen Begründung des Kaiserreichs wurde in der sog. Krieg-in-Sicht-Krise des Jahres 1875 die gefährdete Lage des neuen, in das europäische Staatensystem eingedrungenen Partners offenkundig. Als Reaktion auf dieses außenpolitische Ereignis wurden im Bismarck-Reich drei Strategien als außenpolitische Möglichkeiten der Option entwickelt, die Andreas Hillgruber[22] einmal systematisch zusammengestellt hat und die hier — verbunden mit ergänzenden Überlegungen — wiederholt seien, weil sie uns mehr oder minder deutlich auch in der Außenpolitik des ›Dritten Reiches‹ begegnen werden.

Zum einen zog Bismarck die Möglichkeit in Betracht, künftige außenpolitische Krisen Preußen-Deutschlands im Rahmen einer sog. Kompensationsstrategie zu lösen. Entsprechend den der Kabinettspolitik vergangener Jahrhunderte entlehnten Methoden des Ländertausches und des Gebieteschachers gedachte er, entweder mit Frankreich zu einem Ausgleich zu gelangen, indem man sich über eine Aufteilung Belgiens einigen wollte; oder aber mit Rußland, dessen zunehmende Größe dem Kanzler noch weit bedrohlicher erschien, zu friedlichem

Nebeneinander zu finden, indem Bismarck eine Aufteilung Südosteuropas (im äußersten Falle einschließlich der k. u. k. Monarchie) in Erwägung zog.

Die zweite in der Bismarck-Ära diskutierte außenpolitische Strategie, die auch in späteren Epochen der deutschen Geschichte immer wieder auftauchte, war die im Generalstab ventilierte und vor allem vom älteren Moltke vertretene Präventivkriegsidee, in einer als günstig bewerteten internationalen Situation durch einen militärischen Blitzschlag einen der potentiellen bzw. wahrscheinlichen Gegner des Reiches niederzuwerfen, um diplomatischen Aktionsraum zu gewinnen. Bismarck selbst trat kaum als Freund einer solchen, ihm offenbar zu riskant erscheinenden Lösung auf. Denn angesichts des labilen innenpolitischen Zustandes Preußen-Deutschlands bevorzugte er es, die Armee in zukünftigen innenpolitischen Auseinandersetzungen als Bürgerkriegstruppe Gewehr bei Fuß hinter sich und der Krone zu wissen, und lehnte es ab, ihre Existenz in einem die bestehende Sozialordnung Europas insgesamt gefährdenden Krieg aufs Spiel zu setzen.

Endlich gilt es, die dritte, von Bismarck tatsächlich praktizierte, von Bethmann Hollweg wieder aufgenommene und unter veränderten Vorzeichen auch von Vertretern der Weimarer Revisionsdiplomatie wie Stresemann verfolgte Konzeption zu erörtern: Aus einer den europäischen Status quo, an dessen prinzipiellen Bestand für Bismarcks Verständnis auch die Gesellschaftsordnung Preußen-Deutschlands gebunden war, garantierenden, defensiv verstandenen Politik heraus versuchte er, die internationalen Spannungen des europäischen Staatensystems »nach Übersee zu exportieren«[23] und z. T. konstruierte Konflikte an der Peripherie zu schüren, um überschüssige und explosive Energien vom alten Kontinent abzulenken. In Europa sollte das Reich im Prinzip innerhalb der 1866/71 geschaffenen Grenzen fortexistieren — wenn auch aus wirtschaftlichen Notwendigkeiten heraus »Mitteleuropapläne« diskutiert wurden[24] —, während gleichzeitig im Zuge der sog. ›sekundären Integration‹ (Sauer) das Reich imperialistisch nach Übersee ausgriff. Auf diese Art und Weise eben sollte der alte Kontinent vor jenem Krieg bewahrt bleiben, der nach Bismarcks Verständnis — darin unterschied er sich von manchem der Offiziere im Großen Generalstab — die Sozialordnung des Reiches und Europas zu verschlingen drohte. Die vom Reichsgründer bewußt gestartete Politik des überseeischen Expansionismus dagegen ergänzte dieses Bemühen, indem sie die der bestehenden und eben zu bewahrenden Gesellschaftsordnung entspringenden Notwendigkeiten der Beschaffung von Rohstoff- und Absatzmärkten befriedigte bzw. allein schon dem psychologisch latenten Bedürfnis vor allem der bürgerlichen Schichten in Deutschland nach einer »neuen und dynamischen« Politik entgegenkam.

Eine vierte und grundsätzliche Möglichkeit deutscher Außenpolitik,[25] wie wir sie im ›Dritten Reich‹ in der Diskussion konservativer Repräsentanten immer wieder antreffen, erkennen wir in der schon während der ›Ära Bismarck‹ erörterten und dann im Wilhelminischen Reich praktizierten Weltmachtpolitik. Es kann an dieser Stelle nicht unsere Aufgabe sein, zu entscheiden, ob dabei, wie Fritz Fischer glaubt, die politischen Ziele, zur Weltmacht durchzubrechen, auslösend den Ersten Weltkrieg motiviert haben, oder ob seine Gegner Recht haben, die das Postulat des Weltmachtstrebens gleichfalls anerkennen, die Politik der Reichsregierung 1914 dennoch nicht als zum Krieg treibend begreifen und erst nach Ausbruch des Ringens von jenen dann ins Auge gefaßten Kriegszielen sprechen, die auf die Etablierung einer Weltmachtstellung abzielten.[26] In unserem Zusammenhang erscheint dabei entscheidend, daß mit dem auf Drängen der 3. Obersten Heeresleitung, besonders aber unter dem Druck Ludendorffs verwirklichten Kriegszielprogramm von Brest-Litowsk (1917/18)[27] jene weiten, sich unmittelbar an das Reich im Osten anschließenden Areale des eben gegründeten, revolutionären russischen Staates erobert und unter Kontrolle gestellt wurden, die tatsächlich den Kern für eine Weltmachtstellung schufen. Denn das anschließende Ausgreifen des Reiches nach Übersee war für die gleichen Vertreter des deutschen Imperialismus, die den später »vergessenen Frieden« von Brest-Litowsk[28] diktierten, eine ebenso beschlossene Sache.[29] Der Plan, in zwei Etappen zur Weltmacht durchzubrechen, erst den kontinentalen Kern zu schaffen und dann nach Übersee zu expandieren, läßt sich bereits in den Diskussionen um die Kriegsziele im Ersten Weltkrieg deutlich verfolgen, hat seine Vorläufer im Wilhelminischen Reich[30] und in der Bismarck-Ära. Denn nicht zuletzt waren es neben originär-machtpolitischen Erwägungen gesellschaftliche Notwendigkeiten, die dazu bestimmten, einerseits auf mitteleuropäische Lösungen in Form eines ›Großwirtschaftsraumes‹ zu drängen und darüber hinaus bzw. alternativ dazu koloniale Ziele ins Auge zu fassen. Für die Gedankenbildung und das ›Programm‹ Hitlers aber scheint das Ereignis des Friedens von Brest-Litowsk als Anknüpfungspunkt unübersehbar, wenn man sich gleichzeitig vor Augen führt, daß die ›Ostlösung‹ von Brest-Litowsk im Kulminationsjahr des Weltkrieges verwirklicht wurde: Durch den Eintritt der USA hatte der Krieg tatsächlich globale Dimensionen erhalten,[31] und die russische Revolution ließ erstmals in der Geschichte des einst homogen gefügten Staatensystems soziale Spannungen in internationalen Dimensionen deutlich werden.³² In Deutschland gewann die Totalität des Krieges Ausdruck im sog. ›Hindenburgprogramm‹; Umsiedlungsaktionen von Kriegsgefangenen und Dienstverpflichtungen der Heimatbevölkerung waren den europäischen Nationen bereits bekannt.³³ In den westlichen Demokratien beherrschten charismatische Führerpersönlichkeiten die politische Szenerie, und in Deutschland entstand mit der Deutschen Vaterlandspartei eine bald über eine Million Mitglieder umfassende, aus dem legitimistisch-monarchischen Gefüge des Kaiserreichs herausfallende Bewegung organisierter Massen und ihrer demagogischen Führer wie dem Großadmiral Tirpitz.³⁴ Ja, auf dem südöstlichen Kriegsschauplatz Europas praktizierte der bulgarische Verbündete der Mittelmächte gegenüber den feindlichen Serben bereits das, was später unter dem Begriff ›Auschwitz‹ die Welt erschütterte.³⁵

Angesichts der Siegesstimmung nach dem Brester Frieden und der Tatsache, daß die deutschen Truppen tief in Feindesland standen, empfand die deutsche Bevölkerung den Zusammenbruch vom November 1918 fast ausnahmslos als unverständliche, tiefe Schmach. Nur über die Dolchstoßlegende³⁶ glaubte man Erklärung für die Niederlage finden zu können. Betrachtet man dagegen die Situation im historischen Rückblick, so hatte die deutsche Außenpolitik trotz der als unerträglich empfundenen Beschränkungen des Versailler Vertragswerkes 1919 und in den folgenden Jahren größere Möglichkeiten der außenpolitischen Option als zuvor im Wilhelminischen Reich oder in der Bismarck-Ära. Denn eine strukturell funktionierende Wirtschaft im Rücken, konnten die Außenpolitiker der Weimarer Republik, zwischen England und Rußland erstmals relativ frei lavierend, Strategien entwickeln, die eine Revision des ›Diktats von Versailles‹ und eine Wiedereinführung ins Konzert der Mächte erwirken sollten.³⁷ Während aber etwa Stresemanns an Bismarcksche Politik erinnernde und an wilhelminische Traditionen à la Rathenau und Bethmann Hollweg³⁸ anknüpfende Regierungspolitik über den konstitutiv eingesetzten wirtschaftlichen Hebel versuchte, Einfluß, ja durchaus auch eine indirekt-ökonomische Vormachtstellung des Reiches³⁹ in Europa zu gewinnen, spekulierte der Chef der Heeresleitung von Seeckt darauf, durch Wiederaufrüstung und Waffengänge ›Glanz und Gloria‹ der verblichenen Monarchie zu restaurieren.⁴⁰ Während die Diskussionen über die Chancen direktmilitärischer und indirekt-ökonomischer Möglichkeiten deutscher Außenpolitik hin- und hergingen, schickte sich eine Sammlungsbewegung des durch Krieg und Inflation verarmten und deklassierten Mittelstandes in der Weimarer Republik an, Wählerstimmen zu gewinnen. Nicht zuletzt über die Forderung nach einer ›starken‹ Außenpolitik glaubte sie, dieses Ziel erreichen zu können, um ihren Anhängern durch außenpolitische Alternativen zu den ›Systemparteien‹ wirtschaftliche Genesung, vor allem aber psychologische Heilung für die Niederlage des Weltkrieges zu bieten.

Welche außenpolitischen Konzeptionen innerhalb dieser ›Bewegung‹ auf der nationalen Rechten vertreten wurden, soll zu Beginn unserer Arbeit untersucht werden, um sodann in der Analyse der Außenpolitik nach 1933 zu verfolgen, welche Ideen der ›braunen Bewegung‹ realisiert bzw. welche — bezeichnenderweise — fallengelassen wurden. Dabei geht es, wie schon eingangs angedeutet wurde, in erster Linie nicht darum, nach Art des Chronisten ›vollständig‹[41] über alle Ereignisse und Begebenheiten auf außenpolitischem Feld zu berichten. Hin und wieder mag durchaus das Fernrohr dazu verhelfen, die Darstellung zu raffen, um dann an anderer Stelle das Mikroskop benutzen zu können, wenn Entscheidungsprozesse en détail diagnostiziert werden müssen. Denn unsere Studie will deutsche Außenpolitik nicht allein auf die Entscheidungen und Handlungen Hitlers reduzieren. Die unabhängig vom ›Führer‹ bzw. in Opposition zu ihm entwickelten ›Alternativen‹ des Auswärtigen Amtes (einschließlich seines Ministers von Ribbentrop), der Wehrmacht, hier vor allem der Marine unter Großadmiral Raeder sowie der Wirtschaft in ihren verschiedenen, interessendifferenzierten Gruppen sollen gleichfalls bekannt werden. Wenn sie auch nicht zum Zuge gekommen und also vergeblich gewesen sind, so gehören sie doch zu jenem Ganzen der historischen Wirklichkeit, das allein das ›Wahre‹ sein kann. Anders ausgedrückt und ins Methodische erweitert: Auch auf außenpolitischem Terrain muß die Vermittlung zwischen Hitler und jener Gesellschaft gestiftet werden, die ihn emportrug und an deren Spitze er außenpolitische Entscheidungen fällte. Handelte er im Auftrag oder in Übereinstimmung mit sozialen Kräften im damaligen Deutschland? Oder begegnet er uns als diktatorischer Welteroberer ohne Mandat und Entsprechung in seiner Gesellschaft? Ferner: Gab es wirtschaftliche Energien, die im Zusammenhang mit Hitlers machtpolitischem ›Programm‹ verstanden werden müssen?

Im folgenden kann also — das mag klar geworden sein — weder eine von gesellschaftlichen Voraussetzungen abstrahierende Machtgeschichte geschrieben, noch Außenpolitik so vordergründig personalisiert, wie George Hallgarten dies für die Epoche des Imperialismus getan hat, noch so brillant und ökonomisch aufgelöst werden, wie dies — dem Untersuchungsgegenstand offenbar angemessener und aus forschungsimmanenten Gründen eher möglich — Hans-Ulrich Wehler für Bismarcks Kolonialpolitik versucht hat.[42] Vielmehr muß in unserem

Falle neben den Motiven der Macht — und der Wirtschaftspolitik ein weiterer Faktor berücksichtigt werden, der beide Komponenten vermittelnd überwölbt und als eine der Triebkräfte der Außenpolitik des ›Dritten Reiches‹ Aufmerksamkeit verdient, die aufs rassistische Dogma fundierte ›Ideologie‹.[43] Innerhalb des Dreiecks von Machtpolitik, Wirtschaft und Ideologie gilt es, die Außenpolitik des Dritten Reiches vor dem Hintergrund der Geschichte der preußisch-deutschen Nation unter der Leitfrage nach Bruch oder Kontinuität zu analysieren[44] und dabei herauszufinden, was den Verlauf und das Scheitern deutscher Politik erklären kann: Wie verhält sich der Faktor der Ideologie zu den wirtschafts- und machtpolitischen Motiven und ihrer Verwirklichung in der deutschen Außenpolitik? Hat die Ideologie — als Propaganda in den Bereich der nationalen Öffentlichkeit übertragen — die Machtpolitik in Krieg und Frieden unterstützt, wie es die Zeitgenossen glaubten? Oder hat die Ideologie im Grunde irrationale Barrieren aufgerichtet, an denen die Realisierung einer aufs rationale Machtkalkül gegründeten Politik scheitern mußte? Diese Hypothese einmal als richtig unterstellt, wäre dann weiter zu fragen: Erscheint dieser Befund einer dogmatisch gestörten Machtpolitik als ein Novum in der preußisch-deutschen Geschichte, und liegt es somit nahe, 1933 als einen Bruch auf dem Weg von Bismarck bis Hitler zu bewerten? Oder hat auch diese Erscheinung Vorläufer in der deutschen Geschichte zwischen 1866/71 und 1945, die dazu bewegen, von einer Kontinuität deutscher Außenpolitik von der ›Ära Bismarck‹ bis ins Hitlerreich hinein zu sprechen?

I. KAPITEL

Außenpolitische Positionen innerhalb der NSDAP vor der ›Machtergreifung‹

Die Außenpolitik der Weimarer Kabinette heftig zu kritisieren und zu denunzieren, war eine der bevorzugten Methoden der nationalsozialistischen ›Bewegung‹, um die Wählerschaft des auf nationale Restauration erpichten Mittelstandes für sich zu gewinnen.[1] Fragt man dagegen, welche außenpolitischen Vorstellungen innerhalb der NSDAP in den zwanziger Jahren, d. h. nach der Wiedergründung der Partei am 27. 2. 1925 bis zur ›Machtergreifung‹ des Jahres 1933, vertreten wurden, so muß man zunächst folgendes feststellen: Es gehört zu den Legenden der Publizistik und Geschichtsschreibung, die nationalsozialistische Partei als ein monolithisches Gebilde vorzustellen,[2] um daraus schließen zu können, auch in den zwanziger Jahren habe die NSDAP auf außenpolitischem Feld mit *einer* Stimme gesprochen. Auf den ersten Blick scheint das Gegenteil zuzutreffen: Wie auf allen anderen Gebieten des politischen Lebens, so repräsentiert sich die ›Führer‹-Partei der Republik von Weimar auch auf außenpolitischem Terrain als eine autoritär geführte Anarchie.[3] Gerade die scheinbare Meinungsvielfalt, die auch den Bereich der Außenpolitik innerhalb der NSDAP charakterisiert, bildet dabei die Voraussetzung für das im letzten verbindliche Prinzip, den Dezisionismus des ›Führers‹ als gültige Maxime politischen Handelns zu begreifen. Es wäre sicherlich übertrieben, diesen Bezug von scheinbarer Anarchie und tatsächlicher Führung als einen — je nach politischer Couleur genialen oder teuflischen — Schachzug des ›Führers‹ zu verstehen. Allerdings ist kaum zu übersehen, daß Hitler aus den notwendigerweise sich ergebenden Differenzen in einer so bunt zusammengewürfelten Sammlungsbewegung wie der NSDAP und aus den Fehden seiner Paladine den für ihn nötigen Profit zog. Dieser Vorteil aber erlaubte es ihm, relativ ungehindert, in den dreißiger Jahren dann zunehmend ›absoluter‹[4] zu regieren. Der Kampf seiner Umgebung war für Hitler Voraussetzung und Notwendigkeit, um seine Führerstellung aufzubauen und zu bewahren. Die

Entscheidung über den Ausgang der jeweiligen Fehden sollte dabei zunehmend stärker bei Hitler liegen.[5] Er konnte souverän entscheiden und führen, weil seine Knappen einander mißtrauten und niemals zum Bündnis fanden. Denn sehr bald schon war es allein der Mythos der Hitlerschen Führerstellung, aus dem die ›Bewegung‹ geboren wurde und der sie am Leben erhielt. Totales Machtstreben und nackte Existenzsicherung, ›alles oder nichts‹, lagen für Hitler in den zwanziger und dreißiger Jahren eng beieinander, speisten sich aus der Quelle des permanenten Streits und fanden später im außenpolitischen Hazard um ›Weltmacht oder Untergang‹ ihre logische Entsprechung.

Diese Ergebnisse aber waren dem zeitgenössischen Beobachter der Weimarer Republik nicht so deutlich, wie wir sie heute rückblickend zu analysieren imstande sind. Vielmehr präsentierten sich dem Zeitgenossen vier verschiedene außenpolitische Positionen innerhalb der Hitlerbewegung, die hier einmal systematisch vorgeführt werden sollen: Auf der einen Seite standen die sog. wilhelminischen Imperialisten, ihnen diametral gegenüber die revolutionären ›Sozialisten‹. Immer stärker traten gegen Ende der Weimarer Republik die radikal-agrarischen Artamanen um Darré ins Blickfeld, die scheinbar die gleichen außenpolitischen Ziele verfolgten wie der Parteiführer Adolf Hitler, dem auch auf außenpolitischem Terrain die im Grunde meinungslose Masse des Partei- und Wählervolks willig und gläubig folgte, um Erlösung von der ›Versailler Schmach‹ und der sozialen Misere im ›Programm‹ des ›Führers‹ zu finden. Daß alle diese Positionen innerhalb der ›Bewegung‹ versuchten, Einfluß auf die Gedankenbildung Hitlers zu nehmen, liegt auf der Hand. Daß aber Hitler sein ›Programm‹ in Abhängigkeit von der bestehenden Gesellschaftsordnung, ja durchaus auch in einem gewissen Sinne, wenn auch subjektiv unbeabsichtigt, zu deren vermeintlichen Diensten formulierte und verwirklichte, wird sich zeigen, wenn es darum geht, Hitlers Außenpolitik in der Phase ihrer Realisierung zu betrachten. Verzichtet sei an dieser Stelle darauf, die mannigfaltigen außenpolitischen Meinungen innerhalb der nationalsozialistischen Partei während der sog. Frühzeit der ›Bewegung‹ von 1919–1923 im einzelnen darzustellen, da diese Aufgabe allein schon ein Buch füllen würde.[6] Übergangen seien auch die außenpolitischen Punkte des nationalsozialistischen Parteiprogramms der 25 Thesen, die am 24. 2. 1920 verkündet wurden: Denn die tatsächlich vertretenen außenpolitischen Positionen der verschiedenen Gruppen der Partei erscheinen interessanter als die Kompromißformeln jenes Tableaus vager Wünsche und Vorstellungen, das sich uns als Parteiprogramm darbietet.

Beginnen wir auf dem ›rechten‹ Flügel der NSDAP mit der Frage nach den außenpolitischen Ideen der sog. wilhelminischen Imperialisten. Zu dieser Gruppe der Partei gehörten Vertreter jener älteren Schicht vornehmlich von Offizieren, die ihre entscheidenden Eindrücke im Kaiserreich erhalten hatten. Männer wie der spätere Reichsstatthalter von Bayern und designierte Kolonialminister der vierziger Jahre, Franz Xaver Ritter von Epp,[7] oder der aus dem Kaiserreich als Kolonialenthusiast und innenpolitischer ›Reaktionär‹ bekannte General von Liebert[8] repräsentierten diesen Flügel innerhalb der NSDAP. Sie alle träumten von einer Restauration des einst machtvollen Hohenzollernreiches: Eine starke, möglichst hegemoniale Stellung für das Reich auf dem Kontinent wiederzuerringen, galt ihnen als wünschenswert und als Voraussetzung dafür, um nach Übersee auszugreifen, Deutschlands verlorene Kolonien zurückzuerwerben und somit die Grenzen von 1914 wiederherzustellen. Dem Verständnis dieser Repräsentanten des ›konservativen Deutschland‹ zufolge, aber auch seinen persönlichen Äußerungen gemäß gehörte als wohl prominentester Vertreter der NSDAP Hermann Göring zu dieser außenpolitischen Gruppierung der Partei. Rückhalt fanden diese Anhänger einer außenpolitischen sowohl kontinental als auch überseeisch verstandenen Restauration des Reiches in weiten Teilen des sog. nationalen Bürgertums und seiner politischen Interessenverbände wie dem Alldeutschen Verband, dem Deutschen Seeverein und den Kolonialvereinen. Diese Richtung und ihre außenpolitischen Wünsche scheinen vor dem Hintergrund der Skala des Weimarer Revisionismus weder außerordentlich originell noch typisch nationalsozialistisch zu sein. Vielmehr gleichen sie in vielen Punkten den außenpolitischen Maximen anderer Parteien der Mitte und der Rechten wie der DVP und der DNVP. Was Männer wie von Epp und von Liebert — Vertreter eines außenpolitischen Imperialismus und der innenpolitischen Reaktion, deren charakteristischer Weg von der äußersten nationalen Rechten im Wilhelminischen Reich zur NSDAP der Weimarer Republik führte — dabei von der offiziellen Revisionspolitik unterschied, waren die Methoden, dieses Ziel erreichen zu wollen: Wo die offizielle Politik zu verhandeln gedachte, da planten sie zu rüsten und zu kämpfen. Wo Stresemann geschickt aufs wirtschaftliche Motiv setzte, um zu reüssieren, da verharrten sie in den Kategorien militärischen Denkens — und berührten sich dabei etwa mit dem obersten Repräsentanten der Reichswehr, dem Chef der Heeresleitung General von Seeckt.

Erst viel später, nach der Machtübernahme, fand sich innerhalb dieses konservativen Flügels der wilhelminischen Imperialisten eine Gruppe von Männern wie Hjalmar Schacht,[9] Heinrich Schnee und

Kurt Weigelt,[10] die während der zwanziger Jahre noch versuchten, ihre Ziele einer indirekt vorgetragenen Revisionspolitik und eines friedlich verfolgten, ökonomisch geprägten Expansionismus über die die Republik tragenden Parteien durchsetzen zu können. Später aber gedachten sie, ihre an Hitlers ›Programm‹ gemessen konservativ-imperialistischen Ziele innerhalb der NSDAP und in Opposition zu Hitler zu realisieren und rückten damit zunehmend stärker an die Seite der wilhelminischen Imperialisten.

Dem konservativen Flügel entgegengesetzt vertraten die revolutionären ›Sozialisten‹ innerhalb der ›braunen Bewegung‹ ein ganz anderes außenpolitisches Konzept. Durch neuere Untersuchungen wissen wir,[11] daß es sich bei dieser Gruppe vornehmlich um die Arbeitsgemeinschaft der nordwestdeutschen Gauleiter handelte, die unter Führung der Brüder Gregor und Otto Strasser in Opposition zur Münchener Parteizentrale standen. Sie forderten einen national gefärbten Sozialismus, wobei sie anders als Hitler durchaus nicht dazu bereit waren, die sozialen oder sozialistischen Forderungen zugunsten der nationalen Parole aufzuopfern: Sie gedachten die ›Zauberformel‹ der Frontkämpfergeneration, die Synthese von Sozialismus und Nationalismus,[12] wie sie Oswald Spengler im dritten Jahr des Weltkrieges mit seiner Schrift über den ›preußischen Sozialismus‹[13] propagiert hatte, zu verwirklichen. Bei diesem Versuch spielten die außenpolitischen Ziele der Strasser-Gruppe eine entscheidende Rolle. Ein erster Blick auf die zahlreichen Äußerungen prominenter Vertreter der ›Nordwest-Arbeitsgemeinschaft‹ und auf die verschiedenen Entwürfe auf außenpolitischem Feld läßt den Betrachter allerdings erstaunen: Da ist einmal die Rede von einem »Bund der unterdrückten Völker«, in den das Reich einzubeziehen sei. An anderer Stelle wird für eben dieses Reich ein mittelafrikanisches Imperium als wirtschaftlicher Ergänzungsraum gefordert. Offenbar ein eklatanter Widerspruch, der sich jedoch aufklärt, sobald man in den Streit um die außenpolitische Richtung zwischen der Strasser-Gruppe und der Münchener Parteiführung unter Hitler näher eindringt. Denn in der Auseinandersetzung mit den innen- und außenpolitischen Zielen Hitlers formulierten die sozialistischen Revolutionäre endlich ihre ›14 Thesen der deutschen Revolution‹ vom Sommer 1929, die sie deutlich von allen anderen Gruppierungen und deren außenpolitischen Konzeptionen abhoben. Ein entscheidendes Kennzeichen dieser Entwicklung scheint dabei zu sein, daß sich die Position der ›Sozialisten‹ um die Brüder Strasser von der Forderung nach einem afrikanischen Reich, wie es die Kriegszieldiskussion bekanntlich vier Jahre lang beschäftigt hatte, zur Absage an jede Form kolonialer und imperialistischer Unterdrückung gewandelt hatte. Nunmehr, 1929, forderten sie einen Bund der kolonial oder halbkolonial unterjochten Völker unter Einschluß des vom ›Versailler Vertrag‹ und von den ›westlichen Plutokratien‹ ausgebeuteten Deutschland. Doch diese prima vista sensationelle Entwicklung entpuppt sich bei näherer Betrachtung sehr rasch als taktisch bedingt. Denn im Prinzip vertraten die führenden Köpfe wie die Strassers oder Ernst Graf zu Reventlow[14] schon in der Mitte der zwanziger Jahre jene Ideen des Aufstandes der vom Imperialismus ausgebeuteten Völker gegen die finanzkapitalistischen Demokratien, die sie jetzt zum offiziellen Programm erklärten.

Wie aber konnte es zu jener Forderung nach einem mittelafrikanischen Kolonialreich kommen, die gerade im so entscheidenden Programm der norddeutschen Strasser-Fronde[15] gegen Hitler vom November 1926 angemeldet wird? Der Kreis der norddeutschen Gauleiter war besorgt über die ›Fehlentwicklung‹ der NSDAP, wie man die Geschichte der noch so jungen ›Bewegung‹ einschätzte. Daher beschlossen sie, Hitler von den, wie sie vermuteten, schädlichen Einflüssen seiner Münchener Umgebung zu befreien und ihn auf das Programm jener 25 Thesen vom Jahre 1920 wieder festzulegen, das sie als Basis der gemeinsamen Politik der NSDAP ansahen. Der dritte Punkt der 25 Thesen aber besagte: »Wir fordern Land und Boden (Kolonien)...« Obwohl innerhalb der Partei keineswegs klar war, ob damit kontinentaler Landerwerb in den Weiten des Ostens oder überseeischer Besitz in Afrika gemeint war, verstanden die Brüder Strasser diese Forderung als den Wunsch der ›Bewegung‹ nach einem kolonialen Reich. Um sich an die gemeinsam formulierte Parteilinie zu halten, ja um den davon inzwischen abgefallenen Hitler wieder auf dieses ursprüngliche Parteiprogramm festzulegen und damit auf den als richtig betrachteten Weg zurückzuführen, mußten sie par raison, aber contre cœur auch die Kolonialforderung übernehmen und präzisierten sie in dem bekannten Wunsch nach einem mittelafrikanischen Imperium, wie es im Reich seit den achtziger Jahren des vorigen Jahrhunderts diskutiert und dem deutschen Volk seit der Kriegszieldiskussion vertraut war.[16] Bald jedoch erkannten sie ihr Mißverständnis und sahen ein, daß Hitler sich weder auf ein papierenes Programm festlegen lassen noch überhaupt auf die sozial-, wirtschafts- und außenpolitischen Wünsche seiner sozialistischen Opposition eingehen wollte, die ihn für sich zurückzugewinnen, niemals zu stürzen plante. Nunmehr entwickelte sich in der Auseinandersetzung mit Hitler jenes außenpolitische Konzept, das sie bis zu ihrer Abspaltung von der NSDAP im Juli 1930 und darüber hinaus in der illegalen Oppositions- und Widerstandstätigkeit als verbindlich beibehielten. In Mitteleuropa sollte das Reich als ein machtvoller Staat den für seine Bevölkerung nötigen Boden finden, sich auf kolonialer Ebene aber völlig abstinent verhalten. Ja, in ihrer publizistischen Unterstützung für den Freiheitskampf des indischen Volkes, der die Zeitungen der nordwestdeutschen Arbeitsgemeinschaft, die sog. Kampf-Verlags-Presse, fortwährend beschäftigte, wurde der außenpolitische Unterschied zu Hitler überdeutlich: Hier Begeisterung für den Aufstand der Unterdrückten, Haß gegen das als gemeinsamen Gegner der farbigen Inder und der weißen Deutschen eingeschätzte England und Ostorientierung, um sich zusammen mit Rußland gegen die ›Plutokratien‹ des Westens behaupten zu können; dort Bewunderung für den Kampf der Engländer um die »Bastionen des weißen Mannes« in Übersee, der Wunsch, mit Großbritannien zur Verständigung zu kommen, um die Sowjetunion überrennen zu können. Nicht zuletzt diese außenpolitischen Differenzen waren es neben den sozialpolitischen Vorstellungen, die dazu beitrugen, daß die Sozialisten endlich 1930 die NSDAP verließen.[17]

Bald aber war es schon eine andere Gruppe innerhalb der nunmehr bereits mächtigen ›Bewegung‹, die die Rolle der Opposition gegenüber den Konservativen als den ›ewig Gestrigen‹ übernahm. Dieser Flügel um den Reichsbauernführer Richard Walther Darré[18] war aber nicht auf den Klassenbegriff, sondern auf das Rassendogma eingeschworen und entwarf von daher eine von den wilhelminischen Imperialisten verschiedene außenpolitische Position. Von der ›Blut-und-Boden-Weltanschauung‹ geleitet, bekämpften die Männer um Darré bis in die Mitte der dreißiger Jahre hinein die kolonialimperialistischen Pläne der Konservativen als eine ›rassegefährdende Allerweltspolitik‹. Das Los des deutschen Volkes liege nicht im Erwerb überseeischer Kolonien, die als ›Blutsverbraucher‹ bekannt und berüchtigt seien, sondern in der Eroberung und Besiedlung von Land im Osten des Kontinents. Führt man die rassisch drapierten Vorstellungen der Artamanen um Darré auf ihren machtpolitischen Kern zurück, so wurden sie durch die ›Blut-und-Boden-Weltanschauung‹ dazu bestimmt, eine Einigung mit Großbritannien zu suchen, um den für die bäuerliche Siedlung und rassische Erhaltung des Volkes als notwendig erachteten Grund und Boden im Osten Europas erobern zu können. Bis zur Verwirklichung dieser Pläne war man bereit, evtl. anfallenden Rohstoffbedarf aus der einen oder anderen zu erwerbenden Überseekolonie zu decken, im Prinzip aber erteilte man jedem außereuropäischen Imperialismus eine Absage.

Ein flüchtiger Blick auf die Vorstellungen der Radikalagrarier um Darré könnte dazu verführen, Hitlers zentralen Gedanken der Ostraumeroberung — allein auf diese Maxime reduzierte man bekanntlich Hitlers ›Programm‹ allzulange[19] — mit den außenpolitischen Überlegungen der Darré-Gruppe zu identifizieren. Eine genauere Untersuchung aber zeigt, daß Hitlers ›Programm‹ sich von der Politik der Artamanen ebenso unterschied wie vom wilhelminisch geprägten Imperialismus der Konservativen.

Als entscheidend für die Einschätzung der NSDAP und ihre außenpolitischen Vorstellungen durch den zeitgenössischen Beobachter aber läßt sich bereits an dieser Stelle folgendes Ergebnis festhalten: Kaum eine andere Partei der Weimarer Demokratie bot eine so reichhaltige Auswahl fast grundverschiedener außenpolitischer Positionen wie die ›totalitäre‹ Führer-Partei. Durch diese Offerte simulierte sie jedem Zeitgenossen das jeweils Gewünschte, um ihn für sich zu gewinnen und um dabei von jeder verpflichtenden Bindung frei zu bleiben.

Wie sah nun das ›Programm‹ des Mannes aus, der sich immer stärker vom ›Trommler‹[20] der nationalen Rechten zum ›Führer‹ der nationalsozialistischen ›Bewegung‹ entwickelt hatte?[21] Bei der Analyse des ›Programms‹ des ›Führers‹ beschränken wir uns bewußt auf jene Jahre von 1924/25 an, als Hitlers Konzeptbildung auf außenpolitischem Terrain vorläufig abgeschlossen[22] war und er den Kern seiner Vorstellungen in seiner Programmschrift ›Mein Kampf‹ entwickelte, um sie dann im sog. ›Zweiten Buch‹ 1928 noch einmal aufzunehmen und charakteristisch zu ergänzen.[23] Denn Hitlers außenpolitische Äußerungen während der Jahre von 1919—1923 erscheinen weit konventioneller und ähneln jener »wilhelminischen Allerweltspolitik« der Konservativen in Deutschland und innerhalb der NSDAP, die er in ›Mein Kampf‹ so heftig attackierte. Der Hitler jener Jahre träumte nämlich noch davon, den Glanz und die Glorie der Hohenzollernmonarchie in ihren Vorkriegsgrenzen zu restaurieren. Er schwärmte von den verlorenen deutschen Kolonien und zählte England durchaus noch unter die Feinde des Reiches. Erst nach und nach führten verschiedenartige Motive und Anlässe, Begegnungen und Einflüsse[24] Hitler auf den von den Marksteinen des Antibolschewismus, des Antisemitismus und der Lebensraumeroberung geprägten Weg zu seinem rassisch und machtpolitisch fundierten ›Programm‹. Gemeinhin schätzt man den Einfluß der Münchener weißrussischen Emigranten und die ›Protokolle der Weisen von Zion‹ für die Motive des Antibolschewismus und des Antisemitismus ebenso hoch ein wie die Begegnungen mit Dietrich Eckart und Alfred Rosenberg. Der Kreis um den Münchener Geopolitiker Professor Karl Haushofer, zu dem Hitler über Rudolf Heß, seinen späteren Stellvertreter, Kontakt fand, scheint für die Lebensraumidee[25] und ihre

Aufnahme in Hitlers ›Programm‹ verantwortlich zu sein. Die Wendung in der Einschätzung Englands führt man gern auf die von Frankreich und Belgien so unterschiedliche britische Haltung im Ruhrkampf 1923 zurück, als Großbritannien vielleicht in einem ersten deutlichen Ansatz der Politik des sog. Appeasement eine ›freundlichere‹ Position gegenüber dem Reich bezog.

Wie alle diese Faktoren ineinander wirkten und endlich zur Bündniskonstellation und zum ›Programm‹ Hitlers führten,[26] ja, ob dabei die rassisch-ideologischen oder die originär-machtpolitischen Überlegungen Hitler entscheidend beeinflußten, bedarf weiterer gründlicher Untersuchungen. Als sicher ist jedoch festzustellen, daß Hitlers auf der Aussöhnung mit England basierendes ›Programm‹ der in erster Linie gegen Osten gerichteten Expansion damals durchaus nicht als singulär angesehen zu werden braucht,[27] zumal die Wurzeln solcher Ideen in der wilhelminischen und bismarckschen Politik entdeckt werden können,[28] jetzt allerdings konstitutiv aufgenommen bzw. programmatisch formuliert werden. Spektakulär gegenüber den Forderungen der anderen, revisionistisch orientierten Parteien waren — vordergründig betrachtet — Hitlers ›Verzichtleistungen‹ auf Südtirol und die Kolonien: ›Verzichtleistungen‹, die sich in Zukunft im Rahmen des ›Programms‹ rentieren sollten und unter diesem Aspekt kaum mehr als vorläufig anzusehen sind. Denn gerade der Verzicht auf die ehemaligen überseeischen Besitzungen des Reiches und die damit verbundene Marinerüstung sollte der Preis sein, um den Hitler Englands ›Freundschaft‹ zu erkaufen gedachte.[29] Mit Großbritannien im Bündnis bzw. der englischen Neutralität gewiß, plante er sodann, die Herrschaft über den Kontinent zu erringen, d. h. Frankreich zu ›vernichten‹[30] und Rußland, den »Hort des Bolschewismus und des Judentums«, zu zerschlagen, um in den Weiten des Ostens den für das deutsche Volk als notwendig erachteten ›Lebensraum‹[31] zu finden. Dieses zentrale Vorhaben, das durch eine zwischen Deutschland, England und — dem durch den Verzicht auf Südtirol gleichfalls umworbenen — Italien[32] herbeizuführende Bündniskonstellation verwirklicht werden sollte, sah Hitler als seine Lebensaufgabe an. Die Triebkräfte seines Denkens jedoch, rassisches Dogma und machtpolitisches Kalkül, ließen ihn für eine visionäre Zukunft über diesen Zustand hinaus weitere Ziele ins Auge fassen, die künftigen Generationen als Aufgabe vorbehalten bleiben sollten. Denn allein schon die nicht zu übersehende Logik des Machtkalküls läßt den Leser der Hitlerschen Programmschrift ›Mein Kampf‹ danach fragen, ob nicht zu der Zeit, da Deutschland als Herr des Kontinents einschließlich des eroberten Ostraumes Europa machtvoll beherrschen würde, das englische Bündnis hinfällig sei.[33] Zwar glaubte Hitler daran, die ›Freundschaft‹ zwischen dem Reich und Großbritannien werde für lange Zeit[34] Grundlage der von ihm entworfenen programmatischen Politik sein. Dann jedoch werde Deutschland von seiner kontinentalen Basis aus nach Übersee expandieren, um seine Weltmachtstellung durch kolonialen Besitz zu ergänzen.[35] Nunmehr würde das Reich den Vereinigten Staaten als einem neuen mächtigen Feind gegenüberstehen, dem Deutschland an der Spitze Europas in der Begegnung auf den Weltmeeren und in Übersee »die Stirne zu bieten« habe.[36] Diese vom traditionellen machtpolitischen Kalkül geleiteten Überlegungen Hitlers wurden durch eine weitere Komponente ergänzt, die sich aus dem rassischen Dogma seiner Gedankenbildung ergab. Während des langen Zeitraums der ›Freundschaft‹ mit England und der deutschen Hegemonie über den Kontinent würde sich die deutsche Nation zum rassisch höchststehenden Volk der Weltgeschichte entwickeln: Sodann aber sei ihm der Weg zur Weltherrschaft nicht mehr zu bestreiten.[37]

Die Vermittlung von rassischen und machtpolitischen Motiven läßt im Prinzip drei Stufen in Hitlers ›Programm‹ erkennen: einmal die auf der Voraussetzung des kolonialen Verzichts und des dafür eingehandelten englischen Bündnisses ins Auge gefaßte Stufe, Kontinentaleuropa und die Sowjetunion zu unterwerfen und den Kern einer Weltmachtstellung in Europa zu schaffen. Dieses Ziel sah Hitler als seine zentrale Aufgabe an. England würde sich seinen Überlegungen angesichts der bolschewistischen Gefahr gewiß fügen, von seinem sonst verbindlichen Gleichgewichtskonzept abrücken und seinen Plan, auf überseeische Ansprüche im Tausch für eine ›freie Hand‹ im Osten zu verzichten, als eine für die britische Politik vorteilhafte Vereinbarung annehmen. Als zweite Stufe visierte Hitler sodann — sei es Seite an Seite mit England, sei es im Kampf gegen Großbritannien — den Ausgriff nach Übersee und die damit verbundene Auseinandersetzung mit den Vereinigten Staaten an, die bereits als ein Kampf um die Weltvorherrschaft zwischen Europa und Amerika begriffen werden kann. Dem rassischen Dogma der biologischen Höherzüchtung des deutschen Volkes zu einer germanischen Elite entsprechend, würde dieser machtpolitische Kampf um die Weltvorherrschaft dann ganz gewiß mit einem deutschen Sieg und damit einer deutschen Herrschaft über den Globus enden.[38] Jede machtpolitische Dynamik wäre sodann an ihr Ende gekommen, denn fortan würde es zwar noch eine eroberte, aber nicht mehr länger eine zu erobernde Welt geben. Die Rassenherrschaft des deutschen Volkes aber sollte diesen Zustand als dauerhaft garantieren:

Göttergleich würde der neue Mensch[39] die Weltherrschaft des germanischen Blutes vor allen Veränderungen bewahren. Die Weltgeschichte hätte somit ihr rassisch entworfenes Ende erreicht, die Dynamik des historischen Prozesses sollte zur biologisch fixierten Statik einer Utopie gerinnen. Trotz dieser Hitlers Denken offenbar stark mitbestimmenden Vision gilt es dennoch, einen charakteristischen Unterschied seiner Überlegungen gegenüber denen der Artamanen um Darré bzw. gegenüber den Vorstellungen Alfred Rosenbergs, seines außenpolitischen Beraters in der damaligen Zeit, zu beachten: Hitler betrachtete den Verzicht auf eine überseeische Weltmachtstellung und das dafür eingehandelte englische Bündnis nicht als ewige, ›natürlich‹ und rassisch motivierte Bedingung deutscher Politik. Vielmehr schätzte er diese Faktoren seines ›Programms‹ stärker machtpolitisch und funktional ein. Während etwa Rosenberg in seinem »Zukunftsweg einer deutschen Außenpolitik«[40] den Grundsatz der Interessenteilung der Welt zwischen der Landmacht Deutschland und der Seemacht England als dauerhaft betrachtete, war Hitler sich der immanenten Logik der noch lange Zeit die Weltgeschichte entscheidenden Machtpolitik bewußt, sah das englische Bündnis stärker unter einem Mittel-Zweck-Aspekt und sprach sogar davon, gerade die vorläufige Aufopferung überseeischer Ansprüche werde dazu beitragen, diese Ziele nach den als Voraussetzung für ein Ausgreifen über die europäischen Grenzen hinaus nötigen kontinentalen Gewinnen dann um so sicherer zu verwirklichen.

Wir wissen heute, daß Hitlers Kalkulation um Hegemonie und Weltpolitik einen entscheidenden Fehler barg: England, Schlüssel im Schloß der deutschen Außenpolitik und ihrer expansiven Herausforderungen von Bismarck über Wilhelm II. und Tirpitz[41] bis hin zu Hitler, verhielt sich nicht ›programmgemäß‹. Dadurch aber zwang es Hitler, wenn wir dessen Selbstverständnis folgen wollen, zu jener charakteristischen Abänderung seines ›Programms‹, die in der zweiten Hälfte der dreißiger Jahre und im Weltkrieg seinen ursprünglich über weite Zeiträume sich erstreckenden Stufen-Plan so komprimierte, daß wir aus seinen Planungen durchaus über die erste, die kontinentale Etappe hinaus bereits die zweite, die überseeisch-atlantische Stufe auf dem Wege zur Weltmachtstellung erkennen können und endlich sogar das so ferne Ziel des Kampfes um die Weltvorherrschaft im Juli 1941 in Reichweite gerückt erscheint.

Der Kern des Hitlerschen ›Programms‹, in ›Mein Kampf‹ veröffentlicht, konnte jedermann, vor allem aber den als Gegnern eingeschätzten ausländischen Staatsmännern bekannt sein. Gerade der leitende Staatsmann der Nation, die Hitler als das Hauptopfer ausgesucht hatte, Stalin, war nach sorgfältigem Studium der Programmschrift mit Hitlers Überlegungen durchaus vertraut, als dieser 1933 zur Macht kam.[42] Wie würden sich Europas Staatsmänner Hitlers Außenpolitik gegenüber verhalten? Ja, würde dieser sein ›Programm‹ innerhalb des Kabinetts der nationalen Konzentration überhaupt verwirklichen können?

II. KAPITEL

Traditionelle Revisionsforderungen als Auftakt zur Expansionspolitik des Dritten Reiches (1933-1935)

Als im Januar 1933 die ›Regierung der nationalen Konzentration‹, ein Machtkartell aus Deutschnationalen und Nationalsozialisten,[1] daran zu gehen vorgab, die Deutschen aus der wirtschaftlichen Misere und der dafür als verantwortlich eingeschätzten ›nationalen Schmach‹ herauszuführen, beherrschen fürs erste innenpolitische Themen die zeitgenössische Szenerie in Deutschland. ›Gleichschaltung‹, Reichstagsbrand, Sozialistenverfolgung, Judenboykott und Kommunistenjagd — das waren die bestimmenden Eindrücke in den ersten Monaten, ja, in der gesamten Anfangsphase während der sog. Konsolidierung des nationalsozialistischen Regimes. Hitler und seine konservativen ›Bewacher‹ im Kabinett des 30. Januar teilten sich untereinander in die Macht: Daher muß der ›Führer‹ während dieser Jahre des ›partial fascism‹[2] bis 1936/37 zugleich als Handelnder, aber auch als Abhängiger seiner Gesellschaft und ihrer Repräsentanten aus Wirtschaft, Wehrmacht und Bürokratie verstanden werden. Während in Deutschland die innenpolitischen Ereignisse von vorläufig vorrangigem Interesse waren und man Hitler bei der internationalen Linken weitgehend allein als den Vorreiter der konservativen Reaktion begriff,[3] der bald seine Pflicht und Schuldigkeit getan habe und dann nach Hause geschickt werde, waren die Reaktionen des Auslandes und seine Erwartungen gegenüber den außenpolitischen Zielen der neuen Regierung des Kanzlers Hitler unterschiedlich.

Relativ früh, bereits 1931, nach dem spektakulären Wahlerfolg der NSDAP im September des Vorjahres, hatten Vertreter der publizistischen Öffentlichkeit in England — dem zentralen Faktor im Hitlerschen Bündnissystem — damit begonnen, sich für die außenpolitischen Ziele der ›Bewegung‹ und ihres ›Führers‹ zu interessieren. Vornehmlich ein Problem war es, das die englischen Journalisten dabei besonders zu bewegen schien, als sie Hitler 1931 im ›Braunen Haus‹ in München interviewten: Würde der ›Führer‹ der NSDAP als Kanzler einer deutschen Regierung die den Briten noch in allzu frischer Erinnerung verbliebene wilhelminische Marine-, Kolonial- und Weltpolitik wiederaufnehmen? Wie 1925 in ›Mein Kampf‹, so erläuterte Hitler 1931 aufs neue den Engländern seinen ›Grund-Plan‹ der britisch-deutschen Partnerschaft, der englischen Dominanz zur See und der dafür dem Reich zu gewährenden Politik der ›freien Hand‹ nach Osten.[4] Im Januar 1933 nun stand Hitler an der Spitze eines konservativ-nationalsozialistischen Kabinetts; wie würde man in London reagieren? Vorerst konnte wohl kaum jemand trotz der — damals in englischer Sprache allerdings noch nicht — vorliegenden Programmschrift ›Mein Kampf‹[5] ein sicheres Urteil über den künftigen außenpolitischen Kurs der neuen ›Koalitionsregierung‹ abgeben.[6] Selbst die aufs ganze so hellsichtige Analyse des Deutschlandexperten und permanenten Unterstaatsekretärs im Foreign Office, Vansittart,[7] vom 7. April 1934[8] ging insgesamt in der Einschätzung des Hitlerschen ›Programms‹ in die Irre.

Wie bei den verantwortlichen Politikern an der Themse, so herrschte bei aller Abneigung gegen die neuen Männer in Berlin doch auch im Pariser Quai d'Orsay der Eindruck vor, erst einmal abwarten zu sollen, welche Politik das Kabinett Hitler tatsächlich einschlagen werde.[9] Im übrigen aber fühlte man sich hinter der für unüberwindlich gehaltenen Maginot-Linie unangreifbar. Frankreichs Staatsmänner dachten politisch und militärisch — einem psychologischen Bedürfnis des französischen Volkes nach Ruhe entsprechend und durch soziale Gegensätze weitgehend handlungsunfähig — in defensiven Kategorien.[10] Diese Stimmung und Politik war nicht zuletzt durch den für Frankreich enttäuschenden Ausgang des Ruhrkampfes im Jahre 1923 mitbestimmt worden, als die Vereinigten Staaten durch ihr Eingreifen Frankreich zum Rückzug zwangen und es daran hinderten, eine politisch-militärische bzw. ökonomische Hegemonie über den europäischen Kontinent zu erringen.[11] England trat damals in einem Ansatz jener immer stärker die Londoner Position bestimmenden Appeasement-Politik auf die Seite des Reiches, und der wirtschaftliche Einfluß der Franzosen in Europa wurde durch die Deutschland zugute kommende amerikanische Stabilisierungspolitik generell stark relativiert, ja, ab 1925 in eine gewisse Unterlegenheit verwandelt.[12]

Der dritte Partner im europäischen Konzert, der als Großmacht für Hitlers ›neuen Kurs‹ entscheidend werden sollte, das faschistische Italien Mussolinis, blickte den ideologischen Juniorpartner noch lange hochmütig über die Schulter an. Das Ziel der ›Achse Berlin-Rom‹ war vorläufig nicht mehr als eine ferne Vision Hitlers, denn eifersüchtig wachte der ›Duce‹ in Rom über den Bestand der österreichischen Republik,[13] deren wirtschaftliche Anlehnung an das Reich 1931 ja nur mit knapper Mehrheit im dafür entscheidenden internationalen Gremium des Haager Gerichtshofes verhindert worden war.[14]

Die beiden Flügelmächte aber, das stalinistische Rußland und das krisengeschüttelte Amerika, schienen für Europas Belange kaum interessant und waren, vordergründig betrachtet, am Geschick des alten Kontinents auch scheinbar wenig interessiert.[15] In Moskau glaubten die Optimisten daran, der faschistische Zauber des Hitler-Regimes bereite nur den Übergang zur kommunistischen Herrschaft in Deutschland vor, während die Pessimisten prognostizierten, dem Hitler-Faschismus werde bald die offen reaktionäre Diktatur der von Papen, Hugenberg und Schacht folgen.[16] Doch keine von beiden Parteien sollte Recht behalten. Denn nach und nach gewann der »Büttel des Kapitals«, Adolf Hitler, so viel Macht, daß er sich zum Herrn seiner ehemaligen ›Steigbügelhalter‹ aufschwingen konnte.[17] Im fernen Amerika aber hatte gerade zur selben Zeit, als Hitler ins Reichskanzlerpalais einzog, Franklin D. Roosevelt den Wahlkampf zu seinen Gunsten entschieden. Mit der Anwendung seiner Therapie, den strukturell und konjunkturell in eine gefährliche Krise geratenen amerikanischen Kapitalismus durch die ›Medizin‹ des ›New Deal‹ wieder zu neuem Leben zu erwecken, war er in gleich starkem Maße beschäftigt, in dem Hitler und sein Kabinett es als vordringlich ansahen, die in Deutschland bereits abklingende Wirtschaftskrise im Zuge des ›faschistischen Experiments‹ der Krisenbeseitigung vor allem auf dem Wege der Aufrüstung endgültig zu überwinden.[18]

Damit aber ist das Stichwort gegeben, das uns in typischer Vermittlung von Innen- und Außenpolitik an die vorrangigen Ziele der ›Regierung der nationalen Konzentration‹ heranführt. Denn der Forderung nach Aufrüstung hingen alle Partner des Hitlerschen Kabinetts an. Aus traditionellen Gründen der machtpolitischen Restauration des Reiches und aus berufsspezifischen Motiven plädierten vornehmlich die Offiziere unter Reichswehrminister von Blomberg für eine Aufrüstung Deutschlands. Politische Wünsche nach einem mächtigen Reich und wirtschaftliche Überlegungen der Konjunkturförderung ließen Männer wie von Neurath und Hugenberg für diesen Gedanken stimmen. Denn seit der ›Großen Depression‹ von 1873—1896[19] war in allen westlichen Industrienationen einschließlich der USA bekannt, daß überseeische Expansion und militärische Rüstung als probate Mittel zur Überwindung von wirtschaftlichen Engpässen zu bewerten waren.[20] Zu überseeischer Expansion und kontinentaler Machtpolitik aber konnte das Reich erst finden, wenn ein starkes Heer geschaffen war.[21]

Dieses aber aufzustellen und auszurüsten, bedeutete gleichzeitig die ökonomische Krise zu überwinden. Hitler endlich betrachtete die Aufrüstung als die entscheidende machtpolitische Voraussetzung, um — gesellschaftliche Notwendigkeiten souverän in sein Konzept integrierend — sein expansionistisches Programm verwirklichen zu können.[22] Und die neben Wehrmacht und Bürokratie entscheidende dritte Kraft im konservativen Lager, die Wirtschaft, mit ihrem wohl einflußreichsten Zweig, der Schwerindustrie, profitierte von dem unmittelbar nach der ›Machtergreifung‹ eingeleiteten Rüstungsboom, zumal es Hitler durch das Instrument der Deutschen Arbeitsfront[23] gelang, die für den konservativen Partner seiner Herrschaft abfallenden Gewinne noch dadurch zu erhöhen, daß die Arbeitslöhne vorläufig auf dem Niveau der Weltwirtschaftskrise eingefroren wurden.

Bereits in den ersten Monaten nach dem 30. Januar 1933 wurde klar, daß der recht traditionelle Kunstgriff der Aufstellung und Ausrüstung eines schlagkräftigen Heeres Hitler dazu dienen sollte, seine innenpolitische Position zu festigen und damit gleichzeitig die Voraussetzung für die Realisierung seiner expansionistischen Ziele zu schaffen. Denn vorläufig, ja bis weit in die dreißiger Jahre hinein, sollten Hitlers ›Programm‹, die Politik des konservativen Auswärtigen Amtes, das dem Ausland gegenüber die beruhigende Kontinuität der gemäßigt-gouvernementalen Weimarer Revisionsdiplomatie verkörperte, und die Forderungen der radikalen ›Alldeutschen‹ vom Schlage Hugenbergs im Prinzip einander durchaus ergänzen.

Daß Hitler dabei an seinen programmatisch entworfenen Zielen festhielt, wurde bereits wenige Tage nach der ›Machtergreifung‹ deutlich, als er in einer Ansprache vor den ranghöchsten Offizieren der Reichswehr durchaus im Sinne seines in »Mein Kampf« niedergelegten ›Programms‹ argumentierte.[24] Als wichtigstes Ziel bezeichnete es Hitler, politische Macht zu gewinnen. Diese solle dann dazu dienen, entweder neue Exportmöglichkeiten zu erkämpfen oder aber »und wohl besser« neuen »Lebensraum« im Osten zu erobern und diesen »rücksichtslos« zu »germanisieren«. Als gefährliche ›Risikozone‹ der deutschen Politik bezeichnete er in diesem Zusammenhang die jetzt anbrechende Zeit der deutschen Aufrüstung. Denn nun werde es sich zeigen, ob Frankreich Staatsmänner besitze, die dies zu verhindern imstande seien oder es zu dulden gedächten. Schon hier scheint die für Hitler in späteren Jahren typische Haltung erkennbar, nämlich zu testen, wie weit man den Westmächten die Stirn bieten könne. Es deutet sich ein Grundzug Hitlerscher Politik an: das Risiko des politisch-militärischen Hazards zu wagen, der allerdings stets mit der Möglichkeit eines blitzschnellen Zurückweichens für den Fall eines echten Widerstandes kombiniert war.[25] Als Ergänzung zu diesen ganz auf eine traditionell-machtpolitische Realisierung seines ›Programms‹ gerichteten Äußerungen müssen Hitlers entsprechende Ausführungen gegenüber Admiral Raeder beachtet werden.[26] Dem Chef der deutschen Marine erklärte der ›Führer‹, er wünsche Frieden mit Großbritannien, Italien und Japan[27] und benötige daher die Flotte allein zu kontinentalen Zwecken.

Unmittelbar nach dem 30. Januar 1933 also begann Hitler damit, im Windschatten konservativer Revisionspolitik und im vorläufigen Einverständnis mit der Reichswehr und dem Auswärtigen Amt — das sich unter von Neuraths Leitung ja bereits seit längerer Zeit um ein besseres Einvernehmen mit den Briten, wenn auch zu anderen Zielen, als Hitler sie verfolgte, bemüht hatte — sein ›Programm‹ zu realisieren. Die diese geheim gehaltene und verschleiert betriebene[28] Politik begleitende »diplomacy by press interviews«[29], die Hitler in den ersten Jahren seiner Herrschaft geschickt und intensiv betrieb, ergänzte dabei sein Vorgehen in doppelter Hinsicht: Einmal täuschten die Friedensbeteuerungen des neuen Kanzlers das Ausland über die im letzten kriegerischen Absichten des ›Programms‹ hinweg; andererseits gaben sie ihm willkommene Gelegenheit, wie etwa seine Unterredungen mit dem Sonderkorrespondenten der deutschfreundlichen Rothermere-Presse, Ward Price[30], zeigen, England gegenüber immer wieder — direkt oder ›durch die Blume‹ — sein Angebot zum Bündnis zu unterbreiten. Dabei steuerte Hitler einen gefährlichen Kurs zwischen innenpolitischer Scylla und außenpolitischer Charybdis: denn die konservativen Partner seiner Herrschaft durfte er nicht durch allzu bereitwillig bekundeten Verzicht auf überseeische und maritime Ansprüche düpieren, der allerdings als die bekannte Vorleistung des Reiches das englische Bündnis und die dafür als Konzession erwartete Politik der »freien Hand« im Osten erbringen sollte. Diese Lage erschwerte wiederum sein Anliegen, London mit aller Eindringlichkeit seinen Plan der deutsch-englischen Partnerschaft vor Augen zu führen. Leicht konnte er somit bei den verantwortlichen Männern in Downing Street 10, im Foreign Office und in der Fleet Street in den Geruch kommen, eine Neuauflage wilhelminischer Weltpolitik zu versuchen — einen Eindruck, den er eben peinlich zu vermeiden trachtete! Ja, obwohl Hitler auf die innenpolitische Front der Konservativen und ihrer mehr oder minder ausgeprägt und deutlich artikulierten Revisionswünsche Rücksicht zu nehmen hatte, gab er doch dem Primat seiner Bündniskonstellation, dem Gedanken der Aussöhnung mit Großbritannien und dem deutschen Verzicht auf Weltgeltung, deutlicheren Ausdruck, als den Konservativen im Reich — besonders soweit sie in den Kolonialverbänden organisiert waren — lieb war.[31]

Halten wir an dieser Stelle unserer Ausführungen kurz ein und stellen wir fest: Hitlers Politik der geplanten Expansionen und die revisionistischen Ziele der Konservativen um von Neurath, von Blomberg und Schacht trafen sich in der Forderung nach Aufrüstung, um einerseits die andauernde wirtschaftliche Krise überwinden und andererseits die Wünsche nach politischer Revision bzw. militärischer Expansion ins Auge fassen zu können. Dabei bediente sich Hitler — die sog. Wendemarke der nationalsozialistischen ›Revolution‹ immer souveräner mißachtend — vornehmlich und bezeichnenderweise nicht der Instrumente der nationalsozialistischen Institutionen wie z. B. des auf eigene Faust Politik treibenden Amtes Rosenberg.[32] Wie er auf wirtschaftlichem Feld die ständischen Ideen den Wünschen der kapitalistischen Wirtschaftsführer unterordnete, so entschied er sich auf militärischem Gebiet gegen die SA für die Wehrmacht und auf außenpolitischem Sektor gegen die Pläne nationalsozialistisch-revolutionärer Methoden zugunsten der im Schatten des Auswärtigen Amtes betriebenen und an dessen Politik vorläufig anknüpfenden Machtpolitik.

Im Zuge einer solch traditionell geführten Außenpolitik war es für das nationalsozialistische Regime natürlich von unschätzbarem Wert, daß es einem der konservativen Minister in Hitlers Kabinett, Franz von Papen, im Zusammenspiel mit dem langjährigen Nuntius des Heiligen Stuhls in Deutschland, Eugenio Pacelli, gelang, den Vatikan im Juli 1933 zum Abschluß des Konkordats zu bewegen.[33] Nunmehr hatte die ›Regierung der nationalen Konzentration‹ unter ihrem Kanzler Hitler jenen Kredit internationaler Glaubwürdigkeit erhalten, den der ›Führer‹ benötigte, um weiterhin reüssieren zu können. Es mag ihn kaum berührt haben, daß vielleicht der eine oder andere SA-Führer sich von seinem ›Führer‹ an die ›römischen Pfaffen‹ verraten fühlte. Denn Hitler hatte begriffen, daß sein erst in visionären Zeiten in eine neue, revolutionäre Qualität umschlagendes ›Programm‹ allein eine Chance auf Verwirklichung haben würde, wenn es traditionelle, für den Fortbestand der deutschen Gesellschaft notwendige Ziele verfolgte,[34] den Pfad der bekannten Machtpolitik einschlug, dabei allerdings das Tempo erheblich verschärfte und auch den Sprung über scheinbar unüberwindliche Hindernisse nicht scheute. Daß Hitler sich aber nicht vergaloppierte, ja, stets daran dachte, zuerst seine innenpolitische Stellung zu konsolidieren, ehe er die außenpolitische Offensive suchte, mag die Episode um den Auftritt des Reichswirtschaftsministers Hugenberg auf der Londoner Weltwirtschaftskonferenz vom Juni 1933 demonstrieren.[35] Vor diesem internationalen Forum, wo unter Leitung des Reichsaußenministers von Neurath auch eine deutsche Delegation erschien, hatte sich Hugenberg in spektakulärer und dann heftig umstrittener Form geäußert. Der Text seiner unter die Konferenzteilnehmer verteilten Rede gipfelte nach Ausfällen gegen das bolschewistische Rußland in den Forderungen, man müsse dem Deutschen Reich zur Deckung seines Rohstoffbedarfes überseeische Kolonien gewähren und ihm darüber hinaus im Osten des Kontinents Möglichkeiten zur Siedlung zugestehen. Bald schon munkelte man in der internationalen Öffentlichkeit, dies sei ein »Versuchsballon« Hitlers gewesen, um die Reaktionen der Weltöffentlichkeit auf den deutschen Revisionsanspruch hin zu überprüfen. Heute können wir mit Sicherheit sagen, daß Hugenberg ohne direkten Auftrag Hitlers und dessen programmatischen Überlegungen prinzipiell entgegenlaufend, wenn auch in Übereinstimmung mit der deutschen Delegation und dem Berliner Kabinett, diese Wünsche anmeldete. Denn niemand — auch der ›Führer‹ nicht — hatte Hugenberg und seinen Plänen in den zurückliegenden Tagen und Wochen widersprochen. Ganz offensichtlich wollte Hitler Auseinandersetzungen innerhalb des Kabinetts mit dem Führer der konkurrierenden Deutschnationalen vermeiden. Nunmehr aber bot sich die innenpolitische Chance, den konservativen Partner über ein außenpolitisches Hindernis stolpern zu lassen und endgültig zu Fall zu bringen: Hitler ergriff diese Möglichkeit sofort! Außenminister von Neurath hatte sich zuvor in diplomatisch üblicher Manier von Hugenbergs aufsehenerregenden Äußerungen distanziert.

Schlagartig werden damit zwei in der Taktik voneinander abweichende, wenngleich im Prinzip durchaus übereinstimmende Richtungen konservativer Revisionspolitik deutlich: Auf der einen Seite erkennen wir die gemäßigt-gouvernementale Revisionspolitik des Auswärtigen Amtes, auf der anderen Seite die gleichfalls seit der Jahrhundertwende zum Bild des politischen Deutschland gehörende radikale Variante des ›Alldeutschtums‹. Gerade weil aber Hugenberg glaubte, die Wünsche breiter Bevölkerungsschichten und die Ziele seiner Kabinettskollegen zu kennen, hatte er sich entschlossen, sie in aller Offenheit als Forderungen der neuen nationalen Regierung der Weltöffentlichkeit vorzutragen. Wie im Sommer 1911 im Zusammenhang mit der zweiten Marokko-Krise Auswärtiges Amt und Alldeutscher Verband, allerdings verabredet, arbeitsteilig ihre je verschiedenen Taktiken praktizierten, um schließlich doch in Streit miteinander zu geraten und sich gegenseitig hintergangen zu fühlen,[36] so kam es auch jetzt zum Eklat zwischen der gouvernementalen und der radikalen Position innerhalb des deutschen Revisionismus: Hugenberg verlangte vom Außenminister und vom Kabinett Genugtuung für seine Desavouierung durch das Neurathsche Dementi. In diesem Moment aber schaltete sich Hitler in den Zwist seiner konservativen ›Bewacher‹ ein und errang einen überzeugenden Sieg. Ohne auch nur im geringsten auf die als abgeschlossen betrachtete Sache an sich einzugehen, verlangte er, Hugenberg habe in Zukunft vier nationalsozialistische Staatssekretäre in die von ihm im Reich und in Preußen betreuten Ressorts[37] aufzunehmen. Der Reichswirtschaftsminister aber war inzwischen bereits entschlossen zu demissionieren und nahm die persönliche Demütigung offenbar nur zum Anlaß, um die Regierung zu verlassen. Die bereits in Auflösung befindliche deutsch-nationale ›Front‹[38] hatte damit ihren führenden Kopf verloren, Hitler aber auf außenpolitischem Wege einen entscheidenden innenpolitischen Sieg errungen und eine weitere Etappe zur ›ungeteilten Macht‹ hinter sich gebracht.[39]

Unter außenpolitischem Blickwinkel aber mag gerade dem rückschauenden Betrachter angesichts dieses Zwischenfalls um den radikal vorpreschenden Hugenberg und den zurückhaltend operierenden Hitler klar werden, daß man im zeitgenössischen England zeitweise die konservativen ›Preußen‹ mehr zu fürchten schien als den verbindlicheren ›Österreicher‹ Hitler.[40] Tatsächlich suchte ja der ›Führer‹ einen Ausgleich mit Großbritannien, allerdings kaum eine Lösung, wie sie den Engländern damals noch als eine gleichberechtigte Wiederaufnahme der Deutschen in die Multilateralität des Völkerbundes vorschwebte, sondern die bekannte programmorientierte bilaterale Verbindung. Unter diesem Aspekt erscheint der Entschluß des Reiches, im Oktober 1933 Abrüstungskonferenz und Völkerbund zu verlassen, durchaus konsequent. Es kam dieser Schritt sowohl Hitlers Bedürfnis nach einem zweiseitigen Abkommen mit England als auch dem Wunsch der Wehrmacht und des Reichskriegsministers nach Aufrüstung entgegen, denn von Blomberg war maßgeblich daran beteiligt, den Entschluß, aus dem internationalen Gremium der Abrüstungskonferenz auszutreten, gegen den Vertreter des Auswärtigen Amtes, Nadolny,[41] durchzusetzen. Dem Bedürfnis, außerhalb des mit dem Versailler Stigma behafteten Völkerbundes bilaterale Machtpolitik zu treiben, entsprach dann auch der nächste aufsehenerregende Schritt der Berliner Regierung, am 26. 1. 1934 mit Polen eine Nichtangriffserklärung zu unterzeichnen.[42]

Welches waren die Motive Hitlers und der deutschen Politik, sich dem während der zwanziger Jahre von deutscher Seite so heftig angegriffenen Polen[43] zuzuwenden? Nicht nur die allgemeine außenpolitische Isolierung Deutschlands 1933/34, sondern auch die von dem polnischen Staatschef Marschall Piłsudski bereits kurz nach der »Machtergreifung« erwogenen ›Präventivkriegspläne‹[44] gegenüber dem Reich mögen dazu beigetragen haben, diese unwahrscheinliche Wendung der deutschen Politik herbeizuführen. Piłsudski wiederum wurde nicht zuletzt dadurch zum ›Ausgleich‹ mit Hitler bewogen, weil er in Frankreich kaum auf Gegenliebe für seine Idee stieß, den neuen, Frankreich und Polen gleichermaßen bedrohenden Faktor des nationalsozialistischen Deutschland im Stile einer der Kabinettspolitik vergangener Jahrhunderte gleichenden traditionellen Polizeiaktion zu überrennen. Offenbar wich der Quai d'Orsay allen polnischen Fühlern aus, im Osten drohte Stalins Rußland, und nunmehr fanden das sich bedroht fühlende Polen und das isoliert dastehende Reich zum ›Ausgleich‹. Daß dieses Abkommen zwischen den Diktaturen in Berlin und Warschau durchaus eine mögliche Spitze gegen die Sowjetunion haben bzw. — wenn wir Hitlers Ansprache vor höheren Reichswehroffizieren einen Monat nach Abschluß des Nichtangriffspaktes überdenken[45] — auch dazu dienen konnte, sich den Rücken gegenüber dem Osten vorläufig freizuhalten, um in Erwartung der englischen Neutralität »kurze entscheidende Schläge erst nach Westen, dann nach Osten« zu führen und neuen »Lebensraum« im Osten bzw. die Hegemonie auf dem Kontinent zu gewinnen, liegt angesichts des Hitlerschen ›Grund-Plans‹ und der sich abzeichnenden außenpolitischen Konstellation auf der Hand: In der Hoffnung auf Englands Einlenken ermöglichte es die Unterzeichnung der Nichtangriffserklärung mit Polen Hitler, getreu seinem in ›Mein Kampf‹ entwickelten ›Programm‹ Frankreich zu »vernichten«. Dieser Schritt sollte aber nur dazu dienen, sich anschließend nach Osten zu wenden, sei es — wie wir aus Görings Angebot gegenüber Piłsudski im Jahre 1935 und aus den Erörterungen des Jahres 1939 wissen,[46] — um mit Polen gegen die Sowjetunion zu ziehen, sei es, um zuerst gegen Polen und dann gegen Rußland Krieg zu führen.

Die Vorbereitungen zur Verwirklichung der ersten Etappe im Hitlerschen Stufen-Plan, der Erringung der Hegemonie über den Kontinent und der Eroberung von ›Lebensraum‹ im Osten, zeichneten sich ab: Traditionelle machtpolitische Schritte und Bündnisse, nicht aber revolutionäre Methoden nationalsozialistischer Politik waren es, die Hitlers Gedankenbildung und Vorgehen dabei entscheidend bestimmten.[47] Daß die zur gleichen Zeit im Reich anlaufenden, den rassischen Vorstellungen des Nationalsozialismus entsprechenden ›Maßnahmen‹ gegen die jüdische Bevölkerung unter Umständen gerade das von Hitler so umworbene England von einer Annäherung an Deutschland abhalten könnten, verweist bereits auf eine spätere Periode des Geschehens, als Hitlers ›Programm‹ scheiterte und Weltanschauung und Machtpolitik in einen kaum lösbaren Konflikt gerieten. Noch aber glaubte der ›Führer‹, Englands Staatsmänner und Öffentlichkeit auch von seinen im ›Programm‹ festgelegten Rassenvorstellungen überzeugen bzw. die ›Judenfrage‹ als mögliches Faustpfand gegenüber einem sich sperrenden Großbritannien betrachten zu können. Entscheidend aber war in der sich noch nicht abzeichnenden Kontroverse zwischen machtpolitischen Erwägungen und rassischen Ideen, daß es das mit traditionellen Mitteln umworbene Großbritannien bis weit in die dreißiger Jahre hinein selbst war, das in erster Linie der Außenpolitik des ›Strategen‹ Hitler Aufmerksamkeit schenkte, der Rassenpolitik des ›Dritten Reiches‹ gegenüber zwar Abscheu bekundete, sie im übrigen aber als eine innenpolitische Angelegenheit der Deutschen aus den Überlegungen englischer Außenpolitik ausklammerte. Dieses Verhalten mag erklären, warum z. B. das Auswärtige Amt die Politik Hitlers besten Wissens und Gewissens als eine Bemühung um Revision vertreten konnte, bezeichnete doch etwa Englands Botschafter Sir Eric Phipps den Akt der Aussöhnung des Reiches mit Polen als eine staatsmännische Leistung Hitlers.[48]

Die Rechnung des ›Führers‹ schien aufzugehen. Denn offiziell zeichnete sich Hitler durch Wohlverhalten auf der internationalen Bühne aus. Er stimmte mit Mussolinis Vierer-Pakt-Vorschlag überein, obwohl er ihn praktisch verurteilte, und schob damit dem auf den Versailler Bestimmungen wie auch auf den für diesen Vertrag verbindlich geforderten Implikationen bestehenden Frankreich geschickt den ›Schwarzen Peter‹ zu:[49] gewiß ein weiterer Schritt, um Großbritannien zu seiner versöhnlichen Haltung des Appeasement zu bestimmen und von den Franzosen abrücken zu lassen. Nicht zuletzt diese Position der Briten ließ Hitler unermüdlich daran arbeiten, den Grundstein für seine Bündniskonstellation zu legen und England zu gewinnen. Lordsiegelbewahrer Eden trug er in Berlin den Gedanken der Aussöhnung vor,[50] und diese Idee war es auch, die sein Angebot gegenüber Sir Eric Phipps vom November 1934 leitete,[51] die deutsche Flotte auf ein Drittel der englischen zu begrenzen. Hitler gedachte tatsächlich in maritimer und kolonialer Münze zu bezahlen, um seinen Plan der Stufen realisieren zu können. Dabei konnte er während dieser Anfangsperiode seiner Außenpolitik auf einen überwältigend breiten Konsens fast aller Bevölkerungsgruppen rechnen und vor allem der Unterstützung der konservativen Gruppen innerhalb der Führungsschichten gewiß sein. Denn sein Aufrüstungsprogramm wurde ebenso zustimmend aufgenommen wie die Rückführung des Saarlandes im Januar 1935 und die Verkündung der Wehrhoheit im März des gleichen Jahres. Geschickt tarnte Hitler den Akt der Wiedereinführung der Wehrhoheit gegenüber England und der Weltöffentlichkeit dadurch, daß er den Abschluß des französisch-sowjetischen Paktes vom Mai 1935,[52] der die Lage in Europa grundsätzlich verändert habe, zum Anlaß nahm, um im günstigen Moment einen lang ins Auge gefaßten Weg ohne große Gefahr beschreiten zu können. Langsam näherte sich nun auch Benito Mussolini[53] dem Deutschen Reich, um vollends in Hitlers Lager einzuschwenken, als der Duce — unter dem Einfluß einer ›deutschfreundlichen‹ Fronde mit seinem Schwiegersohn Ciano an der Spitze — glaubte, das Ziel der »Wiedererrichtung des römischen Imperiums« am besten an der Seite des Reiches verwirklichen zu können. Dagegen scheinen die während des Abessinien-Feldzuges (3. 10. 1935 bis 4. 7. 1936) entgegen den Beschlüssen des Völkerbundes von Deutschland an Italien gelieferten Rohstoffe für die Schwenkung der römischen Politik nur von untergeordneter Bedeutung gewesen zu sein.[54] Für Hitler war dieser Akt allerdings ein Testfall, wie sich Großbritannien als die entscheidende Macht der ›Société des Nations‹ verhalten würde, wenn sich das Reich Beschlüssen des Genfer Gremiums entgegenstellen sollte.

Großbritanniens Reaktionen bzw. deren Ausbleiben mußten Hitler in seiner Annahme bestärken, endlich werde auch London zum Übereinkommen bereit sein. Von den Diplomaten des Auswärtigen Amtes, den Offizieren der Reichswehr und den Repräsentanten der Wirtschaft unterstützt sowie von einer begeisterten Woge der Zustimmung im deutschen Bürgertum (z. T. aber wohl auch in der Arbeiterschaft) getragen, schien es Hitler bis zum Frühjahr 1935 gelungen zu sein, die in sein ›Programm‹ der Expansionen integrierten Bedürfnisse nach Revision zu befriedigen bzw. entscheidende Voraussetzungen dafür zu legen, um weitere Revisionswünsche anmelden bzw. um die erste Etappe seines ›Programms‹ Schritt für Schritt verwirklichen zu können. Deutschland hatte seine ›Wehrhoheit‹ wiedererhalten und rüstete zu Lande und in der Luft in raschem Tempo auf.[55] Italien stand im Begriff, an die Seite des Reiches zu treten. Der Ausgleich mit Polen bot die Möglichkeit für Revisionen bzw. Expansionen im Westen und darüber hinaus die Voraussetzung einer sich anschließenden polnisch-deutschen Aktion gegen die UdSSR. Nun ging es allein darum, England, ›Schlüssel im Schloß‹ zum ›Programm‹ Hitlers wie überhaupt zur Außenpolitik des Reiches seit den Tagen Bismarcks, zu gewinnen. Eine Chance zum direkten Gespräch bot sich Hitler, als der britische Außenminister, Sir John Simon, in Begleitung von Lordsiegelbewahrer Eden

Berlin im März 1935 besuchte.⁵⁶ Würde es dem ›Führer‹ nun gelingen, Großbritannien an die Seite des Deutschen Reiches zu ziehen?

In England hatte man vor allem aufgrund der beunruhigenden Meldungen über die deutsche Luftrüstung offenbar schon seit längerem beschlossen, mit dem Reich direkte Verhandlungen aufzunehmen. Allerdings gedachten Großbritanniens Staatsmänner damit andere Ziele zu erreichen, als Hitler sie verfolgte. So wurde im Berliner Gespräch vom März 1935 deutlich, daß Sir John Simon daran dachte, Deutschland ins Konzert der Mächte zurückzuholen, um es sodann um so bequemer an die Leine international gültiger Verpflichtungen binden zu können. Dabei fielen für Hitlers Gedankenbildung und seine spätere politische Praxis so aufschlußreiche Bemerkungen von seiten des englischen Außenministers wie die, England sei in Europa natürlich stärker am Geschick Belgiens als an dem Österreichs interessiert — für die kommende Entwicklung wichtige Nuancen, die Hitler gewiß nicht überhörte. Der ›Führer‹ trug seinerseits, wenn auch diplomatisch kaschiert, seinen Plan der englisch-deutschen Aussöhnung vor, ohne die sich daran anknüpfenden Gedanken einer Expansionsabsicht im Osten Europas auch nur entfernt andeuten zu können. Das Gespräch ging hin und her, bis an einer Stelle der Verhandlungen gleichsam blitzartig eine neue Waffe Hitlerscher Politik gegenüber den Briten auftauchte. Sie sollte bald schon die Phase des Austausches, d. h. der kolonialen und maritimen Verzichtleistungen des Reiches einerseits und des dafür erwarteten Bündnisses mit England wie der Konzession einer Politik der »freien Hand« für Hitler nach Osten andererseits, ablösen; denn auf Simons Aufforderung hin, das Reich möge doch in den Völkerbund zurückkehren, demonstrierte Hitler erstmals das Mittel der kolonialen Sanktionsdrohung: Von nun an würde es nicht mehr länger der Verzicht auf überseeische Revision sein, um Großbritannien an die Seite des Reiches zu bringen, sondern immer drohender erhobene Kolonialforderungen sollten England gefügig machen. So sprach Hitler denn bereits gegenüber Simon und Eden davon, Voraussetzung für eine Rückkehr Deutschlands in den Völkerbund sei es, dem Anspruch des Reiches auf koloniale Revision entgegenzukommen. Die taktische Absicht dieser finassierenden Wendung Hitlers läßt sich nicht allein aus seinen programmatischen Überlegungen ableiten, sondern wird deutlich dadurch demonstriert, daß er sowohl im März 1935 als auch in den kommenden Jahren jeder Forderung nach Konkretisierung deutscher Kolonialwünsche im Grunde aus dem Wege ging, um seine Waffe in der Hand zu behalten. Erstmals hatte Hitler sein für die kommenden Auseinandersetzungen mit London vermeintlich zugkräftiges Mittel demonstriert, das er nun wieder und wieder vorführte, um die ›Freundschaft‹ der Briten zu erpressen.

Optimistisch äußerte er sich dann von Ribbentrop gegenüber hinsichtlich der Chancen des jetzt begonnenen Dialogs mit dem englischen Außenminister, während Sir John Simon dem britischen Parlament weit skeptischer berichtete: Der Kern des deutsch-englischen Mißverständnisses der dreißiger Jahre wird deutlich! Auf der einen Seite die Erwartung, zu einem zweiseitigen Abkommen zu gelangen, um ›regional‹ begrenzte Kriege führen zu können und die als vorläufig primär eingeschätzten Ziele der Hegemonie und der ›Lebensraum‹-Gewinnung zu verwirklichen, auf der anderen Seite der Wunsch, Deutschland in eine multilaterale Ordnung einzubeziehen, um den Frieden zu bewahren und den Status quo in Europa und der Welt im Prinzip zu erhalten. Hitler aber plante, sei es durch kolonialen Verzicht, sei es durch überseeische Sanktionsdrohung, die Engländer für seine »Lösung der Vernunft« zu gewinnen und das Bündnis mit Großbritannien zu erreichen. Würde der nächste große Schritt Hitlers, das Flottenabkommen, ihn nach den ersten Erfahrungen mit Englands Staatsmännern ans ersehnte Ziel bringen?

III. KAPITEL

Das Ringen um England (1935-1937)

Die Konferenz von Stresa[1] im April 1935, an der die Regierungschefs von England, Frankreich und Italien teilnahmen, verurteilte das deutsche Vorgehen in der Frage der Wiedereinführung der allgemeinen Wehrpflicht und sprach sich gegen die einseitige Aufkündigung von Verträgen aus. So aufsehenerregend diese Deklaration auch sein mochte, sie konnte Hitler nicht davon abhalten, den einmal beschrittenen Weg der ›Aussöhnung‹ mit Großbritannien unbeirrt weiter zu verfolgen. Im Zeichen einer forciert vorangetriebenen Aufrüstung[2] schuf der ›Führer‹ mit der Ernennung seines außenpolitischen Beraters von Ribbentrop[3] zum außerordentlichen Bevollmächtigten Botschafter des Deutschen Reiches in besonderer Mission die für seine Ansicht entscheidende personelle Voraussetzung, um die mit den Briten in London bevorstehenden Flottenverhandlungen zu einem im deutschen Sinne guten Abschluß zu führen, der einen verheißungsvollen Auftakt für weitere Vereinbarungen beider Mächte bilden sollte.

Tatsächlich wurde der 18. Juni 1935, der Tag des deutsch-englischen Flottenabkommens,[4] das das Stärkeverhältnis der deutschen und der britischen Marine auf ein Verhältnis von 35:100 bei Parität in der U-Boot-Rüstung festlegte, zum ›großen‹ außenpolitischen Triumph von Ribbentrops. Nach seinen ersten Erfahrungen mit Englands Außenminister Sir John Simon, die Hitler bereits vor dem Abschluß des Flottenpaktes dazu bestimmten, mit politischen Sanktionen auf kolonialem Feld zu drohen, war es ihm nun scheinbar gelungen, England auf dem für das Inselreich entscheidenden Sektor der Marinerüstung offenbar großzügig entgegenzukommen, um die Briten zu der von Hitler ins Auge gefaßten Politik der getrennten Interessensphären zu bewegen. Der Erfolg der Londoner Verhandlungen von Ribbentrops und vor allem die daran geknüpften weitergehenden Erwartungen des ›Führers‹ mögen die Paktunterzeichnung am 18. 6. 1935, dem historischen Datum von Waterloo, zu Hitlers »glücklichstem Tag«[5]

gemacht haben. Und doch ist bereits in jener Stunde des Erfolges unübersehbar, daß sich Enttäuschung in die Hoffnung auf ein weiteres Arrangement mit London mischte. Denn gewiß wird von Ribbentrop seinem ›Führer‹ von der reservierten Distanz des gerade neu ernannten Außenministers Sir Samuel Hoare und der kühlen Haltung Sir Robert Vansittarts berichtet haben, denen der Sonderbotschafter des deutschen Diktators während der Verhandlungen bzw. nach der Unterzeichnung des Abkommens in London begegnete. Denn von englischer Seite war kaum die Rede davon, sich mit Hitler im programmatisch orientierten Sinn des gegenseitigen Bündnisses einigen zu wollen. Trotz der erfolgreichen Mission von Ribbentrops und trotz des Abschlusses des Flottenpaktes standen sich — rückblickend betrachtet — Hitlers bilateral orientierter ›Grund-Plan‹ und Englands multilateral bestimmte Politik unversöhnt gegenüber.[6] Offenbar ging die britische Bereitschaft zur Politik des Appeasement — noch — nicht so weit, wie Hitlers ›Programm‹ dies voraussetzte. Doch vorläufig spornte die abwartend zurückhaltende Position der Briten Hitler lediglich dazu an, sein freundliches Werben um England zu verstärken und nunmehr um die Partnerschaft der Briten zu kämpfen. Nach seinen als Vorleistungen verstandenen Zugeständnissen auf dem Gebiet der Marinerüstung verblieb ihm nun in erster Linie das koloniale Sanktionsmittel, um in taktischer Manier überseeische Forderungen zu simulieren, die das störrische England gefügig machen sollten.

Entsprechend dieser Politik der drohenden Werbung erging schon kurz nach dem für die Welt aufsehenerregenden Ende der Londoner Marineverhandlungen angesichts der kühlen Haltung der englischen Politiker gegenüber weitergehenden deutschen Angeboten zwischen dem 18. 6. und dem 3. 7. 1935 die Weisung an von Ribbentrop, einen einheitlich organisierten und vor allem nationalsozialistisch ausgerichteten Reichskolonialbund aufzustellen.[7] Von diesem Zeitpunkt an war es von Ribbentrop, der im Auftrag des ›Führers‹ die »gesamte Kolonialpolitik ... verantwortlich« leitete. Dabei war es kaum ökonomischer Druck der am Kolonialgeschäft interessierten Wirtschaftsgruppen in Deutschland, die den ›Führer‹ zu diesem Schritt gedrängt hätten, obwohl nicht zu übersehen ist, daß dieser Entschluß ihren Wünschen besonders in psychologischer Hinsicht entgegenkam. Es war sicherlich der von Ribbentropsche Ehrgeiz mitentscheidend, in der Ämteranarchie des Dritten Reiches durch die ›Gleichschaltung‹ der bisher im Prinzip wie in der Weimarer Republik fortbestehenden konservativen Kolonialverbände Macht zu gewinnen. Ja, vielleicht wird mit der Übernahme dieser Aufgabe auch bereits die von Hitlers ›Programm‹ abweichende ›Konzeption‹ des späteren Reichsaußenministers deutlich, einerseits im Sinne des Hitlerschen ›Grund-Plans‹ zu handeln, andererseits aber durchaus — und dies nicht zuletzt auf kolonialem Sektor — klassische Revisionspolitik zu treiben. Unübersehbar im Geflecht von Innen-, Wirtschafts-, Partei- und Außenpolitik aber ist, daß mit der ›Gleichschaltung‹ der Kolonialverbände zum Reichskolonialbund der ›Führer‹ das Instrument bereitstellen ließ, das den Engländern gegenüber drohend als Ausdruck der deutschen ›öffentlichen Meinung‹ präsentiert werden konnte, wenn es in Zukunft darum ging, Kolonialforderungen anzumelden und die Briten auf das ›Programm‹ Hitlers festzulegen. Ja, bald schon nach der Enttäuschung Hitlers über die weiterhin ablehnende Haltung der Engländer gegenüber seinen Bemühungen um eine Übereinkunft trat der Reichskolonialbund aus seiner der ›großen Politik‹ allein dienenden Rolle heraus und galt von nun an auch als ein Instrument, um das Ausgreifen auf die einst in visionärer Ferne liegenden, nunmehr aber in greifbare Nähe gerückten strategischen Ziele in Übersee als die den kontinentalen Plänen folgende Stufe der Expansion vorzubereiten. Gerade durch die Einbeziehung des überseeischen Faktors in seine Außenpolitik kam Hitler darüber hinaus aber auch Bedürfnissen und Wünschen der politischen und wirtschaftlichen Gruppen in Deutschland entgegen, die er an der Spitze des Staates stehend, ja ebenfalls repräsentierte und die aus politischen, ökonomischen oder psychologischen Motiven heraus für das ›Dritte Reich‹ Kolonialbesitz forderten. Damit hatte Hitler auch diese Schichten der deutschen Gesellschaft und ihre Forderungen souverän und seinen Ideen von Außenpolitik unterordend in sein ›Programm‹ integriert, das in seinen entscheidenden Merkmalen der kontinentalen Priorität und der in erster Linie taktisch benutzten Kolonialforderung jedoch kaum erkannt wurde. Gerade diese Finesse des ›Führers‹ aber erlaubte es, die »deutsche Öffentlichkeit« noch entschiedener für seine Politik zu gewinnen und nun »mit der kolonialen Waffe in der Hand« auf außenpolitischem Sektor drohend den Kampf um — nicht aber gegen — England zu beginnen.

Neben dem die deutsche Außenpolitik zentral beschäftigenden deutsch-englischen Verhältnis war es im Herbst 1935, wie schon angedeutet, der Abessinien-Krieg, der Hitler Gelegenheit gab, Mussolini zu unterstützen[8] und so den Weg der Blockpolitik zwischen dem Reich und Italien vorzubereiten. Im Grunde schienen sich Ende 1935 nur noch die Briten der Verwirklichung seiner Bündniskonstellation entgegenzustellen. Hitlers neue Taktik der drohend angewandten Sanktionen aber wurde sehr bald schon deutlich, als am 13. 12. 1935 der britische Botschafter in Berlin, Sir Eric Phipps, die Rede auf das England brennend interessierende Thema der Rüstungsbeschränkungen, vor allem aber auf den englisch-französischen Vorschlag eines Luftpaktes mit dem Reich lenkte. Dies allerdings berührte einen Punkt, in dem Hitler kaum zu Konzessionen bereit war. Denn Aufrüstung gehörte, wie wir bereits erkennen konnten, konstitutiv zu seinem ›Programm‹ der Expansionen, das ja nicht zuletzt auch gesellschaftlichen Interessen entsprach und der wirtschaftlichen Krisenbeseitigung diente. Und wieder war es wahrscheinlich die koloniale ›Mine‹, die Hitler geschickt legte, um dieses unbequeme Angebot der Westmächte zu torpedieren.[9] Denn noch war man sowohl in London als auch in Paris im Prinzip darum bemüht, in Verhandlungen mit dem Reich nicht in kolonialer Münze zu bezahlen. Sehr bald sollte sich diese Haltung ändern, ohne den Lauf der Dinge in eine andere Richtung lenken zu können. Nur unzulänglich war allerdings im westlichen Ausland bekannt, daß Hitler das Kolonialproblem lediglich als taktisches Erpressungsmittel benutzte, — noch — nicht aber als erstrebenswertes Fernziel ansah. Allerdings scheint die in der am 5. 2. 1936 geführten Unterhaltung Hitlers mit dem ehemaligen britischen Luftfahrtminister Lord Londonderry[10] angemeldete Forderung auf Rückgabe von zwei Kolonien an das Reich angesichts der ständigen Weigerung der Briten erstmals konkreter gefaßt zu sein und gibt, im Rückblick betrachtet, vielleicht schon ansatzweise den Blick auf ein Fernziel in Afrika frei.[11]

Von nun an jedenfalls hat Hitler nie mehr, wie in den zwanziger Jahren oder zu Beginn seiner Regierung, gänzlich auf Kolonien im Zuge des ursprünglich vorgesehenen ›Tauschgeschäfts‹ verzichtet. Stets meldete er überseeische Forderungen an, die über den beherrschenden taktischen Gesichtspunkt hinaus in seine gegenüber dem ›Programm‹ der zwanziger Jahre sich inzwischen verändernde Gedankenbildung Einblick geben mögen: Der ambivalente Kurs gegenüber England deutet sich an. ›Bescheidene‹ Forderungen lassen bereits den Blick auf überseeische Ziele fallen und kommen damit — ohne daß Hitler sich darum persönlich erheblich gekümmert hätte — einem wirtschaftlichen, besonders aber auch psychologischen Bedürfnis innerhalb jener Gruppen der deutschen Führungsschichten entgegen, die etwa durch Hjalmar Schacht repräsentiert, bald schon neben der rein wirtschaftlichen Forderung in dem Plan eines friedlich-expansionistischen Ausgriffs nach Übersee eine politische ›Alternative‹ zu Hitlers kriegerischen Kontinentalplänen erblickten.[12]

Doch die vorrangigen Ziele des »Führers« lagen noch lange nicht in Afrika, vorläufig auch noch nicht im Osten des Kontinents, sondern unmittelbar an den Grenzen des Reiches. Während man in London und Paris erwartete, daß Deutschland bald Anspruch auf Lome, Duala und Daressalam erheben werde, richteten sich die Blicke Hitlers, der Wehrmacht und des Auswärtigen Amtes auf Köln, Mainz und Koblenz – Ziele traditioneller Revisionspolitik, die der Mehrzahl der Deutschen am Herzen lagen. Einen Monat vor dem Coup der ›rheinischen Ouvertüre‹[13] waren die Spitzen der Wehrmacht und des Auswärtigen Amtes unterrichtet, ein geschicktes Interview des deutschen Diktators mit dem französischen Journalisten Bertrand de Jouvenel am 21. 2. 1936 sprach von der deutschen Friedenspolitik, der gemeinsamen Gefahr des Bolschewismus und dem Unsinn der Erbfeindschaft zwischen dem französischen und deutschen Volk,[14] und am 7. 3. 1936 rückten deutsche Truppen in die entmilitarisierte Zone am Rhein ein.[15]

Ohne die Begebenheiten im einzelnen nachzeichnen und etwa die Position der französischen Seite beleuchten zu wollen, die im Besitz von Informationen über den bevorstehenden Einmarsch keinen Entschluß zur Gegenaktion fassen konnte, scheinen einige Merkmale dieser Prozedur, in der sich konservativer Revisionismus der Generäle und Diplomaten mit Hitlers Expansionsplänen trafen, typisch zu sein. Das Moment der Blitzartigkeit, des Überfalls und der Überraschung begegnet uns in diesem Wochenendcoup ebenso wie der Gedanke, im Falle eines Mißlingens des Unternehmens, d. h. bei entschlossenem Widerstand der Westmächte, sich ebenso rasch zurückzuziehen, um den Bestand der jungen Wehrmacht und des eigenen Herrschaftssystems zu retten. So soll es bezeichnenderweise von Neurath gewesen sein, der in einer entscheidenden Stunde des Rheinland-Abenteuers dem nervös den Rückzug erwägenden Hitler geraten haben soll, erst einmal abzuwarten und die Truppen in der entmilitarisierten Zone zu belassen. Der zweite, vielleicht ebenso entscheidende Zug innerhalb des Unternehmens aber war der Testcharakter dieser Aktion. Wie würde sich Großbritannien angesichts eines gewaltsamen Vorgehens der Deutschen zur Revision der ihnen in Versailles gesteckten Grenzen verhalten? Aus der Sicht Hitlers, von Ribbentrops und des Auswärtigen Amtes verhielt sich London durchaus so, wie man es unter den gegenwärtigen Bedingungen als beste Lösung wünschen konnte. Denn das Foreign Office beschränkte sich auf papierene Proteste, an ein Marschieren aber dachte man an der Themse nicht, da die ›britischen Interessen‹ in der Europa- und Weltpolitik kaum tangiert wurden. Damit aber war Frankreichs politische und militärische Handlungsfreiheit eingeschränkt, zu dessen Prinzipien es gehörte, nicht ohne die Unterstützung des einstigen Entente-Partners offensiv zu werden.

Das Nachspiel zum gelungenen Abenteuer ist ebenso charakteristisch für Hitlers im Einklang mit Diplomatie und Militär ablaufende Politik wie die Planung und Verwirklichung des Blitzschlages selbst: Hitlers große ›Friedensrede‹ vom 7. 3. 1936[16] schlug großzügig Nichtangriffspakte vor, pries multilaterale Übereinkommen und bot eine Räumung des Rheinlandes an, falls Frankreich sich von der gemeinsamen Grenze gleichfalls um eine entsprechende Distanz zurückzöge. Von den gleichen Gedanken erfuhr auch Ward Price, der Korrespondent der Rothermere-Presse, am 11. 3. 1936,[17] obwohl den Engländern gewiß nicht entgangen war, daß Hitler gerade im Zusammenhang mit seiner Rede anläßlich der ›rheinischen Ouvertüre‹ erstmals vor der Weltöffentlichkeit die koloniale Revisionsforderung offiziell erhoben hatte.[18] Mit dieser Politik glaubte der ›Führer‹, den Schlüssel gefunden zu haben, der die englischen Staatsmänner für seine Gedanken offen und gefügig machen würde. Von nun an sollte jede kontinentale Krise drohend von der kolonialen Revisionsmelodie untermalt sein. Und in der Tat mußte sich Hitler bald darauf in seiner Taktik, auf kolonialem, ja nunmehr auf maritimem Sektor — gewiß ohne Absicht — England zu drohen, bestärkt fühlen. Denn als das Reich im Mai 1936 anstelle der vorgesehenen drei A-Kreuzer fünf Schiffe dieses Typs auf Kiel legte, da war — übertrieben gesprochen — die britische Reaktion fast heftiger und aufgeregter als im Zusammenhang mit dem deutschen Einmarsch ins Rheinland.[19] England — so mußte es Hitler erscheinen — reagierte empfindlich auf maritimem und kolonialem Gebiet und war offenbar dafür bereit, wie das Rheinlandexperiment demonstriert hatte, sich gegenüber kontinentalen Unternehmungen des Reiches neutral zu verhalten. Würde sich der Hitlersche Plan des ›Tauschgeschäfts‹ und des Bündnisses zwischen England und Deutschland in leicht veränderter Form und im Zeichen einer ›starken‹ Politik des Reiches doch noch verwirklichen? Mußten unter diesem Aspekt eines nicht ins große Bündnis einlenkenden, sondern ängstlich zurückweichenden England dem ›Führer‹ nicht schon bald Gedanken kommen, evtl. nach den noch vor ihm liegenden europäischen Aktionen im Schatten der politischer und militärischer Schwäche entspringenden Neutralität der Briten auch bereits nach Übersee auszugreifen?

Aber nicht nur auf außenpolitischem Feld schien Hitlers Plan zu gelingen, auch in der innenpolitischen Szenerie stieg er zu fast uneingeschränktem Ansehen auf. Gewiß, das Bürgertum hatte die rüden Sitten mancher Parteibonzen zu ertragen, sicherlich mißfiel dem einen oder anderen der ehemals schwarz-weiß-roten Konservativen das rassische Dogma der Nationalsozialisten: Hitlers Politik der Revisionen aber stellte ihre Wünsche nach nationaler Restauration ebenso zufrieden, wie sie den wirtschaftlichen Interessen einer auf permanentes Expandieren abgestellten bürgerlichen Gesellschaft entgegenkam. Man wußte sehr wohl, daß es Hitler, sein ›Programm‹ und der Nationalsozialismus gewesen waren, die 1933 den Markt als Symbol einer eigentumsorientierten, nunmehr sich gefährdet fühlenden Gesellschaftsordnung gerettet hatten,[20] wenn als Tribut seines Bestandes nun auch die Hakenkreuzfahne gehißt wurde und der vorläufigen Rettung vielleicht einmal die endgültige Beseitigung dieser sozialen Ordnung durch ihre Transformation in eine rassisch fundierte Herrschaft folgen sollte. Noch aber und prinzipiell bis weit in den Krieg hinein dienten (als ›bloße Ideologie‹ jedoch fehlgedeutetes) rassisches Dogma und nationalsozialistisches System durchaus der Bewahrung der bestehenden Ordnung. Die Parole von der neuen Welt lieferte allein die ideologische Schminke, um dem alten Profil freundlichere und anziehendere Züge zu verleihen.

Gerade in diesen Wochen und Monaten des Jahres 1936, als Hitlers u. a. mit den Vertretern der Wirtschaft geteilte Herrschaft des ›partial fascism‹ in eine Bevormundung des ökonomischen Partners durch die Partei und den ›Führer‹ im Zeichen des sich etablierenden ›full fascism‹ einmündete,[21] war es Hjalmar Schacht als Repräsentant der ›liberalen Konservativen‹, der angesichts des immer entschlossener vorbereiteten Kriegskurses des Regimes seine Aktivität im Sinne eines friedlich-wirtschaftlichen Expansionismus verstärkte. Hitler aber ließ die Rüstung vorantreiben,[22] setzte seine Werbungen um England intensiv fort und bezog offenbar auch bereits den dritten Partner des künftigen »weltpolitischen Dreiecks Rom—Berlin—Tokio«, Japan, in seine machtpolitischen Überlegungen ein,[23] anscheinend ohne die gelbe Hautfarbe der fremdrassischen Söhne Nippons als ein Hemmnis seiner eher traditionell orientierten Machtpolitik zu empfinden.[24] Denn in seinem Gespräch mit dem japanischen Militärattaché Oshima am 22. 7. 1936 glaubt man bereits im Ansatz herauszuhören, was der ›Führer‹ fünf Jahre später zu dem gleichen Mann über Rußland sagte, von dem es schon 1936 hieß, es müsse in seine historischen Teile zerlegt werden.[25] Gewiß war gegenüber der Weltöffentlichkeit die antibolschewistische, also ideologische Spitze des am 25. 11. 1936 abgeschlossenen Antikominternpaktes[26] nicht zu übersehen. Hitlers machtpolitisches Kalkül und sein offenbares Umgehen mit der Idee einer koordinierten Aktion gegen Rußland aber sollte man daneben nicht geringschätzen. Die drei revisionistischen ›Habenichtse‹ der Weltpolitik, das kaiserliche Japan, das faschistische Italien und das nationalsozialistische Deutschland schickten sich an, die Welt neu zu verteilen: Japan war 1931 vorangegangen und suchte seinen Raum auf der Gegenküste des asiatischen Festlandes; Italien eroberte seinen spazio vitale im afrikanischen Äthiopien; wohin aber würde Hitlers nächster Schritt führen?

Am 17. Juli 1936 war in Spanisch-Marokko jene Revolte putschistischer Generäle ausgebrochen, die sich gegen die Regierung des Mutterlandes erhoben hatten, um den Forderungen der ›Reaktion‹ zum Erfolg zu verhelfen. Eine Woche darauf erreichte den in Bayreuth weilenden Hitler ein durch Vertreter der nationalsozialistischen Auslandsorganisation überbrachter Brief Francos,[27] worauf ihm der ›Führer‹ seine Hilfe im Bürgerkrieg umgehend zusagen ließ. Ratlos stand man im Auswärtigen Amt diesem Entschluß Hitlers gegenüber. Denn erstmals kollidierten revisionistische Ziele der traditionellen Behörde und expansionistisches ›Programm‹ des Diktators. Über das Eingreifen des Reiches an Francos Seite ist viel gerätselt worden.[28] Sicher waren auch wirtschaftliche Einflüsse mitbestimmend, die auf die spanischen Rohstoffvorkommen reflektierten, maßgebend waren sie gewiß nicht.[29] Auch die Erklärung, der Luftwaffe ein Probierfeld zu verschaffen, reicht allein nicht aus. Und einer Lüge der Goebbelsschen Propaganda erliegt man wohl, wenn man Hitlers Entschluß primär damit begründet, er habe dem Versuch Stalins, Europa von der südlichen Flanke her aufzurollen, zuvorkommen wollen. Was Hitler wohl in erster Linie zum Eingreifen auf dem spanischen Kriegsschauplatz bestimmt hat, war der Gedanke, durch einen Sieg zusammen mit Franco die ›wehrwirtschaftliche‹ und strategische Basis in Spanien für kommende Expansionen zu verbreitern, denn von der iberischen Halbinsel aus konnte er sowohl Frankreich als auch England empfindlich bedrohen. Darüber hinaus war es wiederum — gepaart mit der Idee eines raschen Rückzugs im Falle eines Fehlschlages der Intervention — das Motiv, in einer kriegerischen Konfrontation die Reaktion der Briten zu testen. In der Tat reagierten Englands Staatsmänner erneut, und zwar bis zum Ende des Spanischen Bürgerkrieges, darauf kaum so, daß der ›Führer‹ ihre Sprache als grundsätzliche Mißbilligung seiner ›Maßnahmen‹ hätte verstehen müssen.[30] Denn im Prinzip tolerierten die Engländer einen von Mussolini und Hitler in Spanien erkämpften Sieg der faschistischen Achsenmächte über das ›unnatürliche Bündnis‹ der liberalen Demokratien mit dem stalinistischen Rußland. Die Fronten des künftigen Krieges schienen formiert!

Allein, die Hitler bei seiner ersten expansionistischen Unternehmung ebenso wenig wie bei der Rheinland-Besetzung hindernde Politik Londons ließ ihn noch immer hoffen und für seine Idee der Übereinkunft mit England werben. Lord Rennel, Lord Monsell und Sir Robert Vansittart besuchten den ›Führer‹ im Sommer 1936[31] und hörten seine Werbungen. Ja, im August des olympischen Jahres ernannte er den Mann, der ihm das Flottenabkommen gebracht hatte, Joachim von Ribbentrop, zum Nachfolger des verstorbenen Botschafters von Hoesch in London und verabschiedete ihn im Oktober 1936 mit den Worten: »Ribbentrop, bringen Sie mir das englische Bündnis!«[32] Während Hitler somit den ›letzten Versuch‹ einer Übereinkunft mit Großbritannien einleitete, verstärkte er gleichzeitig propagandistisch und militärisch seine kriegerischen Expansionsvorbereitungen. Daß dabei die antibolschewistische Propaganda im Dienste der Machtpolitik betrieben wurde, geht aus der streng vertraulichen Weisung des Reichspropagandaministeriums vom 21. 8. 1936 hervor. Darin wurde angeregt, die verschärfte Kampagne der deutschen Presse gegen die Sowjetunion und die Rote Armee solle schon jetzt vor der Öffentlichkeit eine ausreichende Begründung für künftige Schritte schaffen.[33] Die Einführung der zweijährigen aktiven Dienstzeit am 24. 8. 1936 deutete auf das Instrument hin, das Hitler ans Ziel seiner Absichten tragen sollte.[34] Endlich diktierte der ›Führer‹ Ende August des Jahres 1936 seine Denkschrift zum Vierjahresplan,[35] die forderte, in vier Jahren habe die deutsche Armee einsatzfähig, die deutsche Wirtschaft in vier Jahren kriegsfähig zu sein. Dieses nur in wenigen Exemplaren verfertigte Dokument erwähnt nichts von den pausenlos von deutscher Seite erhobenen Kolonialforderungen, die der Konservative Schacht zur gleichen Zeit als die Wünsche des Reiches im Ausland vortrug[36] und die zu erregten Diskussionen in Paris und London führten. Hitlers Blick war auf die kontinentalen Ziele gerichtet, die helfen sollten, seine erste Etappe der Hegemonie und Lebensraumgewinnung zu verwirklichen.

Würde es ihm und von Ribbentrop nun doch noch gelingen, auch die widerstrebenden Engländer ins Lager der Deutschen zu ziehen? Der ›Führer‹ vermochte den englischen Weltkriegspremier Lloyd George[37] in einem persönlichen Gespräch auf dem Berghof für sich zu gewinnen und die Sympathie hochgestellter britischer und Empire-Politiker zu finden.[38] Mußte Hitler dadurch nicht in seiner Hoffnung bestärkt werden, auch die Briten würden endlich doch noch auf seine Offerten eingehen? Denn inzwischen war das weltpolitische Dreieck Rom—Berlin—Tokio nach der Unterzeichnung des deutsch-japanischen Antikominternpaktes vom 25. 11. 1936 und Mussolinis Mailänder Rede vom 1. 11. 1936, in der er enthusiastisch das berühmte Wort von der ›Achse‹ ausrief, Wirklichkeit geworden. An die Adresse der Engländer aber ergingen nicht nur Werbungen, sondern auf sie prasselten ebenso wie auf die Franzosen drohend erhobene überseeische Forderungen des Reiches hernieder. Taktisch vorgetragen, um kontinentale Ziele zu erreichen, wurden sie in London als politische Wünsche der Reichsregierung ernst genommen. Dagegen stellte damals der amtierende französische Kolonialminister Marius Moutet der Hitlerschen Außenpolitik eine glänzende Diagnose,[39] die allerdings ohne Folgen blieb. In einem Gespräch erläuterte der Minister der ›Volksfrontregierung‹ Blum das Prinzip des tatsächlich verfolgten Kurses der deutschen Politik, kolonial zu drohen, um kontinentale Ziele erreichen zu können: ein präzis zutreffendes Urteil! Wie verworren sich allerdings den englischen Politikern die Lage insgesamt darbieten mußte, geht aus einem für von Ribbentrops Londoner Botschaftertätigkeit charakteristischen Gespräch hervor, bei dem der stellvertretende englische Außenminister Lord Halifax sein Partner war.[40] Die Unterredung fand im Februar jenes Jahres 1937 statt, von dem Hitler in seiner Reichstagsrede vom 30. 1. 1937 gesagt hatte, die Zeit der Überraschungen sei nun abgeschlossen,[41] während der amerikanische Botschafter in Tokio, Grew, völlig recht hatte, wenn er aus dem asiatischen Wetterwinkel der Weltpolitik heraus feststellte, man lebe auf einem Vulkan, und niemand wisse, in welchem Augenblick der Ausbruch erfolgen werde.[42]

Welches sind die beherrschenden Züge der von Ribbentropschen Unterhaltung mit dem Mann, der ein Jahr später bereits als Edens Nachfolger Chef des Foreign Office wurde und dem von Ribbentrop dann gleichfalls als Kollege im Außenamt begegnen sollte?

Im Zusammenhang mit der weltpolitischen tour d'horizon vom Februar 1937, den Halifax von englischer Seite aus nur als informelle Unterhaltung auffassen konnte, scheinen für von Ribbentrops Position vorab zwei Aspekte charakteristisch zu sein: Einmal vertrat der außenpolitische Vertraute Hitlers ganz im Sinne der Politik des ›Führers‹ den Gedanken einer deutsch-englischen Aussöhnung, ohne die sich daran anschließenden Überlegungen seinem englischen Gesprächspartner en détail mitteilen zu können, sei es aus grundsätzlich oder teilweise motivierter Unkenntnis, sei es aus taktischer Verschwiegenheit. Daneben aber ist nicht zu übersehen, daß von Ribbentrop, der verantwortliche Mann für alle Kolonialangelegenheiten im Reich, die überseeischen Revisionsforderungen in England anmeldete und dies, wie es scheint, nicht in vornehmlich taktischer, sondern in echter Absicht auf Revision.[43] Denn im Anschluß an sein Gespräch mit Lord Halifax schlug der Londoner Botschafter seinem ›Führer‹ und dem Reichsaußenminister von Neurath vor, zusammen mit Italien und Japan eine weltweit geführte kolonialpolitische Offensive des Reiches einzuleiten, um die

Briten zur Übergabe kolonialer Gebiete gefügig zu machen: ein Vorschlag, den von Ribbentrop selbst durchführen zu dürfen bat und auf den Hitler bezeichnenderweise überhaupt nicht einging! Denn für ihn sollte das Kolonialproblem gerade nicht im Sinne der üblichen Revisionspolitik geklärt werden, sondern als taktische Waffe zu kontinentalen Expansionszwecken weiter zur Verfügung stehen. Es wird deutlich, daß außenpolitische Differenzen zwischen Hitlers und von Ribbentrops Konzeption bereits hier auftauchten, um dann ab 1938 immer stärker hervorzutreten. Von Ribbentrops antienglische, auf die Wahrung der russischen Neutralität bedachte, prokoloniale Einstellung scheint sich im Gespräch mit Lord Halifax bereits anzudeuten, während er gleichzeitig — darin der gesamten Tätigkeit des Auswärtigen Amtes vergleichbar — noch im Sinne der Hitlerschen Überlegungen, d. h. der proenglischen, antirussischen und auf vorläufigen kolonialen Verzicht ausgerichteten Politik argumentierte. Hitlers »rationeller« Stufen-Plan steht damit einer — wenn man so will — »wilhelminischen Allerweltspolitik« von Ribbentrops gegenüber, der als Repräsentant jener Konservativen in Diplomatie und Wirtschaft angesehen werden kann, die sowohl den Ausgleich mit England erreichen, als auch die überseeischen Forderungen realisieren wollten. Inwieweit dabei von Ribbentrop Hitlers ›Programm‹ kannte und begriff, ist ein wohl kaum noch zu klärendes Problem. Entscheidend aber dürfte sein, daß er bereits zu diesem Zeitpunkt seiner Londoner Botschaftertätigkeit mit der in echter Absicht vorgetragenen Kolonialforderung, die vielleicht dem Motiv, persönlichen Erfolg buchen zu wollen und damit seine innenpolitische Position stärken zu können, entsprungen sein mag, eher als ein Repräsentant einer gleichzeitig europäische und weltpolitische Ziele ins Auge fassenden, wilhelminisch anmutenden Politik erscheint denn als Vertreter des Hitlerschen ›Programms‹.

Wenn der spätere Außenminister — besonders im Krieg — Hitler auch niemals so entschieden entgegentrat, daß er sich hätte durchsetzen können, so ist doch festzuhalten, daß er schon seit den dreißiger Jahren eine traditioneller orientierte Linie deutscher Außenpolitik verfolgte, wie sie im Auswärtigen Amt, in der Marine und in der Wirtschaft erörtert wurde, nämlich eine mächtige Stellung in Mitteleuropa aufzubauen und durch überseeische Kolonien zu ergänzen.[44] Daß er seine Versuche, in London sowohl im Hitlerschen Sinne der Bündniswerbung zu arbeiten, als auch koloniale Revisionserfolge einzuheimsen, nicht bewußt als ›Alternative‹ zu Hitlers ›Programm‹ der kriegerischen Expansionen verstand, wie es mehr und mehr in den Schachtschen Bemühungen, die Außenpolitik des ›Dritten Reiches‹ vom Pfade kriegerischer Kontinentalaktionen auf den des friedlichen Übersee-Expansionismus zu führen, zutage trat, liegt auf der Hand und resultiert wohl nicht zuletzt aus dem persönlichen Ergebenheitsverhältnis von Ribbentrops gegenüber seinem ›Führer‹.

Hitler aber hoffte nun auf den im Mai 1937 als Nachfolger Stanley Baldwins[45] in die Downing Street 10 einziehenden Neville Chamberlain.[46] Denn der ehemalige Oberbürgermeister von Birmingham, der als ausgesprochener Empire-Mann galt, mußte geradezu als prädestiniert erscheinen, um auf Hitlers Pläne einzugehen, sich am Kontinent zu desinteressieren und sein Augenmerk auf das englische Weltreich zu richten: Gedanken, die Hitler wieder und wieder vorgetragen hatte und weiterhin erläuterte. So erfuhr Lord Lothian, der solchen Ideen kaum abhold zu sein schien,[47] davon ebenso wie der Aga Khan als einflußreicher Vertreter des Empire und der abgedankte König Eduard als ein weiterer Prominenter. Würde sich buchstäblich in letzter Minute der Hitlersche ›Grund-Plan‹, mit England zusammenzugehen, doch noch verwirklichen? Schon pries der ›Führer‹ das germanische Reich, das die deutsche Nation inzwischen bereits bekommen habe,[48] ließ ein weiteres Flottenabkommen mit den Briten unterzeichnen,[49] warb in seiner traditionellen Rede zum Erntedankfest auf dem Bückeberg am 3. 10. 1937 nochmals um Englands Verständnis, das koloniale Sanktionsmittel selbstverständlich als Drohung präsentierend[50] und unterstützte durch Unterbindung aller Lieferungen an China den japanischen Krieg gegen das Reich der Mitte,[51] während sich Amerikas Präsident Roosevelt in seiner berühmten Quarantänerede vom 5. 10. 1937 der aggressiven Politik der revisionistischen Mächte warnend entgegenstellte.[52] Wie aber würde nun die Entscheidung des neuen Premierministers in London ausfallen? Würde er auf Hitlers Plan eingehen und damit die Voraussetzung für die deutsche Politik der kriegerischen Expansionen legen?

IV. KAPITEL

Der Weg in den Krieg (1937-1939)

1. Hitlers ›Programm‹ der Expansionen und Chamberlains Konzept des Appeasement

Im November 1937 war das Kabinett Neville Chamberlain ein halbes Jahr lang im Amt.[1] Hitler, inzwischen zum beinahe unumschränkten Diktator in Deutschland emporgestiegen,[2] war offenbar nicht mehr länger bereit, auf ein Einlenken der Briten zu warten. Denn der ›Führer‹ begann damit, sein kriegerisches ›Programm‹ der territorialen Expansionen nunmehr auch gegen den Willen der ursprünglich als Bündnispartner vorgesehenen Engländer zu verwirklichen. Diese Tatsache und nicht das ja nur wiederholte, im Grunde aber längst vertraute Bekenntnis, im Osten des Kontinents ›Lebensraum‹ für das deutsche Volk erobern zu wollen, scheint das entscheidende, neue Ergebnis jener Geheimrede vom 5. 11. 1937 gewesen zu sein, die Hitlers Wehrmachtsadjutant, Oberst Hoßbach, aufzeichnete und die unter dem (nicht ganz korrekten) Namen ›Hoßbach-Protokoll‹ bekannt geworden ist.[3]

Was hatte Hitler am Ausgang des Jahres 1937 den Oberbefehlshabern der Wehrmachtteile von Fritsch, Raeder und Göring, dem Reichskriegsminister von Blomberg und seinem Reichsaußenminister von Neurath mitzuteilen? In welchen Punkten hatte sich seine am ›Programm‹ nach wie vor orientierte Gedankenbildung verändert? Im wesentlichen scheinen es folgende Probleme gewesen zu sein, die Hitler angesichts der abweisenden Haltung der englischen Regierung einerseits und ihrer im Zeichen der deutschen militärischen Stärke nach wie vor gewahrten Neutralität andererseits neu überdacht hatte, um den für die kommenden Jahre entscheidenden politischen und militärischen Kurs festzulegen: In erster Linie verdient, wie gesagt, die veränderte Haltung gegenüber Großbritannien besondere Aufmerksamkeit. Bekanntlich war ja gerade England jener Faktor in Hitlers Politik, von dessen Ja oder Nein zu den Absichten des ›Führers‹ die gesamte programmatische Politik des Diktators abzuhängen schien. Am 5. 11. 1937 war nun nicht länger die Rede davon, England weiter entgegenkommen und umwerben bzw. erpressen und ins Bündnis zwingen zu wollen. Die Taktik des ›Tauschgeschäfts‹ und der Sanktionsdrohungen trat in den Hintergrund. Hitler ging den Briten gegenüber auf einen ›ambivalenten‹ Kurs, der einen zunehmend stärker antibritischen Akzent erhielt.[3a] Einerseits erteilte er London keine endgültige Absage, sondern blieb, wie seine Politik bis weit in den Krieg hinein zeigte, immer wieder gegenüber der ursprünglich propagierten Bündnisidee ›offen‹. Andererseits aber erkannte der von realpolitischem Kalkül geleitete Stratege in Hitler neben diesem immer noch verfolgten ›doktrinären‹ Lieblingsgedanken nunmehr nach den mannigfachen Erfahrungen mit Englands Staatsmännern, daß Großbritannien durchaus als Gegner angesehen werden müsse, den es allerdings nicht in erster Linie zu besiegen gelte, sondern der durch Demonstration militärischer Macht und politischer Entschlossenheit ganz gewiß in einer dem Reich genehmen Neutralität verharren werde. Dieser Zustand der europäischen Politik würde es dem Reich erlauben, gegen den Willen der Briten und diese politisch und militärisch in Schach haltend, auf dem Kontinent in programmorientierter Manier offensiv zu werden. Die Stoßrichtung der deutschen Politik aber sollte, wie seit 1925 bekannt, im Osten des Kontinents liegen. Als äußersten Zeitpunkt, bis zu dem diese Ziele in Angriff zu nehmen seien, nannte Hitler in diesem Zusammenhang die Jahre 1943/45 — keine vagen Daten, sondern, wie noch gezeigt werden wird, eine relativ genaue Zeitangabe über die Absichten der Außenpolitik des Dritten Reiches, die kontinentale Etappe innerhalb des Stufen-Plans zur Erringung einer Weltmachtstellung zu verwirklichen.

Interessant erscheint dabei, daß Hitler — anders als die jede außenpolitische Forderung des Reiches auf dem Kontinent begleitende Kolonialpropaganda — nicht davon sprach, überseeische Ziele und europäische Objekte als politische Alternative anzusehen, den Blick aber doch schon auf das britische Empire richtete und sich über dessen Stärke bzw. Hinfälligkeit bezeichnend äußerte. Es soll an dieser Stelle noch keineswegs behauptet werden, Hitler habe mit seiner Feststellung, er halte das englische Empire nicht für unerschütterlich, und Deutschland könne nur zu dem Zeitpunkt überseeische Ziele ins Auge fassen, wenn England schwach und das Reich stark sei, hier bereits eindeutig den Blick auf überseeische Fernziele gelenkt. Gewiß muß man die Situation jener Ansprache vom 5. 11. 1937 in Rechnung stellen. Denn der ›Führer‹ hatte den zuhörenden Offizieren ebenso wie seinem Außenminister die Achtung vor dem als schier unüberwindbar angesehenen Großbritannien mit seinen weltweiten (Nachschub-)Verbindungen zu nehmen. Und dennoch ist nicht zu übersehen und für Hitlers Gedankenbildung eben typisch, daß seinen dem Machtkalkül entspringenden Überlegungen gemäß ein in schwächlicher Neutralität vor einem gerüsteten Deutschland wieder und wieder zurückweichendes, »feiges« Großbritannien irgendwann einmal damit rechnen mußte, in seinem überseeischen Besitz beerbt zu werden. Voraussetzung dafür, um diese Hitler wohl schon in den Jahren vor 1937 bewegenden Fernziele[4] realisieren zu können, war es, bis 1943/45 die Hegemonie über den Kontinent zu erringen und damit die ›Lebensraum‹-Basis zu verbreitern, so daß ein mächtiges Reich den — auch durch andere außenpolitische Belastungen — geschwächten Briten gegenüberstehen würde.

Die Dynamik der Hitlerschen Expansionspolitik läßt den Blick gleichsam automatisch auf das an dieser Stelle schon als nicht unerschütterlich charakterisierte Empire fallen. Die — aus Hitlers Blickwinkel gesehen — »einzige Chance« für Großbritanniens Staatsmänner, die der ›Führer‹ bislang scheinbar großzügig, bis 1939 dann zunehmend spärlicher, 1940/41 dann wieder bei jeder Gelegenheit anbot, lag darin, doch noch ins Bündnis einzulenken, um den drohenden Schritt der Deutschen in die überseeischen Territorien und in den ozeanischen Bereich — zumindest für einen längeren Zeitabschnitt — abzuwenden. Ende 1937 aber, in seiner neuen, als testamentarisch bezeichneten Weisung betrachtete Hitler Großbritannien in erster Linie als einen Gegner seiner geplanten Expansionspolitik, vertraute angesichts seiner Erfahrungen auf die aus politischer und militärischer Schwäche resultierende Neutralität der Briten und spekulierte unter diesem Aspekt sogar schon auf weitergehende, über Europa hinausgreifende, dem Machtkalkül seines Stufen-Plans entspringende Fernziele. Die Jahre 1943/45 aber faßte Hitler als den äußersten Termin für seine europäischen Unternehmungen ins Auge. Dem Stufen-Plan und seiner Prioritätsordnung entsprechend, mußten also danach — ungefähr in der zweiten Hälfte der vierziger Jahre — jene Ziele folgen, die — falls die Engländer nicht vorher Hitlers ›Programm‹ akzeptierten — wohl gegen Großbritannien und mit Sicherheit gegen die USA[5] erreicht werden sollten. Achten wir bei den Planungen der Marine, der Wirtschaft und des Auswärtigen Amtes, vor allem aber bei den Äußerungen Hitlers und der Diplomaten einmal darauf, ob sich über das ›timing‹ hinsichtlich der europäischen und überseeischen Objekte in den vierziger Jahren noch Entsprechendes finden und erschließen läßt! Festzuhalten aber ist, daß Hitler sich von seinem ›Programm‹ weder durch die innen- und wirtschaftspolitische Opposition der ›liberalen Imperialisten‹ um Schacht noch von der ja weit entscheidenderen außenpolitischen Weigerung Englands gegenüber seinem Angebot der ›Komplicenschaft‹ abbringen ließ. So ist 1937 deutlich zu erkennen, daß der ›Führer‹ im Zuge des ambivalenten, ja vorherrschend antibritischen Kurses immer stärker und bewußt jene Politik des Hazard bevorzugte, die Deutschlands Staatsmänner in beinahe fatalistischer Stimmung in den Jahren vor Ausbruch des Ersten Weltkrieges entscheidend mitbestimmte[6] und zu der Formel gerann, entweder zur Weltmacht durchzubrechen oder vor dem Niedergang zu stehen. Eben diese politische Bahn hatte auch Hitler betreten, ohne sich allerdings in wilhelminischem Fatalismus dem sog. Schicksal zu ergeben. Denn immer wieder versuchte er, sein usprüngliches Konzept, Englands Freundschaft zu gewinnen, doch noch einzuholen — zumindest aber zu erreichen, daß Großbritannien durch Drohungen eingeschüchtert, angesichts der Stärke der deutschen Wehrmacht[7] neutral den kontinentalen Abenteuern des Reiches zuschauen werde.

Doch nicht nur Hitler hatte seine Politik gegenüber Großbritannien, der Schlüsselmacht in seiner politischen Gedankenbildung, geändert. Auch Neville Chamberlain, der englische Premierminister, scheint in den ersten sechs Monaten seiner Regierungszeit über das deutsch-englische Verhältnis intensiv nachgedacht zu haben.[8] Offenbar genau in dem Moment, als Hitler Anfang November 1937 seinen geänderten ›testamentarischen‹ Willen formulierte, entwickelte der Premierminister eine nun erstmals stärker konzipierte, nicht mehr in erster Linie improvisierte[9] politische Strategie. Vereinfacht läßt sie sich vielleicht auf folgende Formel bringen, die für Neville Chamberlains vielgeschmähte und doch wohl einzig realistische Politik des Appeasement bis zum September 1939 und darüber hinaus verbindlich blieb: England versuchte, ab 1937 deutlich sichtbar, konkret geplant und über den Termin des Kriegsausbruches hinaus andauernd, das Reich zu einem umfassenden Übereinkommen zu bewegen. Man gedachte Hitler kontinentale Vorleistungen unter der Bedingung ihrer friedlichen Durchführung als einer ersten Stufe der Annäherung zu gewähren, um sodann die nächste Etappe mit dem nun aus der Sicht Londons als einem vermeintlichen Köder eingeschätzten Kolonialproblem einzuleiten. Damit wollten Chamberlain und seine Politik Hitlers gegenwärtig noch gar nicht so aktuellen Wünschen nach überseeischen Besitzungen entgegenkommen, um dafür besonders Gespräche und Vereinbarungen über das

Rüstungsproblem, vornehmlich die Frage eines Luftpaktes, zustande zu bringen und endlich durch eine umfassende englisch-deutsche Verständigung — unter Einbeziehung auch anderer Partner — Europa und der Welt den Frieden zu sichern. Dies scheint der Kern jener bis heute immer wieder gepriesenen und verteufelten Appeasement-Politik gewesen zu sein. Sie muß, prinzipiell betrachtet und in historischer Dimension analysiert, als der realistische Versuch begriffen werden, ein Weltreich mit unzulänglich gewordenen Mitteln weiter zu beherrschen.[10] Um den Zerfall des Empire aufzuhalten und Englands geschwächte Weltmachtposition nicht noch weiter zu erschüttern, hatte vor allem der Krieg als Mittel der Politik auszuscheiden.[11] Wie sich jedoch zeigen sollte, blieb im Endeffekt offenbar doch keine andere Alternative zur Chamberlainschen Politik als der unter Churchill bewußt vollzogene Eintritt Großbritanniens in den Krieg. Eine Entwicklung, die nicht Chamberlains Politik an sich richtet, sondern ihn nur in die Reihe jener englischen Politiker stellt, zu denen lange Zeit auch sein Opponent Churchill gehörte[12] und die Hitlers Zielvorstellungen in ihrer grundsätzlich weltweit orientierten Dynamik nicht oder erst recht spät erkannten.

Betrachten wir aber erst einmal die Unterhaltung zwischen Hitler und dem Herold des britischen Premierministers, Lord Halifax, der damals noch stellvertretender Außenminister, bald aber schon Chef des Foreign Office war, am 19. 11. 1937 in Berchtesgaden[13] — nur 14 Tage nach der Ansprache Hitlers in der Reichskanzlei, in der er den Kurs gegenüber England geändert hatte. Wie schon angedeutet, betonte Lord Halifax Hitler gegenüber zu Anfang der Unterhaltung die gemeinsame Frontstellung Englands und Deutschlands gegenüber dem Bolschewismus, indem er — sei es in taktischer Absicht, sei es aus prinzipiellen Erwägungen heraus — beteuerte, Großbritannien werde gegenüber deutschen Ansprüchen in Mittel- und Osteuropa, sofern sie nur vernünftig vorgetragen würden, d. h. friedlich abliefen, nichts einwenden. Wenn wir uns erinnern, so hatte ja bereits Sir John Simon im März 1935 davon gesprochen, daß Großbritannien an Österreich weit weniger interessiert sein werde als an der belgischen Küste. Nunmehr aber erhielt Hitler praktisch plein pouvoir, um seine nächsten Revisionsziele angehen zu können und dies, ohne dafür — wie ehemals vorgesehen — mit kolonialer Münze zahlen zu müssen. Denn gerade das Gespräch über die Kolonialfrage zwischen beiden Nationen, so erfahren wir durch Halifax weiter, sei dann der Auftakt, um zu einem englisch-deutschen »agreement« zu gelangen und die Welt in »peace and settlement« einzurichten.

Doch Lord Halifax' an Chamberlains Strategie orientiertes Angebot schien den ›Führer‹ kaum allzu sehr zu beschäftigen: Gewiß existierte in seiner Vorstellung auch nach dem Wechsel der deutschen Politik auf die ambivalente Linie des stark antibritisch ausgerichteten Kurses immer noch die Möglichkeit, mit den Briten zu einem Bündnis zu kommen, um den »Rücken frei« zu haben für seine kontinentalen Planungen. Allein, nicht ausdrücklich von der Bündnisidee bestimmte Angebote, wie Lord Halifax sie vortrug, mochten den Diktator nur insoweit interessieren, als sie ihm den reibungslosen Ablauf der ins Auge gefaßten europäischen Unternehmungen in Mitteleuropa zu garantieren schienen. Er konnte sich dieser Aufgabe »vor den Toren« des Reiches nunmehr in der Gewißheit der britischen Neutralität widmen. Alles darüber Hinausgehende aber, kurzum Lord Halifax' Werben um die deutsche Mitarbeit, die Welt in Frieden einzurichten, widersprach Hitlers ›Programm‹ und seiner spätestens[14] seit dem November 1937 gegenüber Großbritannien veränderten Politik: Die Kolonialfrage konnte ihn kaum dazu verlocken, sich mit den Briten zu Verhandlungen über ein ›settlement‹ an den Tisch zu setzen. Denn überseeische Ziele schienen der deutschen Großmacht gleichsam sicher zu sein, wenn das Reich nach der Realisierung der kontinentalen Stufe nach Übersee ausgreifen würde. Für den Gedanken, eine friedliche, politisch, vor allem aber auch wirtschaftlich geprägte Hegemonie über Mittel- und Osteuropa, die man den Deutschen in London offenbar zu konzedieren bereit war,[15] zu errichten, war Hitler nicht zu gewinnen. Denn er hoffte, im Schatten der — wenn auch abweisenden, so doch seine Pläne nicht hindernden — englischen Neutralität Europa und den Osten des Kontinents zu unterwerfen. Sodann aber gedachte er, — sei es zusammen mit den inzwischen »zur Vernunft« gekommenen Briten, sei es gegen deren Willen — nach Übersee auszugreifen, um die deutsche Weltmachtstellung durch koloniale Ergänzungsräume und maritime Stützpunkte zu komplettieren.

Nicht für den zeitgenössischen Betrachter, wohl aber für den rückschauenden Beobachter, der die auf beiden Seiten entwickelten politischen Konzeptionen kennt, liegt damit die Unvereinbarkeit der deutschen und englischen Außenpolitik in der Geschichte jener Jahre auf der Hand. Dieses gegenseitige Mißverständnis aber wurde noch dadurch erschwert, daß das Deutsche Reich für die Ohren englischer Diplomaten, Offiziere und Wirtschaftsvertreter ja nicht nur mit Hitlers Stimme sprach. So wurde z. B. die Seekriegsleitung trotz aller welt-weitschweifenden Planungen immer noch von dem seit 1935 bestimmenden Grundsatz der deutsch-englischen Verständigung geleitet,[16] während das Auswärtige Amt Deutschlands Wünsche durch Ministerialdirektor von Weizsäcker[17] im Sinne der konservativ-gemäßigten Variante deutscher Großmachtpolitik definieren ließ:[18] Kolonialforderungen und Ostpolitik als Wünsche des Reiches sollten von den Briten ertrotzt werden gegen das Zugeständnis von Rüstungsvereinbarungen, an denen Neville Chamberlain gelegen war. Das Auswärtige Amt stellte damit ein Maximalkonzept auf, um sodann — zwar mit starker Stimme, aber innerhalb des europäischen Konzerts — über Lösungen zu sprechen. Sogar ein Vertreter des ja durchaus offensiv orientierten ›liberalen Imperialismus‹ wie Hjalmar Schacht, dessen Einfluß in Großbritannien immer hoch eingeschätzt wurde, setzte seit langem auf die Karte der friedlich-ökonomischen Expansion in Südosteuropa und in den zu erwerbenden Kolonien.[19] Schacht verstand seine wirtschaftlich bestimmte Politik dabei wohl durchaus als ›Alternative‹ zu Hitlers geplantem Kurs der kriegerischen Expansionen. Ja, selbst die Rolle eines der wohl ergebensten Paladine Hitlers, Hermann Görings, müßte in diesem Zusammenhang einmal genauer untersucht werden. Warum meldete er im Gespräch mit dem amerikanischen Botschafter Bullitt am 23. November 1937[20] wirtschaftliche und kolonialpolitische Forderungen an? Trug er sie aus Unkenntnis gegenüber dem ›Programm‹ des ›Führers‹ vor, evtl. um Prestigeerfolge zu erringen und seine Position innerhalb der Hierarchie von Partei und Staat zu stärken? Wahrscheinlich dachte er vielmehr daran, einen an Schachts Bemühungen angelehnten Oppositionskurs zu steuern und Hitler von der Straße der Aggression auf den Weg friedlich bestimmter, diplomatisch und wirtschaftlich orientierter Politik der indirekten Einflußnahmen zu führen.[21] Im Zusammenhang mit den Plänen der konservativen Opposition gegen den Diktator in den Jahren 1938/39,[22] nämlich Göring nach einer Beseitigung Hitlers u. U. an die Stelle des Regierungschefs zu lancieren, und im Lichte der von Göring mitgetragenen ›Wohlthat-Aktionen‹ sowie der von Juli/August bis Dezember 1939 andauernden ›Dahlerus-Vermittlung‹ betrachtet, wirft dieser Gedanke vielleicht ein interessantes Schlaglicht auf die scheinbare Vielzahl der außenpolitischen Möglichkeiten in jenen Jahren. Hitler aber, der zwar im Prinzip durchaus in Übereinstimmung mit den entscheidenden gesellschaftlichen Bedingungen seiner Herrschaft handelte, im Ausmaß und Detail jedoch allein über die Prozedur bei der Verwirklichung seiner programmatisch festgelegten Politik bestimmte, sah seine nächsten Ziele weder in einem ›agreement‹ mit England im Sinne der neuen Männer in der Downing Street noch in einer Strategie, wie sie Ministerialdirektor von Weizsäcker vorschlug. Er plante auch kaum schon konkret für die überseeische Stufe seines ›Programms‹, sondern visierte Wien, Prag und Danzig als nächste Stationen seiner Politik an.

Vor diesem Hintergrund scheint kaum plausibel, daß die heute wohl überschätzte ›Notiz‹ von Ribbentrops vom 2. 1. 1938[23] »für den Führer« Hitlers England-Politik, den zentralen Faktor in allen seinen Überlegungen, entscheidend beeinflußt hätte.[24] Gewiß aber hat sie sein England-Bild, wie er es im November 1937 entwickelte, bestätigt. Für von Ribbentrop aber bedeutete dieses Resumée das Eingeständnis, daß seine Londoner Mission gescheitert war. Großbritannien war eben nicht zu jenem Bündnis bereit, von dem der ›Führer‹ gehofft und geglaubt hatte, sein außenpolitischer Berater werde es ihm bringen. Dieser empfahl nun seinerseits, England in Zukunft als Feindmacht zu behandeln und verfiel auf das traditionelle Rezept aller jemals mit der britischen Seemacht in Konflikt geratenen Kontinentalmächte, nämlich ein Koalitionsbündnis der europäischen Nationen gegen die Insel zu schmieden. Spätestens diese Überlegungen Joachim von Ribbentrops lassen seine politische ›Konzeption‹ erkennen, England als den Hauptgegner deutscher Politik einzuschätzen und sich dem entsprechend auch der großen Macht im Osten gegenüber zu verhalten. Jene antibritisch ausgerichtete, auf die Wahrung der russischen Neutralität bedachte, überseeischen Erwerb ins Auge fassende Politik mündete in die von von Ribbentrop entwickelte Kontinentalblock-Konzeption des Jahres 1940 ein[25] und fand ihre Unterstützung und Resonanz in ähnlichen Überlegungen des Auswärtigen Amtes, der Marine sowie wirtschaftlicher Gruppen. Der Unterschied zu Hitlers Strategie wird deutlich: Zwar schätzte er Großbritannien zunehmend stärker als Gegner ein und hatte auch bereits überseeische Ziele vor Augen. Aber niemals konnten solche Überlegungen die zentrale Idee der Erringung der europäischen Hegemonie und der Zerstörung des bolschewistischen Rußland sowie der damit einhergehenden Eroberung des ›Lebensraumes‹ im Osten des Kontinents verdrängen. Anders als die ›Traditionalisten‹ und von Ribbentrop blieb er dem Stufen-Plan ebenso verpflichtet, wie er auch an der Möglichkeit festhielt, gegenüber dem ›Haß-gegner‹ England doch noch auf den ursprünglich anvisierten Kurs des Bündnisses auf Zeit zurückzukommen. Bei ihm günstig erscheinenden Gelegenheiten versuchte Hitler dann immer wieder, seinen ›Grund-Plan‹ entgegen allen strategischen Einsichten und rationalen Kalkulationen, die ihn dazu trieben, England als Gegner einzuschätzen und die Auseinandersetzung mit Großbritannien ins Kalkül zu ziehen bzw. zu intensivieren, doch noch zu verwirklichen.

Im übrigen bereitete Hitler zum damaligen Zeitpunkt weiterhin alles vor, um seinen Kurs der kriegerischen Revisions- und Expansionspolitik erfolgreich weitergehen zu können: Im Januar und Februar 1938 schaffte er durch die Umorganisation der Wehrmachtspitze[26] und des Auswärtigen Amtes im Zuge der Mediatisierung aller noch vorhandenen konservativen Widerstandszentren die entscheidenden Vorbedingungen, um seine expansive Politik ungehinderter realisieren zu können. Aufgrund einer persönlichen Skandalgeschichte wurde Reichskriegsminister von Blomberg von seinem Posten entfernt; das Amt des Oberbefehlshabers der Wehrmacht aber wurde nicht wieder besetzt. Diese Position behielt sich Hitler vor und ernannte den ihm ergebenen Keitel[27] zum Chef eines Oberkommandos der Wehrmacht, das lediglich Verwaltungsaufgaben hatte. Das Wehrmachtsführungsamt unter General Jodl aber erhielt niemals die Bedeutung des alten preußischen Generalstabes, und an die Stelle von Fritschs trat von Brauchitsch als Oberbefehlshaber des Heeres, der gegenüber Hitler noch weniger opponierte als der zumindest gegen den Kriegskurs des ›Führers‹ — nicht jedoch gegen den Nationalsozialismus an sich — orientierte von Fritsch.[28] Hitler hatte sich die Heeresführung zum größten Teil unterworfen.[29] Entsprechend dieser Aktion ersetzte er am 4. 2. 1938 im Auswärtigen Amt von Neurath durch den ihm persönlich ergebenen von Ribbentrop.

Es war übrigens nur zwanzig Tage nach diesem Revirement im deutschen Auswärtigen Amt, daß im Londoner Foreign Office ein ebenfalls den Intentionen des Regierungschefs nicht zuwiderlaufender Wechsel stattfand: Verließen in Deutschland die ›Tauben‹ die Wilhelmstraße, um den ›Falken‹ Platz zu machen, so war es in Großbritannien umgekehrt. Der in der Methode, kaum allerdings in der politischen Zielsetzung[29a] ›härtere‹ Eden verschwand, und an seine Stelle trat der Herold von Berchtesgaden, Lord Halifax, als neuer britischer Außenminister im Kabinett Neville Chamberlain.

2. Der ›Anschluß‹ Österreichs und die englische Neutralität

Der Berliner Wechsel in Wehrmacht und Diplomatie vom Januar und Februar 1938 spielte sich vor dem Hintergrund des bereits zugespitzten deutsch-österreichischen Verhältnisses ab.[30] Die Beziehungen der beiden Länder hatten sich trotz des unter Mussolinis Billigung abgeschlossenen Abkommens vom 11. 7. 1936, das freundschaftliche Beziehungen zu pflegen empfahl, verschlechtert. Entscheidend für den

Gang der Dinge war dabei, daß eben jenes Italien, das noch 1934 für Österreichs Eigenständigkeit zu marschieren entschlossen schien, als österreichische Nationalsozialisten in Wien putschten,[31] nunmehr fest an der Seite Deutschlands stand. Es war die ›Achse Berlin-Rom‹, auf die man Österreich aufspießen und braun braten lassen konnte, wie es der Schweizer Historiker von Salis einmal anschaulich formuliert hat.[32]

Ohne im einzelnen die schon häufig erzählten Begebenheiten der österreichischen Krise wiederholen zu wollen, sei wieder die für Erfolg oder Versagen der deutschen Politik entscheidende Frage gestellt: Wie würde sich Großbritannien einem deutschen Vorgehen gegenüber dem Völkerbundsmitglied Österreich verhalten? Bisher waren alle europäischen Testfälle für Hitlers Verständnis positiv verlaufen. Zwar war es ihm nicht gelungen, das britische Bündnis zur Grundlage seiner Politik zu machen, aber eine — wenn auch zähneknirschend zugestandene — Neutralität der Briten, die ihm sicher schien, würde ihm genügen, seinen Parforce-Ritt zur Hegemonie zu wagen. So verwundert es nicht, daß während der gesamten österreichischen Krise vom Winter und Frühjahr 1938 keine einzige ernstzunehmende englische Warnung nach Berlin drang. Denn Englands Weltmachtposition glich längst nicht mehr der der Vorweltkriegszeit, die Wirtschaftskraft der Nation war geschwächt, die militärische Bereitschaft des Landes mangelhaft, die Flotte nicht mehr unbestritten die erste in der Welt und das Empire von den Revolutionsversuchen der kolonialen Befreiungsfronten erschüttert. Zu einem kriegerischen Engagement für mitteleuropäische Probleme, die Chamberlains Verständnis gemäß ohnehin in den Interessenbereich des Deutschen Reiches fielen, schien England weder fähig zu sein, noch sah es dies als opportun an. Schon damals begann deutlich zu werden, was nach Ausbruch des Zweiten Weltkrieges entscheidend wurde: Nur die Vereinigten Staaten von Amerika würden in der Nachfolgerrolle der einst mächtigen Briten in der Lage sein, Hitlers Herausforderung angemessen zu beantworten und zusammen mit der zweiten Flügelmacht, der Sowjetunion, den Frieden der Welt — allerdings sehr vorläufig und improvisiert — wiederherzustellen. Noch aber — im Jahre 1938 — war Britanniens Abdankung als Schiedsrichter in der europäischen Ordnung nicht vollzogen. Ja, Neville Chamberlain sträubte sich gegen jeden Versuch und Anschein einer amerikanischen Einmischung in Angelegenheiten, die der britische Premierminister als europäisch und englisch ansah.[33]

Von Ribbentrop und Hitler aber waren sich — wohl nicht zuletzt angesichts der Äußerungen von Sir John Simon und Lord Halifax über die österreichische Frage — darin einig, Großbritannien werde niemals um einer zentraleuropäischen Krise willen das Risiko eines großen Krieges auf sich nehmen. Blickt man auf die Geschichte der Außenpolitik der preußisch-deutschen Großmacht zurück, so läßt sich mit einer gewissen Berechtigung feststellen, daß weder Bismarck noch Bülow, weder Bethmann Hollweg noch Stresemann jemals einen so großen Handlungsspielraum innerhalb des europäischen und Weltstaatensystems besaßen, wie er Hitler im Zeichen der österreichischen Krise im Jahre 1938 zur Verfügung stand. Während der Vorweltkriegszeit führten bereits kleinste Gebietsveränderungen bzw. Territorialansprüche zu Stellvertreterkriegen, wie sie Europa 1912/13 erschütterten.[34] Nun aber konnte eine ›nation civilisée‹, d. h. ein Mitglied des Genfer Völkerbundes, von der Landkarte verschwinden, ohne daß London ernsthaft reagiert hätte! Damit sind wir im Gang der Ereignisse bei der unmittelbaren Vorgeschichte des sog. Anschlusses angelangt.

Wie so oft fiel auch in diesem Falle Hitlers Ziel, Österreich »heim ins Reich« zu holen, mit den langfristig gehegten Wünschen in der deutschen und österreichischen Bevölkerung bzw. Regierung zusammen. Denn in Wien hatte man seit dem Beschluß der Nationalversammlung im Jahre 1919 den Gedanken nie aufgegeben, das aus der ehemaligen k.u.k.-Monarchie als selbständigem Staat hervorgegangene ›Deutsch-Österreich‹ dem Reich anzuschließen.[35] Daß Hitler den entscheidenden Schritt nunmehr im Februar/März 1938 wagte, hatte neben den langfristig wirkenden Voraussetzungen auch andere Gründe. Die vorausgegangene Umgruppierung der Wehrmachtspitze als eine Voraussetzung für einen abenteuerlichen außenpolitischen Kurs wurde bereits erwähnt; die vorwärtstreibende Rolle des Generalfeldmarschalls Göring während der gesamten Zeit der sog. Krise ist nicht zu übersehen. Rückblickend betrachtet, gab jedoch die fast als sicher zu erwartende Neutralität der für die Gestaltung der europäischen Angelegenheiten als entscheidend angesehenen Briten den Ausschlag. Endlich lieferte die Politik des österreichischen Bundeskanzlers Schuschnigg, des Nachfolgers des 1934 ermordeten Engelbert Dollfuß, an der Spitze jener österreichischen Republik, die als austrofaschistisch-klerikale Dikatur[36] charakterisiert werden muß, Hitler den Vorwand zu seinem aggressiven Vorgehen. Bekanntlich empfing der ›Führer‹ am 12. 2. 1938 den österreichischen Regierungschef zu einer Unterredung in Berchtesgaden,[37] um ihm im Grunde ein Ultimatum zu stellen. Nach Hitlers Wünschen sollten u. a. die Außenpolitik der beiden Länder koordiniert werden und der Nationalsozialist Seyß-Inquart das Innenministerium und damit die Polizeigewalt in der Republik übernehmen. Ferner sollte die österreichische Regierung die nationalsozialistische Partei wieder zulassen und sich gegenüber der deutschen Wirtschaft zuvorkommend verhalten. Hitlers Forderungen wurde durch Demonstration militärischer Staffage sichtbarer Nachdruck verliehen. Denn während sich der ›Führer‹ mit seinen österreichischen Gästen unterhielt, weilten — ohne eigentlich den Grund ihrer Anwesenheit zu kennen — Generäle der Luftwaffe auf dem Berghof, um dem österreichischen Regierungschef und seinem Außenminister die militärische Entschlossenheit und Präsenz des Reiches vor Augen zu führen.

Eingeschüchtert und im Grunde hoffnungslos, wählte Schuschnigg nach seiner Rückkehr nach Wien die Flucht nach vorn. Er rief die Bevölkerung seines Landes zu einer Volksabstimmung auf »für ein freies und deutsches, soziales und unabhängiges, christliches und einiges Österreich«. Bezeichnenderweise wollte der Kanzler der Bevölkerung die Teilnahme an der Wahl erst ab 24 Jahren gestatten. Denn besonders die Jugend der höheren Stände Wiens war von Hitler, dem Reich und dem Nationalsozialismus so begeistert, daß bei ihnen gewiß keine Unterstützung für eine gegen Berlin gerichtete Entscheidung zu finden war. Für die jungen Leute der führenden Kreise in der alten Hauptstadt Wien scheint es zur damaligen Zeit schon gar kein Problem mehr gewesen zu sein, daß Deutsch-Österreich früher oder später ins Reich ›heimkehren‹ werde. Denn angesichts der Wirtschaftsmisere, von der auch Österreich stark betroffen war, hofften vor allem die in ihren Aufstiegsmöglichkeiten empfindlich beeinträchtigten Mitglieder aus den Mittelschichten auf eine Verbesserung ihrer sozialen Lage, wenn die Republik in einem größeren Reich aufginge. Einige träumten angesichts der in Deutschland fast pausenlos das Kolonialthema trommelnden Propaganda bereits davon, als Hitlers Statthalter in den afrikanischen Besitzungen des dann auch in Übersee mächtigen Reiches aufzutreten.[38] Schon zwei Tage nach Ankündigung der Abstimmung mußte der Kanzler sich geschlagen geben, dem deutschen Druck weichen und das Plebiszit absagen. Görings Drängen auf eine rasche, militärisch geführte Lösung hatte Erfolg gehabt; der wohlwollenden Haltung Mussolinis konnte man in Berlin gewiß sein. Am 11. 3. 1938 um 20.45 Uhr gab Hitler den Marschbefehl für den folgenden Tag. Der Einmarsch der deutschen Truppen verlief nicht ohne technische Pannen, offenbar war die Wehrmacht doch nur im Stande sehr bedingter Kriegsbereitschaft.

Entscheidend für den Verlauf und das Nachspiel der österreichischen Krise aber war, daß Großbritannien schon 14 Tage nach dem Ereignis den einseitig durchgeführten Akt des Deutschen Reiches anerkannte, ja, kurz darauf auch das italienische Impero, d. h. das Schicksal des Kaiserreichs Abessinien nach dem Sieg des faschistischen Italien guthieß und damit ein weiteres Mitglied der ›société des nations‹ aufgab.[39] Zwar hörte man Proteste gegen die Methoden des kriegerischen Vorgehens der Deutschen, im Prinzip aber schien die ›Heimführung‹ Österreichs London nicht allzu stark zu bewegen — angesichts der hier gezeigten Kontinuität britischer Politik, wie sie in den Äußerungen Simons und Lord Halifax' deutlich geworden waren, eine durchaus konsequente Haltung. Denn der Schritt Hitlers nach Wien konnte Chamberlains großes Konzept kaum stören, im Gegenteil: Bis auf die rüden und eben nicht vernünftigen, d. h. friedlichen Methoden kam Hitlers Schachzug im Prinzip der englischen Erwartung entgegen, dem Reich in einer ersten Etappe jene europäischen Vorleistungen zuzugestehen, die man in London für unerläßlich hielt, um mit Berlin sodann über den kolonialen Köder als dem Auftakt zur zweiten Etappe über die Gravamina der Rüstungsbeschränkung und der Einrichtung einer friedlichen Welt ins Gespräch zu kommen. In Großbritannien mußte die Diskussion über koloniale Forderungen des Reiches nun zwar erst für einige Zeit ruhen, um der Opposition keine Angriffsfläche zu bieten, die Regierung als zu weich gegenüber dem Reich zu attackieren. Im Prinzip aber plante man ja gerade, eben das Kolonialproblem — neben dem Hebel des ›economic appeasement‹ vornehmlich in Südosteuropa[40] — dazu zu benutzen, um Hitler an den Verhandlungstisch zu bringen und ihm eine gleichsam halb-hegemoniale, u. a. auch ökonomisch abgesicherte Vormachtstellung in Mittel- und Südosteuropa einzuräumen, um ihn auf diesem Wege davon abzuhalten, auf dem Kontinent und in Übersee das Empire lebensgefährlich zu bedrohen.

Im innenpolitisch zerwühlten Frankreich war man dagegen gar nicht sehr erstaunt, als Hitler schon relativ kurz nach der österreichischen Angelegenheit durch seine Diplomaten die Kolonialfrage wieder aufnehmen ließ. Im Gegenteil, wenn das nationalsozialistische Deutschland nach Afrika blicke, dann werde es nicht über den Rhein auf das französische Mutterland schielen, so schien man u. a. ein wenig kurzschlüssig und in Verkennung des Hitlerschen Stufen-Plans in manchen politischen Kreisen in Paris zu glauben. Im Grunde hatte man eben die Doppelfunktion der Kolonialforderungen weder in Paris noch in London begriffen. Zwar immer stärker als Fernziele der deutschen Außenpolitik in den Vordergrund gerückt, hatten sie doch bis zum Kriegsausbruch und über den 3. September 1939 hinaus in erster Linie die taktische Aufgabe, von kontinentalen Forderungen abzulenken. Dies zu erkennen, gelang kaum einem der versierten Berufsdiplomaten und Politiker an Themse und Seine. Diese entscheidende Tatsache aber dürfte kaum dadurch relativiert worden sein, daß es dem im fünften Erdteil erscheinenden ›Australian Statesman‹[41] ähnlich der scharfsinnigen Analyse des französischen Kolonialministers Marius Moutet, nunmehr während der österreichischen Begebenheiten gelang, den noch weitgehend funktionalen Charakter der Kolonialforderungen in Hitlers Politik festzustellen.

In Großbritanniens verantwortlichen Regierungsstellen aber hielt man an dem Glauben fest, gerade dieses Problem werde entscheidend dazu beitragen, daß man alle internationalen Fragen in Ruhe mit den Deutschen erörtern könne. Denn Anfang März 1938 — noch vor dem Finale der österreichischen Frage — hatte der britische Botschafter in Berlin, Sir Nevile Henderson[42], eine große diplomatische Initiative seiner Regierung angekündigt.[43] Es sollte nun kaum mehr über europäische Vorleistungen gesprochen werden, sondern man gedachte über den kolonialen Pfad und ökonomische Vereinbarungen ans Ziel einer friedlichen Welt zu gelangen. Vorerst aber mußte das Gespräch über das als Brücke zur Verständigung eingeschätzte Kolonialproblem mit Rücksicht auf die britische Öffentlichkeit sistiert werden, um es wieder aufzunehmen, wenn sich die schnell vergessende öffentliche Meinung der englischen Demokratie anderen Fragen zugewandt haben würde.

Hitler aber stand auf einem neuen Gipfel seiner Macht. Innen- und außenpolitisch war seine Stellung gefestigter denn je. Seine Popularität hatte einen Höhepunkt erreicht, und seine Politik verlief erfolgreich. Aber gerade im weiteren Verlauf des Jahres 1938 erkannten sowohl Vertreter aus dem Offizierskorps als auch aus Wirtschaftskreisen zunehmend deutlicher den aus persönlichen Neigungen, aber auch aus gesellschaftlichen und rüstungsbedingten Gründen resolut auf Krieg abgestellten Kurs des nationalsozialistischen Deutschland. Derjenige, der als einer der ersten die notwendigerweise in einen Krieg einmündende Politik des finanz- und wirtschaftspolitischen Raubbaus erkannt hatte, war Hjalmar Schacht gewesen: Schulden dieser Art konnten eben nur noch durch Beute gedeckt werden, wollte man dem Bankrott entgehen. Unermüdlich, aber vergeblich arbeitete Schacht daran, durch den Plan eines liberal-imperialistischen, überseeisch orientierten Expansionismus des Reiches eine politische ›Alternative‹ zu Hitlers Kriegskurs der in erster Linie kontinentalen Expansion zu schaffen.[44] Seine Bemühungen scheiterten, denn das eigene ›Programm‹ schien dem ›Führer‹ unumstößlich und durch seine außenpolitischen Erfolge bestätigt. Hitlers programmatische Politik war zu Anfang seiner Herrschaft ja nicht zuletzt durch Schachts finanzpolitische Mitarbeit ermöglicht worden und mag darüber hinaus auch lange Zeit der Interessenlage starker Partner der nationalsozialistischen Herrschaft aus dem Bereich der Schwerindustrie entsprochen haben. Zwar längst schon nicht mehr — wie es bis 1936 der Fall gewesen war — gleichberechtigt neben dem Machtfaktor der Partei stehend, sondern durch die Göringschen Organisationen der Rüstungswirtschaft für den kommenden Krieg von der Partei und ihrem ›Führer‹ im gewissen Sinne bevormundet, erlaubte die Politik des ›Dritten Reiches‹ und auch deren letzte Konsequenz, der Krieg, gerade diesen Kräften doch, ihre vordringlichen ökonomischen Interessen zu wahren und unter staatlicher Garantie am Rüstungsgeschäft und seinen Nebenindustrien nicht unerheblich zu verdienen.[45] Hitler, sein ›Programm‹ und die von dieser politischen Konzeption diktatorisch in Dienst genommene, damit deren Verwirklichung unterstützende und den eigenen Bestand dafür vorläufig garantierende Gesellschaft trieben auf den Krieg zu, der im Herbst 1938 nur noch mühsam aufgeschoben werden konnte.

3. Das Münchener Abkommen und die ›Auskreisung‹ der Sowjetunion

Nach dem ›Anschluß‹ der österreichischen Republik lockte Hitler bereits eine nächste Etappe auf dem Weg zur Hegemonie: Wie so oft in der Geschichte Europas nach der Französischen Revolution diente auch diesmal eine Minderheit,[46] hier die Gruppe der Sudetendeutschen im tschechoslowakischen Staat, dazu, als ›Sprengsatz‹ der Politik für die Verwirrung zu sorgen, die nötig war, um eine internationale Krise zu entfesseln.

Es geht hier nun nicht darum, die Geschichte der Sudetendeutschen darzustellen.[47] Nur soviel sei zum Verständnis der Ereignisse gesagt: Die Sudetendeutschen wurden in der industrialisierten, daher wirtschaftlich lebensfähigen tschechoslowakischen Republik, die als politisches Gebilde in ihrer Künstlichkeit jedoch stets vom Machtsog des wieder erstarkten Deutschen Reiches gefährdet wurde, nicht allzu gut behandelt, und ihre Unzufriedenheit war gewiß berechtigt. Diese Lage der sudetendeutschen Minorität machte sich Hitler für seine Ziele nutzbar. Schon zu Anfang der dreißiger Jahre standen die Führer der Sudetendeutschen Partei mit Berliner Parteistellen um Heß in Verbindung.⁴⁸ Bezeichnenderweise erlangten diese Kontakte aber erst Bedeutung, als Hitlers traditionell orientierte Machtpolitik an die Grenze gekommen war, die es nun — im Zuge der stufenweise Eroberung des Kontinents und im Windschatten der englischen Neutralität — mit Hilfe der Unzufriedenheit der ›völkischen‹ Minderheit in der Tschechoslowakei zu überschreiten galt. So gab der ›Führer‹ wenige Tage nach dem gelungenen österreichischen Coup, am 28. 3. 1938, den Führern der Sudetendeutschen Partei den Rat,⁴⁹ der tschechoslowakischen Regierung stets höhere Forderungen zu stellen, als diese erfüllen könne. Dieser Weisung folgten die Männer um Konrad Henlein und verlangten einen Monat darauf im ›Karlsbader Programm‹ Autonomie und freie Agitationsmöglichkeiten für die deutsche Weltanschauung in der Tschechoslowakei. Das aber bedeutete, von der tschechoslowakischen Regierung schlicht die Tolerierung nationalsozialistischer Agitation zu fordern. Der tschechoslowakische Staat, den man in Berlin als das Flugzeugmutterschiff der UdSSR apostrophierte, geriet in höchste Gefahr. Europa stand vor seiner nächsten, vom Reich gewünschten Krise!

Wieder stießen Hitlers ›Programm‹ der stufenweisen Etablierung einer auf europäische Hegemonie und überseeische Gebiete gestützten Weltmachtstellung einerseits und Chamberlains Konzept einer auf dem Verhandlungswege angestrebten Politik der Bewahrung des englischen Empire andererseits aufeinander. Damit aber sind aufs neue die Matadore dieses Duells vorgestellt, deren Konzeptionen und Politik während der tschechoslowakischen Krise es nun zu analysieren gilt. Anders als in konventionellen Darstellungen zur Diplomatiegeschichte soll darauf verzichtet werden, die diplomatische Situation der europäischen Politik angesichts der tschechoslowakischen Ereignisse ausführlich zu beschreiben. Seit langem haben die Diplomatiehistoriker immer wieder die Haupt- und Staatsaktionen der europäischen Mächte auf dem Wege nach München und die Bündniskonstellationen dargelegt, denn Frankreich war der Tschechoslowakei gegenüber bekanntlich zur Hilfe verpflichtet, England aber in gewissem Sinne an die französische Haltung gebunden und daher stets bemüht, beruhigend auf Paris einzuwirken. Wie wir wissen, verfolgte man jedoch in der Downing Street zäh ein politisches Konzept der Friedenssicherung, indem man zu Zugeständnissen bereit war und sich dafür Sicherheiten versprach. Über die (hinter den diplomatischen Schachzügen liegenden) Konzeptionen der Staatsmänner und ihrer Nationen erfährt man dabei jedoch nur allzu wenig. Sie aber waren in dieser Phase der Geschichte für das England Chamberlains, das Deutschland Hitlers und das Rußland Stalins verpflichtend. Gewiß ist es gerade im Zusammenhang mit der sudetendeutschen Krise und den damals aktuell gewordenen Bündniskonstellationen interessant zu erfahren, daß die Sowjetunion seit 1935 durch einen Pakt an die Tschechoslowakei gebunden war und daß eine militärische Hilfeleistung ein Durchmarschrecht durch Polen vorausgesetzt hätte. Schier endlos können Überlegungen Bücher füllen, wie man unter Einbeziehung des sowjetischen Faktors als eines Drohmittels gegenüber Hitlers Politik das Reich zum Zurückweichen hätte bewegen können, ohne an einen Durchmarsch der Roten Armee durch Polen wirklich denken zu müssen. Als ob nicht Hitlers Geheimdienste über diese in Erwägung gezogenen Möglichkeiten Bescheid gewußt hätten, so daß dieses vermeintliche Sanktionsmittel seine Wirkung bereits im Stadium der Diskussion verlor. Da aber die Akten der Geheimdienste — der Natur der Sache nach — kaum verfügbar sind, Historiker jedoch nach wie vor stark der Maxime anhängen, quod non est in actis, non est in mundo, unterbleiben solche Vor-Überlegungen nur allzu oft. Die faszinierende Vordergründigkeit des diplomatischen Spiels verstellt den Zugang zur Erkenntnis der eigentlichen (sozial- und ideengeschichtlich erfaßbaren) Triebkräfte der Politik und den — in Auseinandersetzung damit — entworfenen Konzeptionen der Staatsmänner.

Welchen Weg Neville Chamberlain aber in der nun Europa erneut bewegenden Krisensituation einzuschlagen gedachte, wurde bereits am 10. 5. 1938 deutlich, als der Erste Sekretär der britischen Botschaft in Berlin, Kirkpatrick, dem Gesandten von Bismarck gegenüber äußerte,[50] England werde einer Regelung der sudetendeutschen Frage im Sinne des Reiches durchaus gewogen sein, falls sie nur friedlich und vernünftig ablaufe. Ja, in diesem Falle sei man sogar dazu bereit, einen gewissen Druck auf die Prager Regierung auszuüben. Dieser weiteren europäischen Vorleistung sollte dann nach dem Verständnis der englischen Politiker um Neville Chamberlain, die man so geringschätzig die ›appeasers‹ nannte, das Gespräch über Vereinbarungen zwischen beiden Nationen folgen. Für Hitler aber bedeutete sie nichts anderes als eine nächste Etappe auf dem Ziel zur spätestens 1943/45 mit dem »großen Schlag« gegen die Sowjetunion im Osten des Kontinents zu erringenden europäischen Hegemonie, der sich dann ab 1945 der Ausgriff in die ozeanischen Weiten und überseeischen Areale anschließen würde.

Die Parallele zur österreichischen Krise ist unübersehbar: Die englische und deutsche Staatsführung, Chamberlain und Hitler, hielten unbeirrt an ihren politischen Konzeptionen fest. Und auch der dritte entscheidende Partner, der nicht zum ›inneren Kreis‹ der europäischen Politik gezählt wurde, das sozial von den übrigen Nationen so heterogene, militärisch besonders seit den ›Säuberungen‹ der Roten Armee im Jahre 1937[51] stets unterschätzte stalinistische Rußland verfolgte, wie im Zusammenhang mit den Begebenheiten um den 23. August 1939 zu zeigen sein wird, seit 1925 beharrlich einen Grundplan der von Stalin entworfenen Außenpolitik. Während der ›Ära Litvinow‹ sollte dieses Konzept durch eine Politik des Zusammengehens mit den antirevisionistischen-kapitalistischen Mächten England und Frankreich sowie einer dadurch garantierten Strategie der Bewahrung des Status quo in Mitteleuropa realisiert, unter Litvinows Nachfolger aber das von Stalin gesteckte Ziel der Behauptung und evtl. Ausdehnung der russischen Großmacht auf einem anderen Weg erreicht werden.[52]

Im Reich lief unterdessen die Propagandamaschinerie gegen den tschechoslowakischen Nachbarn auf Hochtouren. Um die Vorrangigkeit des kontinentalen Ziels in Mitteleuropa nicht in Frage zu stellen, wurde die Kolonialpropaganda gedämpft. Alle möglichen Alternativen zu dem von Hitler anvisierten Objekt hatten aus dem Blickwinkel der Weltöffentlichkeit und der Politiker in London, Paris und Rom vorläufig zu verschwinden. Denn am 28. 5. 1938[53] erklärte der ›Führer‹ in einer Unterhaltung mit hohen Offizieren und Beamten seinen unabänderlichen Entschluß, die Tschechoslowakei militärisch zu zerschlagen. Zwei Tage darauf lag diese Absicht als Führerweisung vor. Sie verpflichtete die Offiziere der Wehrmacht — wie es ihnen einerseits schien — zum Gehorsam und war andererseits doch der Anlaß für die sich nun bildende Militäropposition gegen den Diktator.[54] Hitler erläuterte den Plan seiner künftigen Politik, wobei er sich durchaus im Rahmen seines in den zwanziger Jahren entworfenen und dann 1937 revidierten Programms bewegte. Es komme darauf an, erst »die Sache« im Osten in Angriff zu nehmen und in drei bis vier Jahren im Westen offensiv zu werden. 1934 hatte er den Ausführungen in ›Mein Kampf‹ entsprechend die Besiegung Frankreichs als Voraussetzung für die Expansion nach Osten angesehen. Trotz dieser wechselnden und im einzelnen eben nicht erläuterten Überlegungen erscheint uns Hitlers Gedankenbildung prinzipiell unverändert. Offenbar plante er 1938, zuerst die Fragen »an den deutschen Grenzen« in seinem Sinne zu lösen. Ob er dann gegen Frankreich ziehen wollte oder ob er daran dachte, im Schatten der englischen Neutralität den Feldzug gegen die Sowjetunion — sei es zusammen mit Polen, sei es nach einer Niederwerfung Polens — zu führen, muß als Möglichkeit offenbleiben.[54a]

Die Richtungen von Hitlers Strategie waren anvisiert, die englische Neutralität als Voraussetzung für alle expansiven Pläne auf dem Kontinent schien gesichert und die Reihenfolge der geplanten, getrennt zu führenden Blitzfeldzüge im Osten und Westen Europas würde durch die jeweils aktuelle politische und militärische Lage entscheidend mitbestimmt werden. Mit der englischen Neutralität aber rechnete Hitler nicht zuletzt deshalb, weil das Reich nach dem Aufbau der Wehrmacht und Luftwaffe nun auch damit begonnen hatte, seine Kriegsmarine aufzurüsten; die deutschen Admiräle aber mußten England angesichts der Hitlerschen Politik zu diesem Zeitpunkt bereits als möglichen, ja wahrscheinlichen Gegner ins Kalkül ihrer strategischen Überlegungen einbeziehen.[55] Auch Hitler zufolge konnte es durchaus der Fall sein, daß Großbritannien in der zweiten Hälfte der vierziger Jahre — nach der Erringung der Herrschaft über den Kontinent und den Osten Europas — dem Reich als der nächste natürliche Gegner gegenübertreten würde, falls England als Juniorpartner Deutschlands dessen dann einsetzende ozeanisch-koloniale Weltpolitik nicht gutheißen würde und zusammen mit der deutschen Weltmacht gegen die USA zu ziehen bereit wäre. Die Vereinigten Staaten aber waren es schon 1937, die gegenüber der drängend-drohenden Aggressivität sowohl Japans als auch des Reiches warnend ihre Stimme erhoben.[56] Das bedeutete im Grunde eine Ermutigung für das geschwächte Großbritannien, die Neville Chamberlain aber kaum ins Konzept der Ausgleichspolitik paßte, jenen Kräften in England aber Auftrieb gab, die mit Winston Churchill an der Spitze 1940 in bedrängter Situation ausharren sollten.

In der Tat führte die deutsche Kriegsmarine im Frühjahr 1938 erstmals Manöver durch, die die Auseinandersetzung mit England zugrunde legten; der Aufbau einer Atlantikflotte schien bevorzustehen,[57] womit die Realisierung der Hitlerschen Fernziele in der zweiten Hälfte der vierziger Jahre in den Bereich des Möglichen rückte. Für den Augenblick stellte die Flotte ein Druckmittel gegenüber Großbritannien dar, falls dieses bei den zukünftigen kleineren oder größeren Blitzaktionen des Reiches auf dem Wege zur Hegemonie Widerstandsabsichten bekunden sollte.

Mehr und mehr divergierten die Außenpolitik des ›Führers‹ und die Vorstellungen seiner zumeist konservativ oder ›gouvernemental-liberal‹ orientierten Mitarbeiter im Auswärtigen Amt und in der Wehrmacht. Nicht daß sie sich prinzipiell gegen die Wiederherstellung einer Hegemonie des Reiches auf dem Kontinent und einer mächtigen Position als überseeischer Macht aufgelehnt hätten. Allein die Befürchtungen angesichts des rigorosen Kriegskurses Hitlers ließen ihnen das Risiko zur Verwirklichung dieser Ziele als zu hoch erscheinen. Aus Opposition gegen die Hitlersche Politik trat der Chef des Generalstabes Beck zurück.[58] Sein Nachfolger Halder nahm Kontakt zu der Verschwörergruppe um Canaris und von Witzleben auf, die mit dem – niemals jedoch konkret geplanten[59] – Gedanken spielten, Hitler im Falle eines empfindlichen außenpolitischen Rückschlages oder im Falle eines Kriegsausbruches abzusetzen, um Deutschland vor einer militärischen Katastrophe zu bewahren.[60] Ihre Unterhändler, die sie nach London schickten, um die Unterstützung der entscheidenden Macht, Englands, zu finden, aber hatten kaum Erfolg.[61] Denn zumindest der im Prinzip ausschlaggebende Mann, Premierminister Neville Chamberlain, dachte nicht daran, sein Konzept der stufenweise entworfenen Einigung mit Hitler durch das Einschalten von Konspirateuren gegen die etablierte Regierung zu gefährden. So erschienen die Sendboten des konservativen Deutschland dem englischen Regierungschef wie die Jacobiten am Hofe von Frankreich. Er zog es vor, sich an die amtierende Berliner Regierung zu halten, und hoffte vielleicht auch, seinen Plan einer umfassenden Einigung mit dem ›Österreicher‹ Hitler reibungsloser realisieren zu können als mit den konservativen Verschwörern aus ›Preußen‹.[62] Denn Chamberlain konnte sich kaum vorstellen, warum Hitler sein Konzept der Einigung etwa ausschlagen sollte, das ja auch im konkret anstehenden Fall der tschechischen Krise eine Angliederung des Sudetenlandes an das Reich durchaus erlaubte. Doch Hitler dachte nicht daran, die Spielregeln einer vernünftigen und friedlichen Prozedur einzuhalten. Vielmehr plante er, von einer gewissen, nicht zuletzt persönlich motivierten[63] Terminnot geleitet, offenbar alle »Vorgeplänkel« – vielleicht sogar einschließlich des französischen Feldzuges – bis 1943/45 erledigt zu haben, um sich dann der »großen Sache« im Osten zu widmen, die Sowjetunion zu zerschlagen und endlich in der zweiten Hälfte der vierziger Jahre über den Kontinent hinausgehend, im weltweiten Maßstab Politik zu treiben.

Während im Reich die kolonialen und maritimen Vorbereitungen der damit betrauten Ämter und der Marine ihre Schatten auf Hitlers kommende Ziele warfen, verhandelte in London der Vertraute des englischen Regierungschefs, Sir Horace Wilson, mit Ministerialdirektor Wohlthat aus dem Göringschen Stabe des Vierjahresplans.[64] Ganz im Sinne der Politik des Premierministers bot der Engländer dem Deutschen Einflußnahme auf die Kolonialpolitik und auf die wirtschaftliche Gestaltung der Verhältnisse im europäischen Südosten an. Sicher führte Wohlthat seine Gespräche nicht in Parallele mit Hitlers ›Programm‹ der kriegerischen Eroberungen; vielmehr trat er mit seiner Politik des wirtschaftlichen Expansionismus in die Fußstapfen des entmachteten Schacht. Dabei argumentierte er durchaus im Sinne Görings, der den Hitlerschen Kriegskurs wohl bereits verurteilt hatte und nun versuchte, den ›Führer‹ durch das Resultat einer ökonomischen und politischen ›Alternativ‹-Lösung von der Straße der militärischen Expansion abzubringen und auf den Weg einer friedlichen, liberal-imperialistischen Politik des Aufbaus einer starken Stellung des Reiches in Europa und in Übersee zu führen.[65]

Sind in diesem Zusammenhang vielleicht die Pläne der sich 1938/39 formierenden Opposition gegen den ›Führer‹ zu beachten, nämlich Hitler abzusetzen und den wohl friedlicher orientierten Göring als den Repräsentanten der NSDAP an die Spitze des Staates zu berufen? Wenn Göring auch niemals gegen seinen ›Führer‹ aufstand, so sollte man dieser Frage nach einer friedlich, liberal-imperialistischen Konzeption der wirtschaftlichen Ausdehnung und politischen Einflußnahme als einer von Göring — bewußt oder unbewußt — entwickelten ›Alternative‹ zum ›Programm‹ Hitlers doch einmal nachgehen.[66] Hitler aber trieb mit seiner Rede auf dem Nürnberger Parteitag vom 9. 9. 1938[67] die Krise auf ihren Höhepunkt und veranlaßte damit den englischen Premierminister Neville Chamberlain, nach Deutschland zu eilen, um den Frieden zu retten, d. h. im Sinne der bekannten englischen Appeasement-Politik Hitler auch diese Vorleistung auf vernünftigem, also nicht-militärischem Wege zu gewähren. So verwundert es nicht, daß der britische Regierungschef das Recht auf Selbstbestimmung der Sudetendeutschen anerkannte und dem ›Führer‹ zusagte, gemeinsam mit Frankreich dahin zu wirken, daß Prag einer Abtretung ohne Plebiszit zustimmte. Der tschechoslowakische Präsident Benesch hingegen wollte im September 1938 den Krieg gegen das Reich, da er glaubte, Deutschland könne innerhalb von drei bis vier Wochen besiegt werden.[68]

Chamberlains Haltung wird nur dann verständlich, wenn man sie vor dem Hintergrund seines großen Friedenskonzeptes sieht, das den Status quo so weit zu verändern zuließ, daß er im großen und ganzen bewahrt werden konnte, um Englands Weltmachtposition mit unzulänglichen politischen, militärischen und wirtschaftlichen Mitteln zu erhalten und zu stabilisieren. Die tschechoslowakische Frage im Zuge der ersten Etappe der englischen Vorleistungen an das Reich zu regeln, war nur deswegen kompliziert, weil Hitler anscheinend, für Chamberlain gar nicht begreifbar, mit Waffengewalt vorzugehen gedachte. Als der englische Premierminister nach sieben Tagen mit dem Einverständnis seines Kabinetts zu der am 15. 9. 1938 mit dem Diktator vereinbarten Lösung wieder in Deutschland eintraf, verkündete der von vermeintlicher Terminnot bedrängte und von seinem Prinzip — die Eroberung Europas in raschen Waffengängen, nicht aber in langwierigen Verhandlungen durchzuführen — geleitete ›Führer‹ dem verbitterten Engländer, er verlange den sofortigen Einmarsch deutscher Truppen ins Sudetenland; ein entsprechendes Ultimatum sollte am 28. 9. 1938 ablaufen. Da auch dieser Streich die Sachlage prinzipiell nicht veränderte und Neville Chamberlain seinen großen Friedensplan nicht wegen ein paar tausend Quadratkilometern Landes einer zweitrangigen Nation in Mitteleuropa gefährden wollte, gab die britische Regierung nach und schaltete den italienischen Duce ein, der den »inneren Kreis« der Mächte nach München zur Konferenz berief.[69] In der Pose des europäischen Maklers unterbreitete Mussolini einen Vorschlag, der u. a. den Einmarsch der deutschen Truppen in Etappen zwischen dem 1. 10. und 10. 10. 1938 beinhaltete und davon ausging, die Fragen der übrigen Minderheiten in der Tschechoslowakei zu regeln. Bezeichnenderweise war dieser für das Deutsche Reich so günstige, von Hitler allerdings nur widerwillig akzeptierte Kompromiß ein Entwurf, der im deutschen Auswärtigen Amt formuliert worden war und an dem neben dem Freiherrn von Weizsäcker auch Hermann Göring mitgearbeitet hatte. Wenn diese Vereinbarung dem Reiche auch weitgehende Erfolge einbrachte, so stand sie doch in spürbarem Gegensatz zu Hitlers Politik, indem sie die Krise prinzipiell friedlich zu regeln vorschlug. Vielleicht erscheint es als aufschlußreich für die Lage der gegen die Außenpolitik Hitlers opponierenden Repräsentanten aus vornehmlich konservativen Schichten, daß es eben nicht nur das Auswärtige Amt mit von Weizsäcker an der Spitze war, das — trotz des Einverständnisses mit einer traditionellen Großmachtpolitik in Europa — den Frieden um jeden Preis bewahren wollte und daher eine ›Alternative‹ zu Hitlers Kriegskurs entwickelte, sondern daß auch Hermann Göring an diesem Entwurf mitgewirkt hatte.

Entscheidend für die Entwicklung der Monate bis zum Kriegsausbruch, ja im Grunde bis zum Beginn des Weltkrieges am 22. 6. 1941, aber dürften vorab drei Ergebnisse gewesen sein:

1. Die Ereignisse um die tschechoslowakische Krise hatten Hitlers Kriegswillen deutlich werden lassen. Der ›Führer‹ gedachte seine erste, die europäische Etappe, in militärischen Blitzschlägen im Windschatten der englischen Neutralität hinter sich zu bringen, während er bereits die Instrumente bereitstellen ließ, die seinem Verständnis nach Großbritannien vorerst noch als Sanktionsmittel in Schach halten sollten, dann aber in der zweiten Hälfte der vierziger Jahre dem deutschen Ausgriff über den Kontinent hinaus dienen würden.

2. Die Nichtbeteiligung der Sowjetunion an der Münchener Konferenz zeigte deutlich, daß die Westmächte offenbar nicht geneigt waren,

die UdSSR als Partner in der internationalen Politik zu akzeptieren, und veranlaßte Stalin, seine außenpolitische Taktik zu ändern.[70] Von der Furcht geleitet, die kapitalistischen Demokratien und die faschistischen Diktaturen könnten sich gegen Rußland vereinigen und es überfallen, hatte Stalins Außenkommissar Litvinow mit der Parole von der ›Kollektiven Sicherheit‹ und durch den sowjetischen Beitritt zum Völkerbund versucht, mit den antirevisionistisch-kapitalistischen Nationen zu paktieren. »Diese Politik mußte spätestens seit dem Münchener Abkommen als gescheitert betrachtet werden.«[71] Unverändert das von Stalin gesetzte Ziel vor Augen, die Spannungen zwischen den ›imperialistischen‹ Mächten nach Möglichkeit zu fördern, um so den Bestand der Sowjetunion zu sichern, ging nun die prowestliche ›Ära Litvinow‹ mit der ›Auskreisung‹ der UdSSR von der Münchener Konferenz zu Ende. Mit dem Einzug Molotows ins Nakomindelj' am 3. 5. 1939 begann ein neuer Abschnitt sowjetischer Außenpolitik, die nunmehr ihr altes Ziel, Sicherheit und Vorteil der UdSSR zu wahren, mit neuen Partnern zu verwirklichen suchte: Die Grundlagen für den 23. 8. 1939 wurden in München mitgelegt.

3. Die Münchener Konferenz und die vorangegangene, oft als eine Reihe demütigender Canossagänge beschimpfte und verkannte Politik Neville Chamberlains hatten bewiesen, wie zäh der englische Regierungschef sein Ziel der Friedenssicherung verfolgte. Um europäische Vorleistungen, wie er sie Hitler ja zu konzedieren bereit war, sollte kein Krieg ausbrechen. Chamberlain bemühte sich im Zuge seiner Krisendiplomatie vielmehr darum, nach der Etappe der Regelung der europäischen Angelegenheiten über den wirtschaftlichen und kolonialen Köder zum eigentlichen Gespräch über die Rüstungsvereinbarungen zu gelangen, zu einem ›settlement‹ vorzudringen, um so den Frieden zu bewahren und damit Englands Weltmachtstellung in Europa und in Übersee notdürftig zu retten.

Unter diesem Aspekt gewinnt Chamberlains Ruf vom »Frieden in unserer Zeit« neben allen sentimentalen Tönen eine sehr realistische Dimension. Jene Erklärung, zu der er Hitler einen Tag nach der Konferenz von München bewegen konnte[72] und derzufolge in Zukunft alle Probleme konsultativ geregelt werden sollten, schien ihm Gewähr dafür zu bieten, daß die internationale Entwicklung nunmehr in seinem Sinne verlaufen werde. Für Hitler aber war die Unterschrift unter jene deutsch-britische Erklärung vom 30. 9. 1938 nicht mehr als ein lästiges Zugeständnis; seine zukünftige Politik sollte auf diesen »Fetzen Papier« keine Rücksicht nehmen. Denn das Abkommen war ja nicht, wie es Hitler ursprünglich während der zwanziger Jahre vorgeschwebt hatte, von Englands Bündnisbereitschaft getragen, sondern suchte ihn zu binden und an den nun erreichten Status quo zu fesseln. Ob er sich angesichts seiner immer stärker abzeichnenden Fernziele und der auf ihre Verwirklichung gerichteten Vorbereitungen damals noch vorbehaltlos zu einem Verzicht auf jede überseeische Politik zugunsten Englands, wie er es einmal — zumindest für eine gewisse Zeit — vorgesehen hatte, bereitgefunden hätte, erscheint fraglich. Denn die latent wohl stets vorhandenen Fernzielvorstellungen seiner Politik traten nun im Zeichen des antibritischen Kurses immer stärker ins Blickfeld.

4. Der ›Griff nach Prag‹: Zu einer Diagnose der deutschen Außenpolitik

Trotz aller für Großbritannien bedrohlichen Anzeichen glaubte Premierminister Neville Chamberlain weiterhin fest daran, es werde ihm gelingen, mit Hitler ins Gespräch zu kommen. Daher ließ er durch seinen Pressechef Steward die deutsche Seite darum bitten, unmittelbar nach dem Abschluß des Münchener Abkommens mit der kolonialen Propaganda zurückzuhalten.[73] Denn der Regierungschef konnte sich der für ihn lästigen Angriffe der Opposition von seiten der Labour Party,[74] aus dem Lager der Churchill-Anhänger seiner eigenen Partei[75] und aus den Dominions[76] kaum erwehren. In der Tat setzte im Reich eine spürbare Flaute in der Kolonialpropaganda ein. Über den kolonialpolitischen Hebel vermochten Demokratie und Diktatur einander offenbar zu beeinflussen. Hitler leistete Chamberlain innenpolitische Schützenhilfe und revanchierte sich damit bei dem englischen Premierminister für den Münchener Erfolg, über den der ›Führer‹ ja gar nicht so begeistert, durch den er aber einem Coup seiner konservativen Verschwörer entgangen war.

Inzwischen hatte der Diktator gegenüber dem scheidenden französischen Botschafter François-Poncet, der bei seiner Abschiedsaudienz in persönlicher Initiative bei Hitler eine deutsch-französische Annäherung einzuleiten versuchte, um die französische Politik aus dem englischen Schlepptau zu befreien,[77] wiederum einen Einblick in seine Planungen gegeben. Dieser Einblick mag für den Zeitgenossen wenig aufschlußreich gewesen sein, den heute rückblickenden Betrachter aber führt er mitten ins Zentrum des Hitlerschen ›Programms‹. Auf die Frage des französischen Diplomaten nach den kolonialen Wünschen des Reiches benutzte Hitler nämlich jene von ihm und von von Ribbentrop immer wieder gebrauchte Wendung: daran denke man erst in fünf bis sechs Jahren.[78] Wenn man in Rechnung stellt, daß der ›Führer‹ den Kontinent einschließlich des Hauptziels Rußland bis 1943/45 zu unterwerfen plante und seine Flotte spätestens für die zweite Hälfte der vierziger Jahre bereitstellen ließ, so läßt diese Angabe gegenüber François-Poncet darauf schließen, daß Hitler tatsächlich mit dem Gedanken umging, nach der Erringung der kontinentalen Hegemonie die koloniale Frage für die vierziger Jahre aufs Tapet der Weltpolitik zu bringen.

Wie ernst man in Hitlers ›Dual State‹[79] sowohl in Kreisen des konservativen Deutschland als auch in der — ideologisch die nationalsozialistische Zukunftsvision vom ›neuen‹ Menschen propagierenden — SS die freilich kaum im programmatischen Zusammenhang erkannten Pläne des ›Führers‹ diskutierte und vorbereitete, mag aus der Stellungnahme Admiral Carls zur ›Entwurfsstudie Seekriegführung gegen England‹[80] vom September 1938 zum Ausdruck kommen. Sie darf als repräsentativ für die in wilhelminischen Ausmaßen planende Seekriegsleitung angesehen werden, deren Überlegungen sich im Zeichen des antibritischen Kurses in die nunmehr schon in Sicht gerückte zweite Etappe des Stufen-Plans immer besser einfügten: »Wenn Deutschland nach dem Willen des Führers eine in sich gesicherte *Weltmacht*-Stellung erwerben soll, bedarf es neben genügendem Kolonialbesitz *gesicherter Seeverbindungen und gesicherten Zugangs zum freien Ozean.*«[81] Es ist nicht bekannt, ob Carls Hitlers Vorstellung, eine Weltmachtstellung durch Unterwerfung Europas (einschließlich der Sowjetunion) und durch ein anschließendes Ausgreifen nach Übersee zu schaffen, im einzelnen kannte; wahrscheinlich dürfte dies nicht der Fall gewesen sein. Wichtig ist aber, daß er mit seinen Gedanken Hitlers um den Globus schweifenden Fernzielvorstellungen durchaus entgegenkam und empfahl, sie in die Planungen der Marine einzubeziehen.[82] Gleichfalls von Weltmachtvorstellungen sprach der Reichsführer-SS gegenüber seinen »lieben Männern« in einer Rede, die er am 8. 11. 1938, also zu dem Zeitpunkt hielt,[83] als Hitler in seiner traditionellen Ansprache im Münchener Bürgerbräukeller die Wehrmacht als das Vehikel seiner Großmachtpolitik pries.[84] Himmler verkündete seinen SS-Führern, die Zukunft werde für Deutschland entweder das großgermanische Imperium oder das Nichts bringen. Eine Alternative, die verblüffend an Hitlers Ausspruch in ›Mein Kampf‹, Deutschland werde entweder Weltmacht oder überhaupt nicht sein, erinnerte! Himmler versprach seinen Männern, der ›Führer‹ werde das größte Reich schaffen, das je von dieser Menschheit errichtet worden sei. Der Reichsführer-SS, Vorkämpfer jener im letzten das rationale Kalkül der Machtpolitik behindernden Ideologie[85] vom ›neuen‹, biologisch höherstehenden Menschen, spielte wohl mit diesen Worten, seinem rassischen Dogma entsprechend, auf Weltherrschaftsideen[86] des zukünftig rassereinen, germanischen Reiches an. Ob Himmler den weitgehend traditionell-machtpolitisch orientierten Stufen-Plan Hitlers kannte, der praktisch ja kaum Züge einer biologisch-revolutionären, ›neuen‹ Politik trug, wenn er auch theoretisch mit dem Schritt zur allerletzten Etappe, der rassisch bedingten Weltherrschaft — die allerdings mit der Vision vom Kampf der Weltmacht Deutschland gegen die Vereinigten Staaten durchaus auch konservativ anmutendes, machtpolitisches Gepräge erhielt — offenbar in eine neue, außer-historische Dimension einmünden sollte, ist ungewiß.

Trotzdem wird mit den außenpolitischen Vorstellungen Himmlers und der SS neben den Planungen der konservativer orientierten Marine, der Wirtschaft und des Auswärtigen Amtes eine jener typisch nationalsozialistischen Triebkräfte der deutschen Außenpolitik zwischen 1933 und 1945 deutlich,[87] die bis 1941 kaum störend, sondern scheinbar integriert, in Hitlers Politik und Kriegführung, kurzum: in jenes ›Programm‹ hineinpaßte, das sich zugleich als Summe und Diktat aller in Deutschland seit 1866/71 vorhandenen politischen Ziele, wirtschaftlichen Forderungen und weltanschaulichen Vorstellungen repräsentierte.[88] Reichte in der Politik Bülows, Tirpitz' und Miquels noch allein das Mittel des Nationalismus aus, um das in abhängigen Arbeitsverhältnissen lebende (Klein-)Bürgertum für die Krone und das dahinterstehende Bündnis von Schwerindustrie und Großgrundbesitz zu mobilisieren,[89] so bedurfte es nunmehr, ein Menschenalter danach, angesichts der fortgeschrittenen historischen Entwicklung in Deutschland, vor allem nach den Erfahrungen des Ersten Weltkrieges, der Inflation und der Weltwirtschaftskrise sowie angesichts der globalen Herausforderung durch das kommunistische Rußland doch weit stärkerer Integrationsklammern. Sie sollten ›das Volk‹ auf die Expansionspolitik seiner politischen Führung und die damit verbundene Sicherung sozialer Positionen festlegen — eine gesellschaftspolitische Funktion der Hitler-Diktatur, die angesichts der seit 1937 einsetzenden Entwicklung zum ›full fascism‹ nur allzu leicht übersehen wird.[90] Die ›neue‹ Integrationsparole aber lieferte in erster Linie das seit langem in der preußisch-deutschen Geschichte bekannte[91] Schlagwort vom Antisemitismus. Dabei sollte jedoch über der Feststellung dieses objektiven Befundes nicht vergessen werden, daß die antisemitische Komponente in Hitlers Gedankenbildung durchaus inhaltlich-zentrale Bedeutung besaß und nicht allein der ›Ideologisierung‹ bestehender Sozialverhältnisse diente. Im Gegenteil: Die gegen den Willen des Diktators sich vorläufig einstellende Stabilisierung der bestehenden Ordnung sollte gerade durch die Verwirklichung des rassischen Faktors endgültig überwunden werden. Diesem (End-)Ziel seines ›Programms‹ aber näherte sich Hitler, indem er unter machtpolitischem Kalkül die Eroberung Rußlands ins Auge faßte und in rassenpolitischer Perspektive die damit einhergehende Vernichtung »unwerten« Lebens befehlen sollte.[92]

Unter gesamtgesellschaftlichem Aspekt betrachtet ist jedoch nicht zu übersehen, daß — auch — Hitlers Dogma eine *vorläufig* dienende Funktion hatte: Anstelle sozialer Reformen wurde die biologische Revolution verkündet und die Misere der Zeit nicht als ein Makel der Gesellschaft erkannt, sondern stattdessen ein rassisch identifizierbarer und also zu bekämpfender ›Feind‹, der Jude, ›entdeckt‹. Mängel der bestehenden Sozialordnung wurden angegriffen, indem man sie per Ideologie abschaffte: Dafür propagierte das System einen »neuen« Menschentyp,[93] der nicht über die Gesellschaft und ihre sinnvolle Organisation an sich nachdachte, sondern der davon scheinbar unabhängig, aufgrund rassisch höherwertiger Qualität alle Probleme löste, indem er die Welt in den Dienst seines siegreich erobernden Schwertes nahm. Hier aber lag der Anknüpfungspunkt dieser gesellschaftlich motivierten, der innenpolitischen Funktion der Status-quo-Bewahrung dienenden Weltanschauung vom germanischen Eroberer für Hitlers kriegerisches ›Programm‹ der Expansionen. Die Politik des ›Führers‹, das soziale Gefüge des Dritten Reiches und die von der SS im besonderen gewahrte Ideologie standen — noch — in einem Dreiklang, der das Expansionsthema harmonisch variierte. Denn was immer Carls und Himmler unter ihrem Weltmachtbegriff verstanden haben mögen, wie Hitlers ›Programm‹ plädierten auch sie — unter konservativem Aspekt traditioneller Großmachtpolitik und unter rassischem Gesichtspunkt nationalsozialistischer Welteroberungspläne — dafür, die politischen Ziele des Reiches jenseits der Grenzen zu suchen, wobei die friedlich-imperialistische Alternative wirtschaftlicher Expansion als einer weiteren außenpolitischen Option mehr und mehr an Bedeutung einbüßte.

Betrachten wir jedoch die Vielfalt der außenpolitischen Stellungnahmen Hitlers und des Auswärtigen Amtes, der Wehrmacht und der Wirtschaft, der offiziell gelenkten Propaganda und der inoffiziell kursierenden Informationen aus der Perspektive der leitenden Staatsmänner jener Zeit und versetzen wir uns in die Position des damals entscheidenden Politikers in England, Neville Chamberlains, so mußte gerade diese scheinbare Meinungsvielfalt doch immer wieder Anhaltspunkte dafür liefern zu glauben, mit den Deutschen werde man doch noch in ein Gespräch über die Friedenssicherung kommen können. Daneben aber lassen gerade die z. B. in Himmlers Rede auftauchenden rassischen Ideen, weltanschauliche Verbrämungen gesellschaftlicher Bedingungen, Dimensionen deutlich werden, die eine rationale Lösung im Sinne der Chamberlainschen Politik in weite Ferne rückten. Die sowohl auf die Verwirklichung der ersten als auch bereits der zweiten Etappe des Hitlerschen ›Programms‹ abzielenden Äußerungen und Vorbereitungen im damaligen Deutschland einerseits und die unbeirrt verfolgte Konzeption des englischen Regierungschefs andererseits — nicht so sehr dagegen der alles verdeckende Vordergrund geschäftiger Krisendiplomatie — lassen angesichts des erstmals die Grenzen der sog. Revisionspolitik überschreitenden deutschen »Griffs nach Prag« den Versuch als günstig erscheinen, der deutschen Außenpolitik während der ›Ära Hitler‹ in diesem Zusammenhang einmal eine Diagnose zu stellen. Denn nach der Ausklammerung der nur noch hin und wieder am Rande der ›großen Politik‹ aufblitzenden liberal-imperialistischen Alternative eines friedlich-ökonomischen Expansionismus war Hitlers ›Programm‹ in einen nun auch gegen Großbritannien gerichteten, wenn auch auf dessen Neutralität spekulierenden Kriegskurs eingemündet. Für den ausländischen Betrachter lief dabei aber die normale Seite der diplomatischen Aktivität und wirtschaftlichen Geschäfte weiter und kaschierte das eigentliche Ziel der Expansion.

Analog zum Modell des ›Dual State‹ als einer Erklärung für die Innenpolitik des ›Dritten Reiches‹ scheint gerade dieser Widerspruch zwischen äußerer Folie und innerem Telos einen Ansatz zu bieten, um die Rolle des ›Dritten Reiches‹ innerhalb des »sterbenden europäischen Staatensystems« zu analysieren. Die konservativ und ›liberal-gouvernemental‹ gesonnenen Mitarbeiter Hitlers in den Ämtern des ›Dritten Reiches‹ halfen nolens volens dabei mit, die eigentliche Politik des ›Führers‹ zu verdecken. Wie der diplomatische Verkehr einer geschulten, vertrauenswürdigen und distinguierten Berufsdiplomatie vor dem Hintergrund der programmatischen Utopie der Welteroberung scheinbar ungestört weiterlief, so planten auf wirtschaftspolitischer Ebene die IG-Farben-Werke[94] mit Rücksicht auf das in der zweiten Hälfte der dreißiger Jahre mehr und mehr in den Vordergrund rückende Kolonialthema, eine große Verkaufsorganisation in Afrika aufzubauen. Damit versuchten sie, im Zuge eines friedlich-wirtschaftlichen Expansionismus von der ins Auge gefaßten und von den entsprechenden Dienststellen laut propagierten — wenn auch für Hitler noch nicht unbedingt aktuellen — Kolonialpolitik zu profitieren, ohne sich um die weltanschaulichen Motive der Himmlerschen SS als eines weiteren Faktors im Herrschaftssystem des Dritten Reiches zu kümmern. Im innen-, wirtschafts- und außenpolitischen Bereich gingen die Geschäfte und Verhandlungen der traditionell damit befaßten Institutionen und ihrer Repräsentanten im allgemeinen ungehindert weiter; sie standen scheinbar unabhängig vor dem Hintergrund des totalitären[95] ›Programms‹ und waren objektiv doch von ihm abhängig, gründeten ihre Arbeit auf seine Existenz und ermöglichten damit seinen Bestand und seine Verwirklichung.

Dem totalitären Prinzip Hitlerscher Außenpolitik korrespondierten als normale Kehrseite die Geschäfte, Verhandlungen und Planungen der Wirtschaft, der Diplomatie und der Wehrmacht. Bewußt oder unbewußt halfen sie, auf diesem Weg das Prinzip nationalsozialistischer Außenpolitik zu verschleiern und bereiteten damit den Weg zu dessen Verwirklichung. Als einzige Gegenleistung des Regimes für diese oft unbewußt und zunehmend wider Willen dargebrachten Tarndienste mögen die Vertreter der Wirtschaft, der Diplomatie und der Wehrmacht es angesehen haben, daß es zumindest dem Selbstverständnis weiter Kreise des deutschen Bürgertums zufolge nur der totalitären Überanstrengung des Jahres 1933 zu verdanken war, wenn die ihre Existenz garantierende Gesellschaftsordnung vorläufig und eben nur scheinbar vor Veränderungen durch die Etablierung eines politischen Systems und der konstitutiv zu ihm gehörenden Außenpolitik bewahrt werden konnte, dem sie nun selbst unterworfen waren. Die aus wirtschaftlichen, vor allem aber gesellschaftlichen Notwendigkeiten auf eine Politik der Eroberung ausgerichtete Weltanschauung des Nationalsozialismus und ihre (für Hitlers Selbstverständnis konstitutiven) Integrationsklammern des Antisemitismus, des Antibolschewismus und der Lebensraumeroberung waren in dem für die Erklärung außenpolitischer Tatbestände schlechthin entscheidenden Dreieck von Machtpolitik, Ökonomie und Ideologie gegenüber der wilhelminischen Epoche und ihren Parolen vom Nationalismus und Antisozialismus so stark angezogen worden, daß es im Dritten Reich den Anschein hatte, die ursprünglich zur Bewahrung ihrer Existenz verordneten ›Heilmittel‹ würden die deutsche Gesellschaft der Zukunft in eine neue Gestalt und — wenn man an das rassische Endziel der ›Höherzüchtung‹ der germanischen Elite denkt — auch in eine neue Substanz überführen.[96] Die dieser Politik entspringenden Ereignisse des Krieges und die Antwort der Welt auf Deutschlands Herausforderung wirkten der totalitären Gefährdung dann erfolgreich entgegen. Daher dominierte in

Deutschland bis 1945 die traditionelle Form der Groß- und Weltmachtpolitik, die, aus der Gesellschaft geboren und von Hitler zum ›Programm‹ der deutschen Außenpolitik erhoben, ihrerseits mithalf, den Bestand der bürgerlichen Gesellschaft in Deutschland prinzipiell und lange Zeit zu stabilisieren.

Und in der Tat muteten Hitlers Politik und Planungen immer traditioneller, wenn man so will, ›wilhelminischer‹ an. Nicht daß der ›Führer‹ sich an einer alldeutschen Allerweltspolitik orientiert hätte, nicht daß er im Sinne Bethmann Hollwegs alle aus der Gesellschaft an ihn herangetragenen Interessenforderungen in außenpolitische Ziele umgesetzt und in politischen Kompromißentwürfen wie dem ›Septemberprogramm‹[97] verwaltet hätte. Hitler handelte vielmehr nach einem weit gesteckten außenpolitischen Konzept, wie es ab 1897 und bis zum Scheitern ihrer ehrgeizigen Flottenpläne — allerdings den überseeischen Aspekt ihrer Politik in den Vordergrund rückend — Bülow, Tirpitz und Wilhelm II. zielstrebig und bewußt verfolgt hatten[98] und wie es dann ansatzweise die 3. Oberste Heeresleitung unter Ludendorff im Ersten Weltkrieg zu verwirklichen trachtete, die bereits einen an Hitlers Überlegungen erinnernden Stufen-Plan der kontinentalen Prioritäten und der dann wohl folgenden überseeischen Landnahmen praktizierte bzw. plante.[99] Hitlers von gesellschaftlichen Motiven ja nur scheinbar losgelöstes ›Programm‹ repräsentiert sich, rückblickend betrachtet, als eine Summe gesellschaftlicher Wünsche, die vom Diktator zu einer politisch-militärischen Strategie geordnet wurden. Die kontinentalen und überseeischen Forderungen des Hitlerschen ›Programms‹ stellen dieses also durchaus in eine gewisse Tradition preußisch-deutscher Großmachtpolitik, wie sie seit den Tagen Bismarcks zu beobachten ist.[100]

Wenige Tage vor dem die Westmächte zwar brüskierenden, wenn auch noch nicht endgültig wachrüttelnden ›Griff nach Prag‹ gab Hitler den auf kolonialem Gebiet bereits mit ihren Vorbereitungen vorausgeeilten Dienststellen und Wehrmachtsteilen — Heer, Marine, SS, Wirtschaftsministerium, Kolonialpolitisches Amt usf. — den Startschuß zu den nun offiziell gebilligten Maßnahmen und befahl die zügige Vorbereitung der kolonialen Landnahme.[101] Eine Verfügung, deren volle Bedeutung man erst dann erkennt, wenn man Hitlers Weisung über den forcierten Aufbau der Marine, der nach seinem Wunsch 1944 abgeschlossen sein sollte, während die Marineleitung vorsah, das Ziel 1945 bzw. später zu erreichen, gleichfalls kennt.[102] Der Befehl des ›Führers‹, noch auf der ersten, der kontinentalen Stufe stehend, bereits die koloniale Landnahme der zweiten Stufe vorzubereiten und die dafür nötigen Schiffe zu bauen, lassen in seiner programmatisch orientierten Gedankenbildung die nach der Eroberung der kontinentalen Hegemonie und der Lebensraumbasis im Osten Europas sich abzeichnenden Fernziele deutlich erkennen. In der zweiten Hälfte der vierziger Jahre würde es darum gehen, — sei es zusammen mit dem englischen »Juniorpartner«, sei es gegen Englands Willen — den Vereinigten Staaten »die Stirne... zu bieten« und — in Übereinstimmung mit den objektiven Wünschen der Marine und mancher Zweige der Industrie[103] — eine atlantisch-überseeische Weltmachtstellung zu errichten. Die latent wohl stets vorhandenen, während der Zeit der Ausgleichsversuche mit England aber bereitwillig zurückgestellten, wenn auch nie ganz aufgeopferten überseeischen Fernziele traten nun im Zeichen des antibritischen Kurses — früher als Hitler es erwartet hatte — hervor und kamen damit durchaus vorhandenen — allerdings wohl auch in Form eines friedlichen Expansionismus zu befriedigenden — Bedürfnissen in der deutschen Gesellschaft entgegen.

Während noch die Lunte am tschechischen Pulverfaß glimmte, dachte Hitler bereits an den nächsten kontinentalen Schachzug. Dem polnischen Außenminister Beck trug er bei dessen Besuch im Januar 1939 seinen Plan vor, zusammen mit Polen die Sowjetunion zu überrennen.[104] Er schien sich 1939 also dafür entschieden zu haben, im Zuge der Realisierung seiner ersten Etappe zuerst nach Osten einschließlich der UdSSR und dann nach Westen gegen Frankreich zu marschieren, um daraufhin die USA und — wenn nötig — Großbritannien ins Visier zu nehmen. Oberst Beck verhielt sich jedoch zögernd, so daß die ›kleine‹ Ost-Lösung ins Blickfeld rückte.[105] Der Weg zum 3. September 1939 und zu dem für Hitlers Verständnis unsinnigen Krieg mit den verkehrten Fronten zeichnete sich ab. Während es von Ribbentrop im Rahmen seiner gegen England gerichteten ›Alternativ‹-Konzeption gelang, Ungarns Beitritt zum Antikominternpakt zu erreichen, fanden in Frankreich wiederum Verhandlungen statt, die noch immer die schwache Hoffnung nähren mußten, es werde im Zuge einer wirtschaftlichen Ablenkung der Deutschen u. a. auf überseeische Kolonialgeschäfte doch noch gelingen, Hitlers Kriegskurs zu bremsen. Denn die Begegnungen deutscher Wirtschaftsfachleute unter Leitung Direktor Weigelts von der Deutschen Bank mit französischen Stellen verliefen vielversprechend.[106] Diese offiziösen Versuche von französischer Seite, das Reich auf einen friedlichen Kurs zu lenken, wurden durch die offizielle englische Politik ergänzt, die Botschafter Henderson am 9. 3. 1939 in einem Schreiben an Außenminister Halifax noch einmal ausführlich darstellte.[107] Wiederum zeigte sich Großbritannien bereit, in direkt-staatlicher und in indirekt-ökonomischer Manier dem Reich die Herrschaft in Mitteleuropa zu überlassen, nicht aber eine uferlose Expansionspolitik zu gestatten. Eine Grenze wurde gezogen, die sich durchaus mit Neville Chamberlains Konzept der Appeasement-Politik vereinbaren ließ!

Inzwischen schickte sich Hitler an, die »Rest-Tschechei« zu »liquidieren«, wie es in der Sprache der NS-Zeit hieß; es fiel das Wort vom »Großdeutschen Weltreich«. Zwar untersagte die von Goebbels gelenkte Propaganda den Gebrauch dieses Begriffs. Er wurde aber keineswegs endgültig verboten, sondern es hieß bezeichnenderweise, er sei späteren Gelegenheiten vorbehalten.[108]

Wie würde Großbritannien nun reagieren, wenn Hitler zum ersten Mal den Boden der Revisionspolitik offen verließ und einen weiteren europäischen Staat, die Tschechoslowakei, von der Landkarte tilgte? Häufig ist Chamberlains Birminghamer Rede vom 17. 3. 1939[109] als die entschlossene Antwort auf Hitlers Schritt vom 15. 3. 1939 und als große Wende in der britischen Außenpolitik verstanden worden.[110] Gewiß waren die warnenden Untertöne dieser vom vorbereiteten Konzept abweichenden Ansprache kaum zu überhören. Auf längere Sicht unübersehbar aber blieb, daß Chamberlain schon bald danach wieder seine konzeptorientierte, realistische Politik des Appeasement gegenüber den Deutschen aufnahm als dem einzigen Weg, den Frieden und damit den Weltmachtstatus der Briten zu bewahren. Diese Haltung der englischen Politik sollte sich auch in der nun anbrechenden, von Hitler inszenierten polnischen Krise zeigen, die wiederum im Zeichen eines propagandistischen Trommelfeuerwerks um die überseeischen Forderungen des Reiches eröffnet wurde und endlich in den Zweiten Weltkrieg einmündete.

5. Die polnische Krise und der ›aufgezwungene Krieg‹

Die grundsätzlich kaum veränderte, in der Methode aber verschärfte Art und Weise, mit dem deutschen Diktator entschlossener umzugehen, ohne darüber das eigene Konzept von ›peace and settlement‹ aus dem Auge zu verlieren, zeigte sich schon bald in der englischen Garantieerklärung für Polen vom 31. 3. 1939.[111] Die britische Regierung betonte, bei einer Bedrohung (»clearly threatened«) den Bestand Polens bewahren und für die nationale Souveränität des Landes eintreten zu wollen. Das hieß allerdings nicht, was zuweilen übersehen wird, um jeden

Preis Polens Grenzen zu garantieren. Es blieb also durchaus genug Verhandlungsspielraum zwischen den beiden für die europäische Politik entscheidenden Nationen, um auf Kosten des zwar als Großmacht auftretenden, jedoch deutlich gegenüber England und dem Reich abfallenden Polen einen Kompromiß zu finden. Die vieldiskutierte britische Garantieerklärung für Polen kann also im Grunde nicht als ein Akt verstanden werden, der etwa eine nach der Prager Provokation deutlich zutage tretende Kriegsbereitschaft der Engländer demonstrierte. Es handelt sich vielmehr um die äußerste Anstrengung der britischen Regierung, den Status quo in Europa durch das Zugeständnis gerade noch erträglicher Veränderungen zu retten und damit gleichzeitig den drohenden Ansprüchen der Deutschen auf überseeischen Besitz auf dem Verhandlungswege zu begegnen: Eine zugleich entschiedene und konzessionsbereite Politik versuchte im Großen eine Grenze zu ziehen, um mit Hitler zu verhandeln. London propagierte eine Friedenslösung, die Spielraum ließ, um dem Diktator entgegenkommen zu können, d. h. ihm eine für die britischen Lebensinteressen gerade noch erträgliche, gleichsam halb-hegemoniale Stellung in Europa einzuräumen, um sodann über koloniale Probleme zu sprechen. Der ›Führer‹ aber gedachte, alle diese und weit darüber hinausgehende Ziele auf kriegerischem Wege zu erreichen.

Je entschiedener Hitler auf Kriegskurs ging, desto intensiver wurden Chamberlains Bemühungen um den politischen Dialog. Hitlers Expansionsabsichten aber wurden in einer Unterredung mit dem Hohen Kommissar des Völkerbundes in Danzig, Burckhardt, deutlich.[112] Der ›Führer‹ sprach davon, entweder zusammen mit Polen Ostpolitik zu treiben oder aber nach völliger Unterwerfung des kleinen Nachbarn im Osten seine weitergehenden Pläne zu verwirklichen. Diese Unterredung zwischen dem Schweizer Diplomaten und dem deutschen Diktator fand bereits in einer sich fast hektisch überstürzenden internationalen Situation statt. Am 23. 3. 1939 marschierten deutsche Truppen ins Memelgebiet ein, und am gleichen Tag wurde ein deutsch-rumänischer Wirtschaftsvertrag geschlossen. In Hitlers Selbstverständnis bedeutete dieser Schritt — anders als für Göring und Wohlthat — kaum eine friedliche ›Alternative‹ zu seiner kriegerisch geplanten Expansionspolitik und konnte ihn auch nicht dazu bewegen, der englischen Ratio entsprechend und im Zuge eines ›economic appeasement‹ in Südosteuropa wirtschaftliche Kompensationen zu finden. Vielmehr kamen nun auch die rumänischen Ölvorräte mehr und mehr in die Verfügung des Reiches: eine wehrwirtschaftliche Voraussetzung für die kommenden Blitzfeldzüge des Diktators. Vier Tage darauf, am

27. 3. 1939, trat dann Spanien dem Antikominternpakt bei. Mußte Hitler nicht angesichts dieser zumindest optisch eindrucksvollen, von »Madrid bis Yokohama« reichenden Front,[113] in die ja schon bald als wohlwollender Neutraler auch noch das stalinistische Rußland einbezogen werden konnte, sowie angesichts der bisherigen Erfahrungen mit den Engländern bei seinen voraufgegangenen kontinentalen Überraschungsschlägen daran glauben, Großbritannien werde auch bei weiteren europäischen Unternehmungen in neutraler Haltung verharren? Schon einen Monat darauf ließ er sich in Übereinstimmung mit den Wünschen der Marine und seinem eigenen strategischen Konzept folgend, dazu bewegen, die quantitativen Bestimmungen des deutsch-britischen Flottenabkommens zu kündigen.[114] Der Realisierung des Z-Plans standen nun kaum noch Hindernisse im Wege. Bereits die im Bau befindliche Flotte konnte ja als Sanktionsmittel dazu dienen, Großbritannien in die Schranken der Neutralität zu verweisen, und stellte eine Voraussetzung dar, um nach den Siegen über Rußland und Frankreich erfolgreich Weltpolitik treiben zu können.

Angesichts des offensichtlichen Kriegskurses des deutschen Diktators richtete nun jedoch der amerikanische Präsident Roosevelt einen Appell an Hitler, Frieden zu halten.[115] Die USA, von denen eingeweihte diplomatische Kenner wußten, daß sie im Falle einer England gefährdenden Veränderung der europäischen und weltpolitischen Lage stets auf Londons Seite eingreifen würden,[116] nicht zuletzt wohl, um ihre mannigfachen wirtschaftlichen Interessen in Europa zu schützen, aber auch um ihre im Atlantik weitgehend durch die britische Flotte garantierte strategische Sicherheit nicht zu gefährden und die eigene Marine im Pazifik gegen Japan konzentrieren zu können, beobachteten aufmerksam und für Hitler bedrohlich das Spiel der europäischen Mächte. Und wenn der ›Führer‹ Roosevelts Interventionsversuch auch in einem Paradestück meisterhafter Demagogie zurückwies,[117] so zeichnete sich doch schon die künftige Konstellation des angelsächsischen Bündnisses ab. Hitler dagegen war — gerade weil er für die ferne politische Zukunft des Reiches den Kampf der deutschen gegen die amerikanische Weltmacht ins Auge gefaßt hatte — bis zum Dezember 1941 peinlich darauf bedacht, das wirtschaftliche und politische Potential der Vereinigten Staaten aus einer Auseinandersetzung mit Deutschland herauszuhalten,[118] bis die erste Stufe seines ›Programms‹, die die Autarkie garantierende Hegemonie errungen war. Während man in den USA die Strategie und Taktik des Diktators zu durchschauen begann, nämlich kolonialpolitische Forderungen zu stellen, um kontinentale Gewinne einzustreichen,[119] bereitete in Deutschland die Luftflotte 2 der

Göringschen Luftwaffe — in Analogie zum Kriegsspiel der Marine in Oberhof im Februar/März 1939 — eine Studie vor, die England als Hauptfeind ins Auge faßte[120] — ein Fall, der sehr bald schon, nicht aber erst, als die deutsche Rüstung so weit gediehen und Hitler nach Übersee auszugreifen bereit war, Wirklichkeit werden sollte!

In seiner Ansprache vor den Oberbefehlshabern der Wehrmacht vom 23. 5. 1939,[121] die Hitlers Wehrmachtadjutant Schmundt (nur in knappen, in sich unklaren Stichworten) aufzeichnete, aber stand für den ›Führer‹ allein das polnische Thema im Vordergrund. Strategische Fernziele[121a] streifte er allein mit der Bemerkung, gerade aus einem auf dem Kontinent eroberten, blockadefesten Raum heraus ließe sich der Westen am besten treffen. Hitler plante im Prinzip eine Wiederholung jenes Versuchs, den schon Ludendorff nach dem siegreichen Ostfrieden von Brest-Litowsk unternommen hatte,[122] als ein Aushungern Deutschlands unwahrscheinlich erschien und alle Kräfte auf die Westfront konzentriert werden konnten. Hitler wollte Polen in einem Blitzkrieg besiegen — die einzige Möglichkeit der Kriegführung übrigens, die die Breitenrüstung des Reiches angesichts des Fehlens der für einen modernen Krieg ja nötigen Tiefendimension damals überhaupt zuließ![123] Wenn der ›Führer‹ davon sprach, man sei durchaus auch auf einen langen Krieg gefaßt, der sich als Abnutzungskrieg gegen England gestalten könne, so war diese Bemerkung wohl eher als Beruhigung für die anwesenden Offiziere gedacht bzw. als Möglichkeit einer fernen Zukunft anvisiert, wenn Deutschland im Besitze eines kontinentalen Riesenreiches England zur See Paroli bieten und die Nachschubwege des Empire gefährden konnte.

Während in Großbritannien die Regierung Chamberlain nach wie vor versuchte, Berlin entgegenzukommen, um zu einer vernünftigen Übereinkunft zu gelangen, schickte man sich auf Drängen der konservativen Dissenters um Churchill an,[124] wenigstens dilatorisch Bündnisverhandlungen mit der Sowjetunion aufzunehmen. Denn Churchills Plan war es, ungeachtet aller sozialen Unterschiede der Systeme die Vorkriegsallianz[125] wieder aufzurichten und Hitler als Antwort auf seine Politik der Herausforderungen von allen Seiten her ›einzukreisen‹. Neville Chamberlain aber, einerseits von tiefer Abneigung gegen das bolschewistische Rußland erfüllt, andererseits eingedenk des unheilvollen Mechanismus von Bündnissen bei Ausbruch des Ersten Weltkrieges, beugte sich diesem Wunsch nur widerwillig, ließ die Verhandlungen in Moskau von untergeordneten Repräsentanten führen und hielt weiter an seinem bilateralen Draht nach Berlin fest.

Stalin hatte indessen sehr wohl die Vorliebe des englischen Premierministers für einen Ausgleich mit dem nationalsozialistischen Deutschland erkannt und befürchtete eine Koalition der kapitalistischen und faschistischen Staaten gegen das kommunistische Rußland, in der Hitlers Armeen als Angriffsspitzen britischer Interessen gegen die UdSSR losschlagen würden. Der russische Diktator zog die Konsequenzen aus seinen Überlegungen zur internationalen Situation. Schon seine Rede vor dem XVIII. Parteitag der KPdSU (B) vom 10. 3. 1939, in der er erklärte, die Ukraine fühle sich keineswegs irgendwie bedroht, wurde als Köder in Berlin richtig verstanden.[126] Der Weg zum 23. 8. 1939 bahnte sich an, Stalins seit 1925 verfolgtes außenpolitisches Konzept, die kapitalistischen Staaten nicht zueinander finden zu lassen, ging auf.[127] Daß er Chamberlains Politik zumindest hinsichtlich der Bemühungen, mit Deutschland zum Ausgleich zu gelangen, richtig einschätzte, zeigen dessen immer wieder unternommene Versuche, noch wenige Wochen vor Kriegsausbruch mit Hitler ins Gespräch zu kommen.

Am 13. 6. 1939 bot Sir Nevile Henderson Verhandlungen an.[128] Über territoriale Fragen sollte dabei allerdings nur noch für den überseeischen Bereich gesprochen werden; die entscheidenden Themen würden daneben die Probleme des Rüstungswettlaufes und des Warenaustausches sein. Offenbar glaubte man in London — nach einer evtl. Korrektur der deutsch-polnischen Grenze, über die eben bei prinzipieller Wahrung der staatlichen Existenz Polens verhandelt werden sollte — dem Reich in Europa noch ökonomische Vorteile verschaffen zu können, d. h. unter Umständen indirekte Einflußzonen auf dem Kontinent festzulegen, um nach diesen für London und die britischen Interessen gerade noch tragbaren Vorleistungen und im festen Glauben daran, das wirtschaftlich erschütterte Reich sei besonders auf die Angebote des ›economic appeasement‹ angewiesen, in die zweite Verhandlungsphase einzutreten und diese mit dem Gespräch über das Kolonialproblem zu eröffnen. Aber alle diese Offerten interessierten auf deutscher Seite allein die Diplomaten und Wirtschaftsfachleute. Denn Hitler war entschlossen, seinen Stufen-Plan im Windschatten der britischen Neutralität oder — wenn nötig — auch gegen Englands Willen zu verwirklichen. So scheinen ihn die vielumrätselten Gespräche zwischen Sir Horace Wilson, dem Vertrauten Chamberlains, und Ministerialdirektor Wohlthat aus dem Göringschen Stabe des Vierjahres-Plans kaum berührt zu haben. Wer diese Verhandlungen kurz vor Kriegsausbruch inszeniert hat, ist bis heute ungeklärt.[129] Während Wilson ganz im Sinne des Chamberlainschen Konzepts zu Verhandlungen über die polnische Angelegenheit aufrief und mit den von englischer

Seite aus bekannten Zugeständnissen für die Einrichtung einer friedlichen Welt warb, erscheint es interessant, daß es gerade ein Wirtschaftsfachmann aus der Umgebung Hermann Görings war, der über diese Pläne diskutierte und im Grunde in Opposition zur Politik Hitlers nach einer friedlichen, wirtschaftlich orientierten ›Alternative‹ suchte. Bergen diese Verhandlungen vielleicht einen letzten Versuch Görings, Hitler vom Kriegskurs abzubringen? Versuchte er, den durch den Raubbau der Aufrüstung herbeigeführten Wirtschaftsbankrott des Reiches mit Hilfe ökonomischer Vorteile im Zuge einer starken, aber friedlichen Machtpolitik zu bannen, während der Diktator das finanzielle Defizit seiner Herrschaft durch einen Eroberungskrieg zu decken gedachte?

Weitere private und offiziöse, z. T. recht unwahrscheinlich klingende Angebote und Verhandlungen zwischen Vertretern beider Nationen beschäftigten damals die Gemüter der eingeweihten Zeitgenossen.[130] Sie alle konnten jedoch auf die von Hitler bestimmte ›große Politik‹ keinen Einfluß gewinnen, und in seinem »allermerkwürdigsten Ausspruch« gegenüber dem Schweizer Völkerbundskommissar Carl J. Burckhardt ließ dieser noch einmal die Motive seines Handelns aufblitzen: »Alles, was ich unternehme, ist gegen Rußland gerichtet; wenn der Westen zu dumm und zu blind ist, um dies zu begreifen, werde ich gezwungen sein, mich mit den Russen zu verständigen, den Westen zu schlagen und dann nach seiner Niederlage mich mit meinen versammelten Kräften gegen die Sowjetunion wenden. Ich brauche die Ukraine, damit man uns nicht wieder wie im letzten Krieg aushungert.«[131] Versuchte er mit diesem über Burckhardt lancierten Köder, England noch einmal ganz eindringlich den Vorteil einer neutralen Politik bzw. eines — angesichts des Ausbaus der Kriegsmarine ja wohl nur auf kürzere Zeit möglichen[131a] — Bündnisses gegen das sozial so heterogene Rußland vor Augen zu führen?

Vielleicht sollte man diese Worte Hitlers einmal im Zusammenhang mit seinem »großzügigen Angebot« vom 25. 8. 1939 untersuchen! Während die englische Regierung unverdrossen versuchte, Hitler zum Gespräch zu bewegen, Staatssekretär von Weizsäcker dies als offizieller Vertreter seiner Regierung einerseits ablehnte und andererseits als Mitglied der Opposition gegen Hitlers Kriegskurs London über den bevorstehenden Abschluß des Moskauer Paktes informierte, verkündete der Diktator den Oberbefehlshabern der Wehrmacht am 22. August 1939 bereits die Tatsache des deutsch-sowjetischen Abkommens, das ihn in Stand setze, Polen in einer isolierten Aktion und also programmgemäß zu zerschlagen.[132] In eben dieser Ansprache gab Hitler selbst ein Grundmotiv an, warum das Reich in der anstehenden Situation gezwungen sei, u. a. aus wirtschaftlichen Gründen, Krieg zu führen. Diese Feststellung diente dem ›Führer‹ wohl allein dazu, die Richtigkeit seines originär-machtpolitisch entworfenen und verstandenen ›Programms‹ zu beweisen. Objektiv betrachtet, d. h. mit der gesellschaftlichen Lage vermittelt und in das Funktionsgefüge von Machtpolitik und Ökonomie im Deutschland des Jahres 1939 projiziert, erlaubt es jedoch einen Blick in Zusammenhänge, die bisher stets nur angedeutet werden konnten: »Unsere wirtschaftliche Lage ist infolge unserer Einschränkungen so, daß wir nur noch einige Jahre durchhalten können. Göring kann das bestätigen. Uns bleibt nichts anderes übrig, wir müssen handeln ...«[133]

Die nach Hitlers ›Programm‹ auf den Raubkrieg abgestellte Wirtschaftsorganisation forderte nun ihren Tribut. Nicht in friedlicher Expansion, sondern in atavistisch anmutender kriegerischer Manier gedachte Hitler diese mit den Wünschen seines Stufen-Plans übereinstimmenden wirtschaftlichen Notwendigkeiten zu lösen. Am 23. 8. 1939 erfuhr die Welt vom Abschluß des deutsch-russischen Abkommens, ohne über die Zusatzklauseln, die praktisch eine Teilung Polens vorsahen, unterrichtet zu werden.[134] Zwei Tage darauf machte Hitler in einer Mischung aus Taktik und Wahrheit Großbritannien sein letztes »großzügiges Angebot«, um sein altes Ziel, das englische Bündnis, zu erreichen.[135] Unübersehbar aber ist, daß auch in diesem Zusammenhang das polnische Problem für Hitler offenbar kein Gegenstand von Verhandlungen sein konnte! In bezug auf die kolonialen Angelegenheiten aber ließ er den englischen Botschafter Henderson wissen,[136] sie würden erst in drei, vier oder fünf Jahren aktuell werden. Vielleicht wird auch unter diesem Gesichtspunkt der überseeischen Fernzielvorstellungen deutlich, warum Großbritannien angesichts einer rasch aufrüstenden deutschen Marine auf die scheinbar großmütige Offerte des Diktators nicht einging.[137]

Auch die interessanterweise durch Göring vermittelte Dahlerus-Mission,[138] in den letzten Augusttagen des Jahres 1939 doch noch den Frieden zu retten, mußte scheitern, da Großbritannien sich dem Diktat Hitlers nicht beugen konnte. Der ›Führer‹ aber hatte den Pakt mit dem ›Teufel‹ nicht geschlossen, um weiter verhandeln zu müssen und um in ihm geringfügig erscheinendem Maße Grenzen zu korrigieren, sondern um endlich losschlagen und blitzartig Nationen überrennen zu können. Dabei glaubte er nach den Erfahrungen der Vergangenheit und nach den ihm wohl recht einseitig vermittelten Informationen[139] mit der englischen Neutralität rechnen zu können. Als dann wenige Stunden vor der französischen die englische Kriegserklärung am 3. 9. 1939 übergeben wurde, da erschien ihm der nun anbrechende Zweifrontenkrieg gegen den Osten und Westen als eine zur Unzeit aufgezwungene Auseinandersetzung. Sein Konzept der getrennten Blitzkriege und der etappenweisen Eroberung Europas im Schatten der englischen Neutralität war gescheitert: Würde es ihm gelingen, das Geschick noch einmal zu korrigieren, oder würden ihn die kommenden Ereignisse dazu bewegen, seinen programmatischen Stufen-Plan der Expansionen aufzugeben?

V. KAPITEL

Die Idee einer ›Teilung der Welt‹ (1939-1940)

Carl von Clausewitz, einer der Theoretiker des modernen Krieges,[1] hat einmal gesagt, man beginne vernünftigerweise keinen Krieg, ohne sich darüber im klaren zu sein, was man in und mit demselben erreichen wolle. Welche Ziele verfolgte nun Hitler in dem von ihm wider Willen ausgelösten Zweifrontenkrieg, über dessen Ursprung ein französischer Historiker urteilte: »Talonné par la crise, poussé par la logique de sa politique, mû par les principes de son idéologie, il se lance dans la guerre, suivis par toutes les élites de la nation.«[2] Programmatisch festliegendes Ziel des ›Führers‹ war es bekanntlich, in getrennten Blitzfeldzügen ›Lebensraum‹ im Osten Europas zu erobern. Der polnische Feldzug sollte eine Etappe auf dem Wege zur hegemonialen Stufe seines ›Programms‹ darstellen. Der Krieg im Westen aber war — entgegen Hitlers Absicht, wenn auch durch seine Politik provoziert — zur ›Unzeit‹ ausgebrochen. Wie würde sich die deutsche Führung angesichts des nun Wirklichkeit gewordenen, bisher peinlich vermiedenen Zweifrontenkrieges verhalten? Welche Position würde Hitler gegenüber Großbritannien, der sowohl bisher als auch in Zukunft entscheidenden Macht, beziehen? Welche Haltung würden auf der anderen Seite die Briten einem siegreich durch Europa zur Hegemonie marschierenden Deutschland gegenüber einnehmen? Denn bis zum 22. 6. 1941 bzw. zum 7./8. 12. 1941 beschränkte sich die Auseinandersetzung zwischen den Mächten ja noch durchaus auf den europäischen Kontinent, um erst dann durch den Kriegseintritt der Sowjetunion, der Vereinigten Staaten und Japans weltweite Dimensionen zu erlangen.

Während des für die deutsche Seite glänzend verlaufenden Feldzuges gegen Polen[3] beschäftigte vor allem die Lage im Westen Hitler fortwährend.[4] Sicher war ihm bewußt, daß ein massiertes Eingreifen der Westmächte das Reich in eine fast ausweglose Situation gebracht hätte. Allein, die Engländer und Franzosen waren aus mannigfaltigen Gründen nicht bereit, Hitler entschlossen militärisches Paroli zu bieten.⁵ Hinter der Fassade der ›drôle de guerre‹ dauerte die Politik des Appeasement im Grunde an. Man überschätzte in London und Paris die Kraft der deutschen Wehrmacht und unterschätzte die eigenen Möglichkeiten. Zudem lag die auf einen ›langen Krieg‹ orientierte britisch-französische Defensiv-Strategie seit dem April des Jahres 1939 fest.⁶ Frankreich allein aber als entscheidende Kontinentalmacht konnte sich offenbar nicht dazu entschließen zu marschieren, ohne der englischen Hilfe gewiß zu sein, denn es wollte sich nicht als der Festlandsdegen der britischen Regierung benutzen lassen. Das Kabinett Chamberlain aber schien noch immer an die Möglichkeit einer friedlichen Beendigung des kontinentalen Konfliktes zu glauben und einer Lösung der Vernunft anzuhängen,⁷ wie Chamberlain sie Hitler nun schon drei Jahre lang vorgetragen hatte.

Auch der ›Führer‹ versuchte, den ihm unwillkommenen Zweifrontenkrieg durch eine streng programmorientierte Politik und Kriegführung seinen Vorstellungen entsprechend zu gestalten.⁸ Denn allein durch den Pakt mit Stalin gelang es Hitler, die für das Reich äußerst kritische Situation im Herbst 1939 zu überstehen: Von der Macht abhängig, die er vernichten wollte, war der Diktator — neben der strategischen Rückenfreiheit, die der deutsch-russische Pakt garantierte — vor allem auf die wirtschaftliche Hilfe der Sowjetunion angewiesen. Vornehmlich die russischen Kriegslieferungen an das ›Dritte Reich‹ halfen mit, die deutsche Auslandsabhängigkeit auf dem Rohstoff- und Ernährungssektor zu überwinden. Denn eine »britische Wirtschaftsblokkade gegen Deutschland hätte bei einer Teilnahme der Sowjetunion die deutsche ›Wehrwirtschaft‹ in kurzer Zeit lahmgelegt.«⁹

Während Hitler seinem ›Programm‹ gemäß die UdSSR, die ihn unterstützte, auch jetzt als zukünftigen Gegner einschätzte, versuchte er nach wie vor, Großbritannien, das ihm den Krieg erklärt hatte, an seine Seite zu ziehen. Am 27. 9. 1939 sprach er bezeichnenderweise davon, eines seiner Kriegsziele sei es, Frankreich zu zerschlagen und England auf die Knie zu zwingen.¹⁰ Schon Ende September 1939 zeichnete sich ja deutlich ab, daß die polnische Frage in Hitlers Sinn gelöst würde. Seinen Ideen aus ›Mein Kampf‹ folgend und durch die aktuelle machtpolitische Lage dazu bestimmt, hatte er sich nun entschlossen, Frankreich zu überrennen, um den »Rücken frei« zu haben für seine »große Sache« im Osten. England gedachte er jedoch nicht wie Frankreich zu zerschlagen, sondern durch militärische Schläge seinen programmorientierten Absichten endlich gefügig zu machen. Im Grunde betrachtete er die Kriegführung gegen das Inselreich als eine weitere Intensivierung seiner seit den dreißiger Jahren betriebenen Politik der Werbung und

Drohung. Nun sollte Großbritannien mit Waffengewalt auf seine Politik festgelegt werden. Hitler führte gegen England Krieg, um die störrischen Briten zum Bündnis zu zwingen. Eben diese Absicht spricht auch aus der ›großen Friedensrede‹ des Diktators vom 6. 10. 1939.[11] Alle diese Schritte der gleichzeitigen Werbung und Drohung gegenüber England mögen einen der aufmerksamsten Beobachter der damaligen Szenerie auf deutscher Seite, den Konservativen Ulrich von Hassell, zu der Prognose bestimmt haben, im Grunde sei Hitler in seinem Innersten allein mit dem russischen Problem beschäftigt.[12] Auch der erfahrene Berufsdiplomat und Schwiegersohn des Großadmirals von Tirpitz erkannte als den Doktrinär Hitler zentral beschäftigende Frage, wie es möglich sei, Großbritanniens Neutralität bzw. sein Einverständnis zum Bündnis zu erlangen, um gegen Rußland losschlagen zu können.

An den Strategen Hitler wurde freilich immer wieder eine ganz anders orientierte Konzeption herangetragen, der der ›Führer‹ auch mit kleineren Zugeständnissen nachgeben mußte: Großadmiral Raeder drängte auf eine verschärfte Kriegführung gegen England und schlug vor, zu diesem Zweck die russische Neutralität zu bewahren.[13] Der genau umgekehrte Plan zu Hitlers ›Programm‹ liegt vor uns, der in den Grundzügen — nachdem die Marine seit 1938 das Axiom der englischen ›Freundschaft‹ hatte aufgeben müssen — den Planungen des Auswärtigen Amtes und von Ribbentrops, des ›Schöpfers‹ des russisch-deutschen Paktes, entsprach. Beide Linien — hier Ausgleich mit England, um gegen Rußland zu ziehen, dort friedliches Nebeneinander mit der UdSSR, um Großbritannien die Stirn bieten zu können — waren schon im Bismarckschen und Wilhelminischen Deutschland aufgetaucht[14] und standen einander nun wieder als scheinbare ›Alternativen‹ gegenüber. Während etwa die Marine den forcierten Kampf gegen Großbritannien selbst auf die Gefahr eines amerikanischen Kriegseintritts hin forderte und bereits — wie im Ersten Weltkrieg und den ihm vorausgegangenen Jahren[15] — in globalen Dimensionen plante, war Hitler peinlich darauf bedacht, die USA — bis zum Dezember 1941 durchgehend — aus dem Ringen herauszuhalten[16] und die Auseinandersetzung dem ›Programm‹ entsprechend in getrennten Blitzfeldzügen auf der kontinentalen Stufe zu gestalten. So war der ›Führer‹ auf das europäische Geschehen konzentriert und bezeichnete, was unter diesem Gesichtspunkt aufschlußreich war, am 17. 10. 1939 Polen als ein vorgeschobenes Glacis für einen weiteren Aufmarsch.[17]

Stets hatte Hitler auch in diesen Tagen das russische Ziel vor Augen und versuchte, nicht zuletzt wohl auch über — mit oder ohne sein Wissen und wie ernst auch immer einzuschätzende — ›Friedensfühler‹

nach London England vor dem ins Auge gefaßten russischen Unternehmen an seine Seite zu ziehen. In der Tat trafen z. B. im November 1939 bei Staatssekretär von Weizsäcker in Berlin Meldungen ein,[18] in London seien längst nicht alle Mitglieder des Kabinetts zum unbedingten Kampf gegen das Reich bereit. Ja, es gebe durchaus Stimmen, die weitgehende Konzessionen an Deutschland für opportun hielten.[19] Mußten nicht solche — wie auch immer zu bewertende — Meldungen Hitler in seinem Glauben bestätigen,[20] es werde ihm doch noch gelingen, sein ›Programm‹ zu verwirklichen und England für seine Politik zu gewinnen? Bezeichnenderweise heißt es in dem strategischen Entschluß vom 23. 11. 1939,[21] England und Frankreich anzugreifen, es gehe darum, das Inselreich als Hauptgegner niederzuringen — nicht aber etwa Großbritannien zu vernichten. Während er nach der polnischen Etappe im Zeichen des ›komischen Krieges‹[22] daran dachte, sich im Westen des Kontinents durch Niederwerfung Frankreichs die militärische Rückendeckung und Voraussetzung für den russischen Feldzug zu verschaffen, betrachtete er den Krieg gegen England nach wie vor als einen nun mit militärischen Mitteln durchgeführten Versuch, die sich gegen ein Einlenken sträubenden Briten doch noch ins deutsche Lager zu ziehen. Daher vermied er es auch, allzu viel von den in seinen Stäben auf sein Geheiß hin vorbereiteten und den Blick ja bereits auf die nächste, die überseeische Stufe lenkenden Kolonialvorbereitungen verlauten zu lassen. Den »Faktor Amerika« gedachte er ebenso aus dem Spiel zu halten, wie er sich bis gegen Ende des Jahres 1940 auch dagegen sträubte, Japan in die Auseinandersetzung mit einzubeziehen.[23] Er tat dies nicht, weil er aus Beschränktheit der Sicht oder vorgefaßter Entscheidung heraus ein ›Europazentriker‹ gewesen wäre, sondern weil er sich einem an den Erfahrungen der wilhelminischen Politik und des Ersten Weltkrieges orientierten ›Programm‹ der etappen- und stufenweisen Eroberungen in Form getrennter Blitzfeldzüge orientierte. Deshalb war er darauf bedacht, den andauernden Krieg durch Angebote und Schläge gegenüber der entscheidenden Macht, Großbritannien, wieder mit dem vorgesehenen Ablauf seines ›Programms‹ in Einklang zu bringen, nicht aber ihn durch eine verschärfte Seekriegführung im Atlantik und durch Einbeziehung Japans[24] und Amerikas auszuweiten. Eine Teileinsicht in Hitlers Gedankenbildung erlauben seine am 18. 3. 1940 gegenüber Mussolini auf dem Brenner entwickelten Ideen.[25] Die taktische Position gegenüber dem Duce durchaus in Rechnung gestellt, der das Reich ja bekanntlich auf Rußland als den entscheidenden Gegner verwies, um damit eine mögliche deutsche Intervention in das Interessengebiet des ›Impero‹ in Südosteuropa, im

Mittelmeer und in Afrika zu verhindern,[26] erscheint es aufschlußreich, daß Hitler damals den Pakt mit Stalin als eine unwillkommene Zwischenlösung charakterisierte. Sein Plan, durch den Abschluß des englischen Bündnisses ›freie Hand‹ im Osten zu bekommen und die Welt in Interessensphären aufzuteilen, bestand nach wie vor, wenn er wohl auch nicht mehr wie in den zwanziger und zu Anfang der dreißiger Jahre dazu bereit war, gänzlich auf Kolonien zu verzichten. Die Forderung nach zwei überseeischen Territorien für das Reich — seit dem Gespräch mit Lord Londonderry im Februar 1936 dem Betrachter bekannt — gibt den Blick auf die Fernziele der vierziger Jahre frei. Bis dahin aber stand das Axiom des englischen Bündnisses im Zentrum der Hitlerschen Überlegungen.

Sowohl die programmatisch entworfenen Bedingungen als auch die im gegenwärtigen Ringen sich ergebenden Gelegenheiten bestimmten Hitler sodann dazu, im Zuge seiner dynamischen Machtpolitik zwei weitere Voraussetzungen zu schaffen, um in Zukunft — ungestört von weiteren kontinentalen Problemen — Rußland angreifen zu können und Großbritannien vorher zum Bündnis zu zwingen. Es waren dies die erfolgreichen Feldzüge im Norden und Westen Europas vom Frühjahr und Sommer 1940. Mit dem Unternehmen ›Weserübung‹[27] gegen Dänemark und Norwegen[27a] im April 1940 gelangte die langfristig von der deutschen Kriegsmarine vertretene Planung und Forderung nach einer atlantischen Strategie ebenso zum Zuge, wie man damit einer wohl sicheren Besetzung der norwegischen Atlantikküste durch Großbritannien zuvorkam. Raeder hatte zweifellos mit seiner antienglischen Strategie Einfluß auf Hitler gewonnen. Der Kriegsmarine aber war mit diesem Schritt der Zugang zum Atlantik gebahnt.[28] Würde sie sich nun auch mit ihrer Forderung nach Stützpunkten und Kolonien im Zuge ihrer atlantischen Strategie und weltweiten Planungen durchsetzen können?

Die Gelegenheit, auch Afrika, ja selbst Ostasien und den amerikanischen Kontinent in das Kalkül der deutschen Führung einbeziehen zu können, sollte sich ergeben, nachdem das Reich das als stärkste Militärmacht auf dem Kontinent eingeschätzte Frankreich im Sommer 1940 überrollt hatte.[29] Doch Hitler ließ sich von der auf die Wahrung der russischen Neutralität ausgerichteten, antibritisch orientierten und auf den Erwerb überseeischer Gebiete bedachten Konzeption der ›Traditionalisten‹ aus der Marine und dem Auswärtigen Amt — zu denen auch der relativ kleine Kreis der mit kolonialen Planungen besonders beschäftigten Stäbe des designierten Kolonialministers von Epp hinzugerechnet werden kann — nicht von seinem ›Programm‹ abbringen.

Denn am 21. 5. 1940 zeichnete der Chef des Generalstabes des Heeres, Halder, in seinem ›Tagebuch‹ auf, was Hitler als Ziel des andauernden Krieges und damit als Voraussetzung für seinen zukünftigen Feldzug gegen Rußland anvisierte:[30] »Wir suchen Fühlung mit England auf der Basis der Teilung der Welt.« England als stärkste Seemacht und Deutschland als kontinentale Hegemonialmacht — das waren die Ziele Hitlers im Sommer 1940, wobei die immer wieder erhobene, »bescheidene« Forderung nach zwei überseeischen Kolonien bereits auf die weiteren Objekte seiner Politik und Kriegführung hindeutete.[31] Während der Doktrinär Hitler noch immer den Ausgleich mit Großbritannien suchte, sah sich der Stratege durch das Ausbleiben des englischen Einlenkens zum Handeln gezwungen und besprach am gleichen Tag mit Großadmiral Raeder das Problem einer Landung in England.[32] Noch aber wartete er auf ein Zeichen der Briten, denn lockend lag als Ziel die Sowjetunion vor ihm.

Die Diplomaten des Auswärtigen Amtes dagegen, so geht es aus den im Auftrag des Reichsaußenministers von Ribbentrop angefertigten Memoranden von Clodius und Ritter hervor,[33] sahen nach dem siegreichen Ende des Frankreich-Feldzuges bei offensichtlicher Wahrung der russischen Neutralität neben einem ›Großwirtschaftsraum Europa‹ ein weiteres Kriegsziel des Reiches in einem überseeischen Ergänzungsraum Mittelafrika. Damit knüpften sie an die Tradition der gegen die Ludendorffschen Vorstellungen gerichteten Solfschen Planungen aus dem Ersten Weltkrieg an[34] und formulierten Gedanken, wie sie in den traditionellen deutschen Führungsgruppen im Auswärtigen Amt, in der Wehrmacht und in der Wirtschaft diskutiert wurden. Hitler aber hielt an seiner im letzten entscheidenden ›Alternative‹ fest. Zu diesem Zeitpunkt im Jahre 1940 aber läßt sich nun durchaus erkennen, was sich bereits in der zweiten Hälfte der dreißiger Jahre anzudeuten begann und im Zeichen des »rassischen Vernichtungskrieges« noch deutlicher werden wird: Trotz aller Vorteile, die die konservativen Führungsgruppen z. B. der Wirtschaft aus der Zusammenarbeit mit dem nationalsozialistischen Regime gezogen hatten und auch in Zukunft noch ziehen sollten, waren die Differenzen der Interessenlage jetzt kaum mehr zu übersehen.[35]

Das an anderer Stelle als eine Summe aller seit 1866/71 im Reich auftauchenden politischen Forderungen charakterisierte ›Programm‹ Hitlers (Europäischer Großwirtschaftsraum; Mittelafrika als Ergänzungsareal; Aufrüstung als Mittel der Konjunkturbelebung; Rüstungsverwertung in siegreich geführten Blitzkriegen) hob sich mehr und mehr von den nunmehr aktuellen Forderungen jener Gruppen ab, die

die im ›Programm‹ auftauchenden Ziele stets gewünscht hatten. Wäre es nun möglich gewesen, unter den vom Auswärtigen Amt entworfenen Bedingungen einen Frieden zu erhalten, die Forderungen der Schwer- und verarbeitenden Industrie sowie der Chemie wären gewiß befriedigt gewesen, und auch die Ziele des Heeres und der Marine waren fürs erste erreicht. Das ›Programm‹ hatte, nicht zuletzt in den Blitzfeldzügen, seine innenpolitische Integrationsfunktion erfüllt und die bestehende soziale Schichtung vor möglichen oder befürchteten gesellschaftlichen Veränderungen bewahrt: Das Gespenst der sozialen Revolution war gebannt. Dafür trat den konservativen Führungsschichten im Reich nunmehr der nationalsozialistische Anspruch auf die »biologische Revolution« entgegen und bedrohte gleichfalls ihre ererbten Herrschaftspositionen. Im Grunde hatte — aus der Sicht der Konservativen betrachtet — das ›System Hitler‹ auf innen- und außenpolitischem sowie militärischem Sektor seine ›Funktion‹ erfüllt. Ein großer Krieg unter rassenideologischem Vorzeichen würde allein dazu beitragen, die Macht der neuen nationalsozialistischen Elite und ihren Anspruch auf Ablösung der traditionell herrschenden Schichten zu stärken.[36]

Doch nun drängte das ursprünglich einmal sowohl Hitler als auch seinen konservativen Helfern dienende ›Programm‹ in fast automatisch anmutender Dynamik auf seine Erfüllung. Denn mit seiner Verwirklichung war die persönliche Existenz Hitlers und des inzwischen Deutschland allmächtig kontrollierenden Herrschaftssystems des Nationalsozialismus auf Gedeih und Verderb verbunden. Ja, selbst wenn der ›Führer‹ den ihm absurd erscheinenden Gedanken eines ›Verzichtfriedens‹ gefaßt hätte, die durch das Reich herausgeforderte Welt, vor allem Churchills England und das dahinterstehende Rooseveltsche Amerika[37] hätten kaum erlaubt, etwa die bis dahin erreichten Eroberungen einzufrieren, denn die Formel vom »unconditional surrender« wurde keineswegs spontan auf der Konferenz von Casablanca entworfen.[38] Unter der Terror-Herrschaft des Regimes sollte sich das ›Programm‹ seiner Bestimmung des ›Alles oder Nichts‹ entsprechend erfüllen. Und auch die, die einst den jetzt unwillkommenen Zauberer zu Hilfe gerufen hatten, waren nun gezwungen, den von Hitler begonnenen Hazard mitzuspielen. Denn lange vorher schon hatten der ›Führer‹ und sein Regime die einst Mächtigen politisch unterworfen.

Während das ›konservative Deutschland‹ also afrikanische Ziele anvisierte — in Hitlers ›Programm‹ die zweite Stufe der Eroberung — und offenbar zu einer zwar hegemonial fundierten, jedoch stark von ökonomischen Faktoren geprägten Politik eines liberalen Expansionismus (unter extrem günstigen Sieg-Friedensbedingungen für das Reich) zurückkehren wollte, richtete Hitler den Blick allein auf den Kontinent und beobachtete vor allem die englische Haltung gegenüber seinen Friedensfühlern. Alle im Zusammenhang mit dem ›Unternehmen Seelöwe‹ stehenden strategisch-rationalem Kalkül entspringenden Vorbereitungen der Militärs dagegen verfolgte er nur mit halbem Herzen.[39] Denn immer wieder gingen Nachrichten in Berlin ein, denen zufolge das englische Kabinett hinsichtlich der Politik gegenüber Deutschland gespalten sei: Hitler hoffte auf sein Glück. Noch glaubte er, den europäischen Krieg nicht nur nicht zum Weltkrieg ausweiten zu müssen, sondern versuchte, den andauernden Konflikt sogar zur programmgemäßen Form jener Krieg und Frieden in stetem Wechsel miteinander verquickenden Strategie der durch Pausen getrennten, isolierten Blitzfeldzüge zurückführen zu können. Entsprechend der Stufe des europäischen Normalkrieges, wie Ernst Nolte ihn genannt hat,[40] dachte Hitler während dieser Zeit in der zweiten Hälfte des Juni 1940 offenbar auch daran, die europäischen Juden auf die Afrika vorgelagerte Insel Madagaskar zu verbannen[41] — eine Äußerung zur Frage des Antisemitismus, die sich im Zenit des russischen Vernichtungskrieges gegen Bolschewismus und Judentum charakteristisch verändern sollte.[42]

Nach dem siegreichen Frankreich-Feldzug wartete Hitler auf dem Höhepunkt seiner Macht im entscheidenden Jahr des Krieges 1940 auf ein Einlenken der Engländer. Daher wurden im Waffenstillstandsvertrag mit dem geschlagenen Frankreich die verfänglichen Probleme des Besitzanspruches auf die überseeischen Gebiete der ›Grande Nation‹ ausgeklammert.[43] Denn einmal wollte der ›Führer‹ Großbritannien gewiß nicht bereits auf seine weitergehenden Ambitionen in Übersee aufmerksam machen. Zum anderen dachte er daran, die französische Flotte für den noch andauernden Kampf evtl. in die Dienste des Reiches zu nehmen.[44] Aus diesen Gründen eines taktischen und vorläufigen Verzichts auf globale Unternehmungen weigerte er sich auch, in spektakulärer Form ein deutsches Kolonialministerium einzurichten, wie der es mit General von Epp rivalisierende Reichsleiter Bouhler am 23. 6. 1940 vom ›Führer‹ verlangte, als beide gemeinsam von Paris aus ins Hauptquartier nach Bruly de Pêche zurückflogen.[45] Eine weitere Demonstration militärischer Gewalt, so schien es Hitler, würde eben nötig sein, um England zur ›Vernunft‹ zu bringen, während man im Reich den 1. 7. 1940 als voraussichtlichen Friedenstermin nannte.[46] In Deutschland gingen die von Hitler ja selbst befohlenen, allerdings nie als Alternative zur Ostexpansion oder auch nur als nächstes Ziel anvisierten Planungen für ein überseeisches Reich weiter. Sie ergänzten sich nicht nur mit den Kriegszielvorstellungen der Marine und den – allerdings bescheidener formulierten – Planungen des Auswärtigen Amtes und den – stärker auf einen wirtschaftlichen Expansionismus indirekter Art – zielenden Wünschen der in sich differenzierten Wirtschaft,[47] sondern schienen sich im Zeichen des europäischen Normalkrieges auch mit der von Hitler gesprächsweise vorgeschlagenen Form der »Lösung der Judenfrage« zu treffen, was aus den von Legationsrat Rademacher, dem zuständigen Referenten im Auswärtigen Amt, paraphierten Überlegungen zu diesem Problem hervorgeht.[48] Dieser legte die Bedingungen im einzelnen fest, unter denen der »Judenexport« aus Europa »ablaufen« sollte. Doch wie sich Hitlers ›Programm‹ von den konservativen ›Alternativen‹ unterschied, so würde auch diese Frage im Zuge der Radikalisierung des Krieges gegen das balschewistische Rußland auf eine extreme, schon lange vorher angelegte Lösung drängen.[49] Die afrikanische Alternative konnte auch auf diesem Gebiet nicht zum Tragen kommen, da die Vernichtung des Bolschewismus mit der des Judentums im Zuge der Lebensraumeroberung im Osten zusammenfiel und auf der ersten Stufe des ›Programms‹ stattfand. Madagaskar und Afrika aber waren nicht nur programmatisch, sondern auch machtpolitisch betrachtet Ziele einer Zukunft, bis zu deren Verwirklichung der ›Führer‹ mit der »Lösung der Judenfrage« offenbar nicht mehr warten wollte.[50]

Daß Hitler während dieser Zeit aber durchaus schon auf Pläne einging, die seinem ›Programm‹ entsprechend erst nach der Zeit des russischen Feldzuges aktuell sein würden, strategisch gesehen allerdings unter den Bedingungen der Kriegslage und der Reaktionen der Gegner bzw. neuer Gegner auch bereits vorher Bedeutung erlangen konnten, zeigte seine Billigung der Überlegungen der Seekriegsleitung, die diese am 6.7.1940 vortrug und denen er fünf Tage darauf sein Plazet erteilte:[51] Im Rahmen der uns bekannten Konzeption der Marine erscheinen in diesem Dokument besonders jene Ausführungen als wichtig, die den künftigen Ausbau der deutschen Flotte nicht zuletzt unter dem Gesichtspunkt der amerikanischen Gegnerschaft ins Auge faßten. Eine Idee, die Hitler – durchaus in Übereinstimmung mit den machtpolitischen Überlegungen von Vertretern des liberalen und konservativen Bürgertums[52] – seit 1928 immer wieder beschäftigte! Wenn er die Auseinandersetzung der Weltmacht Deutschland mit Amerika ursprünglich zu den Aufgaben einer kommenden Generation gezählt hatte, so sollte gerade diese Überlegung schon bald darauf eine neue, höchst aktuelle Bedeutung erlangen. Die Zustimmung zu dieser auf eine fernere Zukunft gerichteten und auf eine – in seinem ›Programm‹

ja durchaus schon beachtete — machtpolitische Konfrontation mit den USA abgestellte Planung hinderte ihn jedoch nicht daran, 1940 sorgsam darüber zu wachen, die Vereinigten Staaten aus dem Krieg herauszuhalten — sei es in Europa und auf dem Atlantik, sei es — bei einem evtl. japanischen Ausgriff nach Süden — im Pazifik und in Ostasien. Ein Vorgehen Japans gegen englische Besitzungen in Südostasien aber hätte aus Hitlers Sicht evtl. dazu beitragen können, die Friedensbereitschaft der Engländer zu erhöhen,[53] zumal aus London immer wieder für Hitlers Gedankenbildung gewiß prägende, wenn auch vielleicht nicht allzu ernst zu nehmende Gerüchte durchdrangen, die als Friedensfühler begriffen werden konnten.[54] Diese, in bestimmten Abständen erneuerten englisch-deutschen ›Kontakte‹ rissen erst im August 1942 ab, nachdem es den Amerikanern in der entscheidenden Luft-Seeschlacht bei Midway im Juni 1942 gelungen war, die Kriegswende zugunsten der beiden angelsächsischen Seemächte vorzubereiten.[55] Aber schon Mitte Juli 1940 schien Churchill, wie stark auch die Widerstände im Kabinett gewesen sein mögen, mit seiner Durchhalteparole Erfolg gehabt zu haben.[56]

Der ›Führer‹ war — wie so oft vorher — von den Briten enttäuscht, und in der von Goebbels propagandistisch organisierten ›deutschen Öffentlichkeit‹ schlug diese Enttäuschung in eine ›Gott-strafe-England‹-Stimmung um, wie sie auch im Ersten Weltkrieg die Gemüter beherrscht hatte. Am 13. 7. 1940 erschien Hitler über die Haltung des widerstrebenden England fast ratlos.[57] In seinen Ausführungen näherte er sich nun schon der Lösung des Problems, die als Unternehmen ›Barbarossa‹ verwirklicht, sein ›Programm‹ endgültig zerstören sollte. Er kam auf den Gedanken, England betrachte Rußland als einen möglichen Festlandsdegen. Wenn er daher — noch mit Großbritannien im Kampf stehend — eine zweite Front eröffnen und die Sowjetunion überrennen würde, so wäre den Briten die Hoffnung auf russische Hilfe genommen.[58] Erinnern wir uns: Ursprünglich sollte das englische Bündnis Hitler dazu dienen, ungehindert Europa und die UdSSR erobern zu können. Nun gedachte er das russische Ziel zugleich als Funktion seines ›Programms‹ zu benutzen. Der einst als ein im Schatten der englischen Billigung und als Vollendung der ersten Stufe seines ›Programms‹ anvisierte Ostfeldzug erhielt nunmehr auch den Charakter eines Kriegsmittels, um Großbritanniens Geneigtheit zu gewinnen.

Es bleibt die Frage, zu welchem Zweck Hitler nach einer Eroberung Rußlands England als ›Juniorpartner‹ zu benutzen gedachte. In Komprimierung seines ursprünglich über längere Zeiträume geplanten ›Programms‹ trat hier bereits, dem Kalkül der machtpolitischen Dynamik entspringend, Amerika als nächster Gegner aufs Tapet.[59] Der Schritt zu dem zugleich als Mittel und Ziel eingeschätzten Ostfeldzug erscheint als eine letzte und verzweifelte Anstrengung, sein — nach dem Gelingen dieses Stratagems dann global zu erweiterndes und in kürzerer Zeit als vorgesehen zu realisierendes — ›Programm‹ doch noch einhalten zu können, ohne zu erkennen, daß er es damit endgültig aufgab.

Während von nun an die ›Ostlösung‹ Hitlers Gedanken immer stärker beschäftigte,[60] gelang es Außenminister von Ribbentrop für kurze Zeit, den ›Führer‹ für einen seiner ›Konzeption‹ entspringenden Versuch zu gewinnen, den gegenwärtigen Krieg siegreich zu beenden. Von Ribbentrops Überlegung, Großbritannien durch den Aufbau eines Kontinentalblocks von Madrid bis Tokio zum Nachgeben zu zwingen, fand Hitlers allerdings gewiß nicht begeisterte Zustimmung und beherrschte nur im September und Oktober noch einmal die politische Aktivität des ›Führers‹ und seines Außenministers.[61] Einen Höhepunkt dieser durch von Ribbentrop propagierten Politik bezeichnete der Abschluß des Dreimächtepaktes zwischen Deutschland, Italien und Japan am 27. September 1940, in dem u. a. vereinbart wurde, »sich mit allen politischen, wirtschaftlichen und militärischen Mitteln gegenseitig zu unterstützen, falls einer der drei vertragschließenden Teile von einer Macht angegriffen wird, die gegenwärtig nicht in den europäischen Krieg oder in den chinesisch-japanischen Konflikt verwickelt ist.«[62] Für Hitlers Strategie stand dabei leitend die Absicht im Vordergrund, ein Eingreifen der USA in das andauernde Ringen durch die Drohung mit dem Zwei-Ozean-Krieg im Atlantik und Pazifik zu verhindern.

Der für von Ribbentrops Denken bezeichnende Plan des Kontinentalblocks sollte bei Wahrung der russischen Neutralität und Interessen dazu dienen, die Vereinigten Staaten — vorläufig — zu isolieren, England in die Knie zu zwingen und dann wohl auch im überseeischen Bereich zu beerben. Hitler dagegen scheint im Hinblick auf Großbritannien diesen letzten Versuch unternommen zu haben, um London auf diese Art und Weise für ›seine‹ Lösung zu gewinnen. Allein, das Arrangement mit dem fernöstlichen Partner des Dreimächtepaktes, Japan, kam ebenso wenig zustande, wie die Versuche gelangen, Mussolini, Franco und Pétain Hitlers Willen gefügig zu machen. Von Ribbentrops Kontinentalblock-Konzeption schlug fehl. Der ›Führer‹ ließ sie wohl schon Ende Oktober endgültig fallen und verkündete aufs neue den »Primat der Ostpolitik«[63]. So bedeutete auch der Mißerfolg der Unterredungen mit dem sowjetischen Regierungschef Molotow im November 1940 in Berlin[64] für Hitler lediglich eine Bestätigung seiner sich immer deutlicher abzeichnenden Entscheidung für die »militärische Ostlösung«[65], zumal der entscheidende Gegner des Reiches, Großbritannien, nicht zum Nachgeben gezwungen werden konnte. Sieht man einmal davon ab, daß der ›Führer‹ getreu seiner Lieblingsvorstellung vom Bündnis mit England niemals ernsthaft daran gedacht hat, die Briten zu unterwerfen, so scheint er doch darauf vertraut zu haben, durch eine Demonstration militärischer Gewalt Großbritannien an seine Seite zu ziehen. Allein, die Kräfte der deutschen Wehrmacht reichten im so siegreich verlaufenden Kriegsjahr 1940 eben nicht aus, um ein Gelingen des Unternehmens ›Seelöwe‹ zu garantieren. Nicht nur der insulare Schutz und das für ein Landungsunternehmen über weite Strecken ungünstige Wetter ließen die deutschen Offiziere die Chancen einer Landung äußerst skeptisch beurteilen; auch die Stärke der britischen Marine und die Schlagkraft der englischen Luftwaffe hielten Hitler neben seiner doktrinären Zuneigung zum englischen Gegner, den er immer wieder durch Friedensangebote für sich zu gewinnen versuchte, ohne das Risiko einer Landung und eines sich ausweitenden Krieges mit den Briten eingehen zu wollen, davon ab, den Startschuß für die Operation ›Seelöwe‹ zu geben. Denn es war kaum zu übersehen, daß das Reich und seine ›nationalsozialistische‹ Luftwaffe seit Mitte September 1940 die ›Battle of Britain‹ bereits verloren hatten. Es war den deutschen Jägern nicht gelungen, wie es im polnischen und französischen Feldzug der Fall gewesen war, die Luftüberlegenheit zu erringen. Damit aber war die entscheidende Voraussetzung — neben der niemals ganz echt vorhandenen subjektiven Bereitschaft des Diktators, einer Landung voll und ganz zuzustimmen — zur Eroberung der Insel nicht gegeben, wenngleich Großbritannien in die Planungen des OKH auch schon als besetztes Land einbezogen wurde.[66] England aber hielt stand: Seine Luftwaffe zeigte sich der Görings ebenbürtig, ja überlegen, und die Flotte garantierte über die weltweiten Verbindungswege des Empire die Souveränität des allerdings schwer kämpfenden Großbritannien.[67]

Noch einmal versuchte von Ribbentrop im Gespräch mit Molotow, die Interessensphären der Deutschen, Italiener, Russen und Japaner weltweit abzugrenzen. Im Rahmen der allen Großmächten zugewiesenen Südexpansion (Italien nach Nordafrika; Deutschland nach Mittelafrika; Japan in den Pazifik) sollte Rußland, ohne daß dies Angebot Molotow in Berlin ausdrücklich unterbreitet worden wäre, nach Indien expandieren und damit von Ribbentrops antienglische Interessen indirekt unterstützen. Doch die globalen Vorschläge des Reichsaußenministers, die im Gegensatz zu Hitlers Vorstellungen stets Rußlands

Bestand als Großmacht gewahrt wissen wollten, scheiterten nicht zuletzt an den von Ribbentrop gewiß kleinlich anmutenden, konkreten Gebietsforderungen (Primärforderungen hinsichtlich Finnlands, Rumäniens, Bulgariens und der Meerengen; weitergehende Forderungen auf Ungarn, Jugoslawien, den westlichen Teil Polens und die Ostseeausgänge) des russischen Verhandlungspartners, die dieser im Zuge der seit 1925 verfolgten, sehr weit gefaßten Sicherheitspolitik der Sowjetunion als Preis von Hitler forderte.[68] Bei seinen weitgehenden Wünschen mag Stalin u. U. bereits auf eine mögliche Niederlage des nationalsozialistischen Deutschlands spekuliert haben.[69] Für Hitlers Gedankenbildung aber schienen alle diese Anzeichen darauf zu deuten, wie so oft die ›Flucht nach vorn‹ wagen zu müssen, den als Mittel und Ziel eingeschätzten Krieg gegen die UdSSR zu beginnen, um danach Großbritannien für sich gewinnen und Amerika »die Stirne... bieten« zu können.[70]

VI. KAPITEL

Im Zeichen des Unternehmens ›Barbarossa‹: Machtpolitik und Doktrin im Widerspruch (1941-1943)

Hitlers improvisierter Gesamtkriegsplan vom Herbst 1940[1] sollte dazu dienen, sein ›Programm‹ in einer gewaltigen Anstrengung zu realisieren, nämlich in einem ›Weltblitzkrieg‹ die Sowjetunion zu überrennen, damit das zentrale Kriegsziel seiner seit 1925 verfolgten Politik zu verwirklichen und gleichzeitig als Kriegsmittel England den vermeintlichen Festlandsdegen aus der Hand zu schlagen (ohne aus Unvermögen den »Faktor Amerika«[2] in die Praxis seiner Strategie einbeziehen zu können). Erfolg oder Mißlingen der Unternehmung gegen Rußland mußten über die Verwirklichung des — bald darauf schon vom ›Führer‹ global erweiterten[3] — ›Programms‹ entscheiden. Denn in den Planungen, Entwürfen und Erörterungen des Jahres 1941 trat bereits — machtpolitischem Kalkül entspringend und visionäre Zielvorstellungen des ›Programms‹ scheinbar zum Greifen nahe vor Augen — mit dem Rooseveltschen Amerika der nächste Gegner auf den Plan. Die Gedanken des ›Führers‹, seiner Offiziere, Diplomaten und Wirtschaftsfachleute schweiften nach Afrika,[4] Ostasien[5] und über die Weltmeere. Nach dem in wenigen Wochen erwarteten Zusammenbruch der UdSSR[6] — so schwebte es Hitler vor — würde Großbritannien entweder schnell zur Kapitulation gezwungen werden oder als ›Juniorpartner‹ des Reiches an dessen Seite stehen und Deutschland nach entsprechenden Umrüstungen der Wehrmacht (Priorität der Luftwaffen- und Marinerüstung vor der des Heeres) aus seiner europäisch-atlantisch-afrikanischen Weltmachtstellung heraus zum Kampf um die Weltvorherrschaft gewappnet sein.

Diese Überlegungen spiegeln das eine Motiv der Hitlerschen Politik und Kriegführung. Es klingt besonders in den ersten Wochen des so siegreich verlaufenden Feldzuges gegen Rußland immer wieder an und bestimmte als Grundmuster Hitlers Strategie auch während des Jahres 1942, als die Dreierpaktmächte im Zenit ihrer Macht standen.[7] Das andere Motiv aber, das mit dem Beginn des Rußland-Feldzuges verstärkt in die Entscheidungen des Diktators und des Reiches eingriff, ist der den europäischen Normalkrieg (für Hitler tatsächlich noch die Fortsetzung seiner auf den konventionellen Methoden von Werbung und Drohung basierenden ›short-of-war‹-Politik der dreißiger Jahre) zum rassischen Vernichtungskrieg steigernde, nicht mehr nur propagandistisch und ansatzweise — etwa in Form des Pogroms der ›Reichskristallnacht‹ —, sondern als physische Ausrottung ganzer Völker betriebene Rassismus. Beide Motive, traditionelle Machtpolitik und ›nationalsozialistische‹ Rassenpolitik, hatten sich — von unbedeutenden ›Störungen‹ abgesehen, die aber sogleich auch wieder politischen ›Vorteil‹ zu bieten schienen[8] — innerhalb des auf den Triebkräften bzw. Integrationspfeilern[9] des Antisemitismus, des Antibolschewismus und der Lebensraumeroberung errichteten ›Programms‹ scheinbar gelungen ergänzt. Nunmehr aber trat die rassische Komponente stärker und — für die preußisch-deutsche Geschichte als Praxis — ›neu‹[10] in den Vordergrund des Geschehens. In diesem Moment aber, als neben der eindeutig vorrangigen, rationalen (wenn auch im letzten irrationalen, nämlich biologisch eingefärbten Zielen dienenden) Machtpolitik die ›andere‹ Seite des ›Dual State‹, die irrationale Rassenpolitik, im Zeichen des Unternehmens ›Barbarossa‹, das Hitler als ›seine‹ persönliche Aufgabe ansah, in das Stadium ihrer totalen Verwirklichung trat, zeigte sich das Janusgesicht des ›Programms‹: Der ›Dual State‹ zerbrach!

Ursprünglich hatten die ›alten‹ konservativen Führungsschichten der nationalsozialistischen Partei zur Macht verholfen, um ererbte Herrschaftspositionen bewahren zu können. Nun aber wollte die ›neue‹, sich siegreich fühlende nationalsozialistische Elite die ideologischen Komponenten des Antisemitismus, des Antibolschewismus und der Lebensraumeroberung in erster Linie nicht mehr nur als der bestehenden Gesellschaftsordnung dienende und lediglich propagierte Integrationsparolen behandelt wissen, sondern verlangte, diese Triebkräfte ihrer Weltanschauung rigoros zu verwirklichen und — damit verbunden — die konservativen Führungsschichten durch die ›biologisch‹ überlegene Herrenrasse der SS abzulösen.[11] Der ideologische Faktor innerhalb des ›Programms‹ hatte mitgeholfen, das Funktionieren der bestehenden Sozialordnung zu garantieren und zu festigen. Nun wirkte er mehr und mehr als Hemmschuh, der die Entfaltung rationaler Machtpolitik — wie sie von Hitler auch weiterhin betrieben wurde — blockierte. Die in Preußen-Deutschland seit eh und je ideologiegestörte Machtpolitik,[12] im Kaiserreich der Reflex einer gemischt feudal und kapitalistisch organisierten und in ihren Widersprüchen unversöhnten Gesellschaft, hatte nunmehr eine Steigerung erfahren, wie man sie in der bisherigen preußisch-deutschen Geschichte noch nicht beobachten konnte. Dies aber hatte sein Motiv nicht in der ›Dämonie‹ des Diktators, sondern resultierte aus objektiven, wenn auch komplexen historischen Zusammenhängen: Aus Gründen der politischen, militärischen und technischen Entwicklung im allgemeinen und weit fortgeschrittener sozialer Spannungen im besonderen wurden der deutschen Gesellschaft zu Anfang der dreißiger Jahre im Rahmen des von Hitler subjektiv allein außenpolitisch entworfenen und verstandenen ›Programms‹ in Form der faschistischen Roßkur die seit ihrem Bestehen[13] stärksten ›Heilmittel‹ verordnet, die offenbar nötig gewesen waren, um ihren — vorläufigen — Bestand zu garantieren. Nun aber erwiesen sich diese Stimulantien als Gift, das die Existenz von Gesellschaft und Staat endgültig ruinieren sollte.

Wie einst die ›braunen Bataillone‹ Macht über ihre schwarz-weiß-rote Konkurrenz gewannen, so behinderte nun die auf ihre Realisierung drängende Ideologie des Systems eine rational kalkulierte Machtpolitik, indem sie aus ihrer ehemals dienenden, d. h. nur propagierten Rolle heraustrat und sich zu verwirklichen trachtete. Und wie Deutschlands Konservative schon in den dreißiger Jahren, nachdem die anfängliche Begeisterung für das neue Regime verflogen war, die auf Krieg abzielende Raubbaupolitik Hitlers durch liberalimperialistische Expansions-›Alternativen‹ nicht zu bremsen vermochten, so mißlang dies nun den Vertretern des Auswärtigen Amtes einschließlich von Ribbentrop, der Seekriegsleitung und der Wirtschaft. Denn der ›Führer‹ selbst war es ja, der durch die nun verwirklichte Rassenpolitik sein — vor allem bis zum Beginn des Unternehmens ›Barbarossa‹ — nach wie vor präsentes Machtkalkül unterlief. Das ›Programm‹, seine Triebkräfte und die in sowie nach dem Polen-Feldzug dementsprechend eingeleiteten ›Vernichtungsmaßnahmen‹, die den Rückweg in die Staatengesellschaft praktisch blockierten, hatten ein Eigengewicht entwickelt, das auf Erfüllung drängte und im Grunde nur die Alternative des »Alles oder Nichts« übrigließ — es sei denn, ein innenpolitisch revolutionärer Umschwung hätte sowohl den sein ›Programm‹ fast monomanisch verfolgenden Hitler als auch die für die Realisierung der Rassenpolitik verantwortliche ›neue‹ Elite der Partei und SS, aber auch die ›alten‹ Führungsschichten entmachtet. Diese aber gingen selbst noch im Zeichen des russischen Hazards um Sein oder Nichtsein mit für das Reich und ihre eigenen Interessen günstigen Siegfriedensvorstellungen als Möglichkeiten einer vergangenen Epoche um, die allerdings schon im Ersten Weltkrieg keine Chance auf Realisierung mehr gehabt hatten. Wer aber sollte den Gegnern des Reiches eine wirkliche Alternative bieten? Denn aus der Sicht der entscheidenden Persönlichkeiten auf der anderen Seite sowie aus dem Blickwinkel des rückschauenden Betrachters saßen ›alte‹ und ›neue‹ Führungsschichten in Hitlers ›Dual State‹ in einem Boot, zuerst freiwillig, dann wider Willen und zuletzt von der eisernen Klammer des Terrors aneinandergefesselt.[14] Um aber diesen mit der Etablierung des ›Dritten Reiches‹ geborenen, schon vorher aber in der preußisch-deutschen Geschichte anzutreffenden Widerspruch von Machtpolitik und Ideologie[15] verfolgen zu können, wenden wir uns am besten den Planungen und Ereignissen der Politik und Kriegführung des Dritten Reiches in den Jahren 1941 und 1942 zu.

Denn nach seinem in der zweiten Jahreshälfte 1940 gefaßten Entschluß zur »militärischen Ostlösung« schweiften Hitlers Gedanken bereits in die Zeit voraus, wenn das Unternehmen ›Barbarossa‹ siegreich beendet sein würde. Sowohl der ›Führer‹ als auch der Wehrmachtführungsstab sowie der Generalstab des Heeres (der sich traditionsgemäß bisher mit seinen Überlegungen vornehmlich nur im nun zerschlagenen Dreieck Frankreich-Polen-Tschechoslowakei bewegt hatte und jetzt nicht zuletzt in logistischer Hinsicht auf unbekanntes Terrain geriet) glaubten, Rußland in wenigen Wochen überrennen zu können. Dann aber gedachte der Diktator, Seite an Seite mit England — gerade zu Anfang des Jahres 1941 drangen wiederum Gerüchte nach Deutschland, in Großbritannien sei Unterstaatssekretär Butler z. B. durchaus zu einem Frieden mit dem Reich bereit[16] — eine überseeisch-atlantische Weltmachtstellung aufzubauen,[17] um das auf den Trümmern der (bis zu der operativen Linie Archangelsk-Kaspisches Meer zu erobernden) Sowjetunion errichtete Kontinentalimperium als dem Kern und der ersten Stufe seines ›Programms‹ aus militär-strategischen Motiven des andauernden Krieges einerseits sowie aus programmorientierten Gründen andererseits durch ein Ausgreifen in den Nahen Osten, nach Nordwestafrika und nach Mittelafrika sowie durch den Erwerb überseeischer Stützpunkte zu ergänzen. Denn schon in ›Mein Kampf‹ hatte er angedeutet, nach der Schaffung eines starken Kerns in Europa werde kolonialer Raum um so leichter zu gewinnen sein.[18]

Ein Hinweis auf diese für die »Nach-Barbarossa«-Zeit vorgesehene Strategie findet sich in Hitlers Anweisung vom 17. 2. 1941,[19] einen Aufmarschplan in Afghanistan gegen Indien vorzubereiten. Im andauernden Kampf stellte dies einen weiteren Schritt dar, um Großbritannien im Herzstück des Empire zu treffen und bündnisreif zu machen. Daneben bot sich mit diesem Unternehmen und durch den wenige Wochen zuvor gefaßten Entschluß, Mussolini in Nordafrika zu unterstützen,[20] eine vielleicht noch ferne Möglichkeit, in einer Zangenbewegung von Rußland über den Iran aus und von Nordafrika in Richtung Suezkanal den Nahen Osten unter Kontrolle zu stellen und Großbritannien zu besiegen, wie es die für die ›Peripherie‹-Strategie plädierenden Offiziere der Seekriegsleitung planten bzw. um England für das Reich zu gewinnen, wie es Hitler wohl nach wie vor vorschwebte.[21]

Noch weiter aber gingen die auf den Nahen Osten und Nordwestafrika zielenden Überlegungen des Wehrmachtführungsstabes vom 11. 6. 1941,[22] die gleichfalls die Strategie für die Zeit nach dem Rußland-Feldzug erörterten und dabei England und die USA als Gegner ins Auge faßten. Gewiß trafen diese Ideen Hitlers Vorstellungen vom Aufbau einer atlantischen, Nordwestafrika und den Nahen Osten als strategische Vorposten ins Auge fassenden und wohl auch auf koloniale Ergänzungsräume in Mittelafrika reflektierenden Weltmachtstellung, aus der heraus dann in machtpolitischer Automatik der Kampf gegen Amerika geführt werden konnte. Allerdings hätte Hitler seinem ›Programm‹ gemäß und anders als der allein vom strategischen Kalkül geleitete General Jodl dabei England gern an seiner Seite gesehen. Warum der ›Führer‹ diese Weisung Nr. 32 nie unterschrieben hat, weiß man nicht; Karl Klees These von einem einfachen Versehen hat eine gute Wahrscheinlichkeit,[23] wenn man an das hohe Maß der Übereinstimmung denkt, das hinsichtlich der strategischen Gedankenführung damals offenbar noch zwischen Hitler und Jodl bestand.

Die persönlichen Gedanken des Diktators aber waren in diesen Tagen natürlich auf seinen bevorstehenden Krieg gegen die UdSSR gerichtet. Der letzte dilettantisch anmutende und für das Regierungssystem des ›Dritten Reiches‹ aufs ganze doch wohl so charakteristische Versuch, im Sinne der Vorstellungen des ›Führers‹ und von diesem gewiß auch toleriert, England vor dem Unternehmen ›Barbarossa‹ auf die deutsche Seite zu ziehen, die viel umrätselte Mission des Stellvertreters des Führers, Heß, der im Mai 1941 nach Großbritannien flog, um Frieden zu stiften, schlug fehl.[24]

Die Vorbereitungen für den Feldzug gegen Rußland gingen indes weiter: Am 6. Juni 1941 hatte das Oberkommando der Wehrmacht jenen berüchtigten ›Kommissarbefehl‹ für den bevorstehenden Krieg im Osten[25] erlassen, der vorsah, die zu Kriegsgefangenen gemachten Kommissare der Roten Armee »nach durchgeführter Aussonderung« zu »erledigen«. Diese Hitlers ›Programm‹ entsprechend von der Wehrmacht erlassene und von ihr auch zusammen mit den Sonderkommandos der SS verwirklichte[26] ideologisch motivierte Weisung, Lebensraum zu erobern und damit gleichzeitig einhergehend Bolschewismus und Judentum zu vernichten, um eine »artreine« Welt zu schaffen sowie ähnliche Befehle und »Maßnahmen« steigerten den kurz darauf begonnenen Krieg gegen die UdSSR zu einer neuen Qualität, wie man sie bisher in der europäischen und deutschen Geschichte allein in Kolonialkriegen kennengelernt hatte. Zusammen mit den ungeheuer großen Verlusten an Menschen in der Roten Armee mobilisierten sie aber auch jene ungeheuren Widerstandsreserven im russischen Volk, das, um seiner kolonialen Unterjochung und physischen Vernichtung zu entgehen, die totale Herausforderung annahm und um die nackte Existenz kämpfte. Denn ein Herrschaftsverhältnis, wie es allerdings mit Ausnahmen[27] — die den Blick auf den im Prinzip global orientierten rassischen Kolonialismus des ›Führers‹ freigeben[28] — vorläufig noch weitgehend in Westeuropa praktiziert wurde, sah Hitler für die Sowjetunion nie vor.[29] Nicht zuletzt diese ideologischen ›Maßnahmen‹ zur Realisierung des ›Programms‹ hinderten den Strategen in Hitler und die Wehrmacht endgültig daran, ihre militärisch gesteckten Ziele zu erreichen, die in Form eines auf die reine Machtpolitik beschränkten, ›normalen‹ Krieges wohl schon kaum zu verwirklichen gewesen wären.

Die Interessendifferenz zwischen den bisher durchaus von Hitlers Eroberungen noch immer profitierenden wirtschaftlichen Führungsschichten und dem Diktator mag nun überzeugend werden:[30] Kommissare und Juden als billige Arbeitskräfte zu verwerten, damit das Funktionieren der zu Beginn des Unternehmens ›Barbarossa‹ ja noch nicht einmal auf Hochtouren laufenden Kriegswirtschaft des ›Dritten Reiches‹ zu garantieren und Gewinne zu machen (wie es durch den ›Einsatz‹ von Fremdarbeitern und Konzentrationslagerinsassen wenn auch bezeichnenderweise erst ab 1942 geschah), wäre den Intentionen der Industrie sicher eher entgegengekommen[30a] als der Plan, potentielle, billige und dazu dringend benötigte Arbeitskräfte zu ›vernichten‹. Bedeutete solches Denken im ethischen Sinne auch wohl keine echte Alternative, so machte es doch aus Sachrationalität vor der physischen Existenz der Menschen halt und sah vor, — horribile dictu, aber realistisch — den angelaufenen Eroberungskrieg rationell zu gestalten, ihn aber nicht durch unrationelle Schritte zu torpedieren. Hitler und sein System aber mit den nun bald offen widerstreitenden Strängen aus Machtpolitik und Ideologie glichen, ohne sich dessen bewußt zu sein, der Penelope des Homer, die — um den aufdringlichen Freiern zu entgehen — bei Nacht den Teppich auflöste, den sie am Tag gewirkt hatte. Hitler verhinderte durch seine ideologisch gespeiste Politik seinen rational kalkulierten Aufstieg zur Weltmacht, ohne diesen Widerspruch jedoch zu erkennen: Denn in sein ›Programm‹ hatte er beide Pole ergänzend eingefügt. Beide hatten zusammen lange Zeit den Bestand des ›Dual State‹ garantiert und der Erhaltung der gesellschaftlichen Ordnung gedient, um im Zuge ihrer totalen Verwirklichung nunmehr auseinanderzubrechen und gegeneinander zu wirken. Innerhalb dieses auf irrationale Ziele ausgerichteten, d. h. im letzten nicht mehr in historischen Kategorien zu begreifenden, sondern auf rassisches Dogma gegründeten Systems dominierten — spätestens ab 1941 — auch die diesen Zielen dienenden irrationalen Mittel über die kalkulierten Methoden der Machtpolitik. Letzten Endes verhalfen sie damit der ›List der Vernunft‹ in der Geschichte zum Sieg, indem sie sich selbst und das System zu Fall brachten.

In den ersten Wochen des aus Hitlers Sicht so glänzend anlaufenden Rußland-Feldzuges aber schien sich noch einmal die rational-strategischem Kalkül entspringende Machtpolitik durchzusetzen. Ihren Höhepunkt mag sie in jener Unterredung zwischen Hitler und dem japanischen Botschafter in Deutschland, Oshima, gefunden haben, als der ›Führer‹ am 14. 7. 1941[31] in momentaner Phasenverkürzung seiner Vision vom Kampf um die Weltvorherrschaft gegen die USA und von der machtpolitischen Dynamik offenbar fortgerissen, bereits die Vereinigten Staaten als nächsten Gegner anvisierte, von diesem Plan dann aber wohl schon bald wieder abließ.

Am 14. 7. 1941 — der Rußland-Feldzug schien programmgemäß günstig zu verlaufen — empfing der Diktator den japanischen Botschafter Oshima, um ihm in Erwartung des baldigen Zusammenbruchs der Sowjetunion einen gemeinsamen Krieg Japans und Deutschlands gegen Amerika vorzuschlagen. Hatte Hitler bisher (und auch nach der Wiederaufgabe des nun kurzfristig ins Auge gefaßten, bereits visionäre Ziele des ›Programms‹ in die konkreten Überlegungen der Politik und Kriegführung einbeziehenden Plans) stets peinlich und im Gegensatz zu Reichsaußenminister von Ribbentrops ›Konzeption‹ sowie den Vorschlägen der Seekriegsleitung darauf bestanden, Japan vom russischen Kriegsschauplatz fernzuhalten und auf die Aufgabe zu beschränken, England in Schach und die USA in der Neutralität zu halten,[32] um den Aufbau einer angelsächsischen Front in Europa unmöglich zu machen, so stellte er Japan nun in Aussicht, an der Liquidation der Konkursmasse des russischen Riesenreiches teilzuhaben. Während er es als Aufgabe der deutschen Truppen ansah, den entscheidenden Sieg über die UdSSR zu erringen, gedachte er, Japans Mithilfe für die Okkupation und Aufteilung des geschlagenen Kolosses in Anspruch zu nehmen. Hitler sprach davon, Japan solle die fernöstlichen Territorien der Sowjetunion besetzen. Er tat dies wohl nicht zuletzt deshalb, um zu einer koordinierten Aktion mit den Japanern zu kommen. Denn sobald der ›Führer‹ ›seinen‹ Krieg gegen die UdSSR gewonnen haben würde, die deutschen Panzer ihre operativen Ziele auf der Linie Archangelsk—Ural—Kaspisches Meer erreicht haben würden, die Kolonisierung Rußlands durch die ›neue‹ Elite der SS angelaufen sein und Japan vom Fernen Osten aus mitgeholfen haben würde, das Riesenreich zu zerlegen, wollte er gegen England und die Vereinigten Staaten ziehen, um diese zu ›vernichten‹. Die Wendung gegen England muß gewiß unter taktischem Aspekt aus der Feindstellung Japans gegen die weißen Kolonialherren in Hongkong, Burma, Singapur und Indien begriffen werden. Vielleicht mochte auch in Hitlers Gedankenbildung entgegen seiner Option für das englische Bündnis nun die Idee eines strategisch ja rational erscheinenden Kampfes gegen das Empire gesiegt haben. Wie Hitler sich allerdings einem niedergeworfenen England gegenüber verhalten hätte, das nach dem verlorenen russischen Festlandsdegen nun auch seines zweiten Rückhalts, der USA, beraubt werden sollte, steht dahin: Denn immer wieder nahm Hitler den Gedanken der deutsch-englischen ›Freundschaft‹ auf, und gewiß hätte er — wäre ihm zusammen mit Japan der kühne Schlag gegen die USA gelungen — ein Bündnis mit Großbritannien einem weiteren Zusammengehen mit Japan vorgezogen.[33]

Entscheidend in der Besprechung vom 14. 7. 1941 aber war, daß Hitler General Oshima vorschlug, in einem koordinierten Krieg die USA anzugreifen und zu ›vernichten‹. Dieser Kampf um die Weltvorherrschaft mit den Vereinigten Staaten, der Hitler seit 1928 beschäftigte,[34] sollte ursprünglich einer dem ›Führer‹ nachfolgenden, rassisch höherstehenden Generation vorbehalten bleiben. Nun, im Sommer 1941, angesichts der nahe bevorstehenden Verwirklichung der ersten, kontinentaleuropäischen Stufe und angesichts der Planungen zur Errichtung einer den Nahen Osten, Nordwestafrika, koloniale Ergänzungsräume und überseeische Stützpunkte umfassenden atlantischen Weltmachtstellung, hatte er offenbar in Erwägung gezogen, der Dynamik des machtpolitischen Kalküls folgend, mit Japan zusammen auch die USA anzugreifen. Das reine und in sich rationale Machtkalkül schien Hitlers Gedankenbildung in diesem Moment zu führen.

Doch schon eine Woche darauf, im Gespräch mit dem kroatischen Verteidigungsminister Kvaternik, wurde die andere, das reine Machtdenken blockierende Seite seines ›Programms‹ deutlich. Am 21. 7. 1941[35] äußerte er gegenüber dem Mitarbeiter des Ante Pavelić,[36] er gedenke die »Judenfrage« in Europa zu »lösen« und die »Artfremden«

entweder nach Madagaskar oder nach Sibirien zu schicken. Schon trat neben den während des europäischen Normalkrieges aktuellen Vorschlag des Madagaskar-Planes der Gedanke, die »Lösung der Judenfrage« im Zusammenhang mit der Lebensraumeroberung und dem Kampf gegen den Bolschewismus in Rußland zu suchen.[37] Anfang 1942 wurde dieser Gedanke durch die Berliner Wannsee-Konferenz[38] präzisiert, verschärft und verwirklicht. Auch im Augenblick des scheinbaren Triumphes des machtpolitischen Kalküls und der kühnsten militärischen Planungen ließ der Diktator das rassische Dogma nicht fallen. Wie die Befehle zur Vernichtung der russischen »Untermenschen« und der Kolonisierung der Sowjetunion den Widerstand der UdSSR — vor allem im späteren Partisanenkrieg[39] — ungleich hartnäckiger als zuvor in Westeuropa werden ließen, so sollten die »Maßnahmen« zur »Judenvernichtung« darüber hinaus sowohl deutsche Streitkräfte binden als auch Transportwege blockieren, potentielle Rüstungsarbeiter ausschalten und vor allem die übrige Welt in Abscheu zum totalen Kampf gegen das Reich herausfordern.

Diese durch den Einbruch des Ideologischen in die Machtpolitik herbeigeführte Totalisierung des Krieges aber machte endlich auch jede Friedenschance im andauernden Ringen fast unmöglich.[40] Und die nun mehr und mehr zu Hitler in Opposition geratenden Gruppen der ihn ursprünglich unterstützenden deutschen Führungsschichten konnten deshalb mit ihren ›Alternativen‹ bei den Gegnermächten kaum Gehör finden, weil diese sich entschlossen hatten, der Herausforderung des Reiches die ihnen einzig sinnvoll erscheinende Antwort zu erteilen und Krieg bis zur bedingungslosen Kapitulation zu führen.

Doch der entschlossene und nicht hoch genug einzuschätzende Widerstand der russischen Armeen[41] ließ schon im Dezember 1941 den deutschen Angriff vor Moskau steckenbleiben. Das ›Programm‹ war damit gescheitert, der ideologische Faktor hatte die Machtpolitik kaum mehr unterstützt, sondern gehemmt und dazu verführt, die eigene Kraft zu überschätzen, die der Russen aber geringzuachten.[42]

Am 6. 12. 1941 äußerte auch Hitler im Rahmen einer strategischen Betrachtung der Lage die rational getroffene und daher zutreffende Vermutung, der Krieg sei kaum noch zu gewinnen,[43] ohne aber die Fehlerquelle der ideologischen Störungen zu erkennen und auszuschalten. Denn einmal gehörte der Antisemitismus konstitutiv zu seinem Denken, zum anderen diente er als Feindbild dazu, die Bevölkerung in eiserner Solidarität auf die Ziele der Führung festzulegen. Im Augenblick des Scheiterns des russischen Feldzuges und damit im Prinzip des Zusammenbruchs des ›Programms‹ aber erweiterte sich der bisherige Krieg zum Weltkrieg. Denn am 7./8. 12. 1941 griff Japan die Vereinigten Staaten in Pearl Harbor an.[44] Am 11. 12. 1941 erklärte Hitler Amerika den Krieg an der Seite der Dreierpaktstaaten.

Warum hatte sich Hitler zu diesem bisher immer äußerst peinlich gemiedenen Schritt entschlossen? Obwohl der japanische Angriff die deutsche Führung grundsätzlich kaum überraschte,[45] — Hitler war zwar nicht über den genauen Termin, wohl aber über die Absicht Tokios vorher informiert, nämlich aus der für das Kaiserreich vor allem wirtschaftlich fast völlig ausweglosen Situation die Flucht nach vorn anzutreten und die USA zu überfallen — faßte der ›Führer‹ den Entschluß, an Japans Seite gegen die USA Krieg zu führen, aus einer gewissen Zwangslage heraus. Seine Zusage, den fernöstlichen Partner des Dreimächteabkommens zu unterstützen, basierte auf der Überlegung, die Ausgleichsbemühungen Tokios mit Washington zu unterlaufen. Denn im Falle einer japanisch-amerikanischen Versöhnung während der Herbst-Verhandlungen des Jahres 1941 hätten die USA ohne die Bedrohung einer pazifischen Front in Europa sowohl England als auch Rußland zu Hilfe eilen können. Wie er bisher Japan stets die Aufgabe hatte zuweisen wollen, England in Schach und Amerika neutral zu halten, um der zweiten Front in Europa zu entgehen, so entschloß er sich nun dazu, um diese Gefahr wenigstens vorläufig zu vermeiden, bis er Kontinentaleuropa einschließlich der Sowjetunion unterworfen haben würde, im Falle eines japanischen Angriffs auf die USA gleichfalls Krieg zu führen, um allen Ausgleichsbemühungen in Tokio den Wind aus den Segeln zu nehmen, die USA im fernen Pazifik zu beschäftigen und vom europäischen Schauplatz fernzuhalten.[46] Ein gefahrvolles Unternehmen, das den Sieg über Rußland in absehbarer Zeit voraussetzte! Japan aber durch die Errichtung einer zweiten Front im Osten der Sowjetunion an diesem, ›seinem‹ Krieg zu beteiligen — wie es das japanische Heer schon immer forderte, ohne sich gegen die mächtigere Kaiserliche Marine und die mit ihr verbündete Industrie durchsetzen zu können —, lehnte er ab (bis zum großen ›Umschwung‹ zu Anfang des Jahres 1943).

Während der mächtigste deutsche Waffenteil, das Heer, Hitlers Version, den russischen Krieg ohne japanische Hilfe zu gewinnen, voll zustimmte, plädierte Außenminister von Ribbentrop in Abänderung seiner ursprünglichen ›Alternativ-Konzeption‹ unermüdlich für eine japanische Front im Fernen Osten. Nach wie vor schätzte er offenbar Großbritannien als den entscheidenden Gegner der Deutschen ein. Hatte von Ribbentrop deutlich sichtbar seit 1938 versucht, London durch seine Kontinentalblock-Konzeption Paroli zu bieten, so veränderte er nun realistischerweise seine Überlegungen. Er plante, den Krieg in Rußland mit Japans Unterstützung möglichst bald zu beenden, um sodann über eine schier unbesiegbare, von Spanien bis Japan sich erstreckende Landmacht zu verfügen, die für kommende Auseinandersetzungen Sicherheit bzw. günstige Voraussetzungen für künftige Friedensschlüsse bieten konnte. Doch von Ribbentrops ›realistische Konzeption‹ vermochte sich in Deutschland gegen Hitler und das Heer sowie in Japan gegen die Kaiserliche Marine und die Industrie ebensowenig durchzusetzen, wie dies der Seekriegsleitung und ihren strategischen Alternativen gelang. Diese setzte sich dafür ein, die ›Peripherie‹-Strategie im Mittelmeer zu forcieren, in kombinierten Einsätzen von Heer, Luftwaffe und Marine auf den Suezkanal vorzustoßen und Japan zum Eindringen in den Indischen Ozean, zur Eroberung des von den Engländern beherrschten Subkontinents und zum Treffen mit den Deutschen im Nahen Osten zu bewegen, um Großbritannien auszuschalten und Deutschlands Weltmachtstellung von der Peripherie her aufzubauen.[47]

Hitler aber hielt unbeirrt an seinem Stufen-Plan und seinem vorläufig zentralen russischen Ziel fest. Gewiß war sein improvisierter Weltblitzkrieg zu diesem Zeitpunkt bereits gescheitert. Ob jedoch die Kalkulation der Marine höhere Erfolgschancen gehabt hätte, erscheint für den Historiker als eine fast müßige Frage. Denn gerade die die damalige Außenpolitik und Strategie bestimmenden innenpolitischen Voraussetzungen gründeten sich aus der Genese des ›Dritten Reiches‹ heraus auf die Tatsache, daß eben Hitler und das Heer die entscheidenden Faktoren waren. Noch einmal, im Sommer 1942, schien der Hitlersche Stufen-Plan zum Erfolg zu kommen, denn die deutschen Armeen stürmten in Rußland und in Nordafrika fast unaufhaltsam voran, und das japanische Kaiserreich erreichte schon im März des Jahres 1942 den Höhepunkt seiner Macht. Während das Problem der Kriegführung gegen Amerika Hitler mehr und mehr beschäftigte,[48] lehnte er doch nach wie vor eine japanische Beteiligung am russischen Krieg konsequent ab, ja, er stand wohl generell einer engeren Zusammenarbeit zwischen ›Sonnenbanner‹ und ›Hakenkreuz‹ mißtrauisch gegenüber.[49] Denn obwohl das Reich und Japan sich am 18. 1. 1942 darüber einigten, die östliche Hemisphäre aufzuteilen, und den 70. Längengrad als Grenze ihrer Einflußzonen festlegten, dachte Hitler niemals ernsthaft daran, das dieser Teilung gemäß Japan zufallende Indien aus dem britischen Empire herausbrechen zu lassen.[50] Strategisch frohlockte er zwar über den Fall Singapurs am 15. 2. 1942, als Doktrinär aber bedauerte er den Verlust der weißen Bastion in Südostasien an die ›Gelben‹.⁵¹ Denn der Gedanke an das englische Bündnis verließ den ›Führer‹ auch während dieser für Großbritannien so kritischen Lage im Jahre 1942 nie. Indien sollte im Empire bleiben, zumindest jedoch wohl nicht den Japanern zufallen.

Außenminister von Ribbentrop versuchte immer wieder, Hitler und Japan dazu zu bewegen, eine zweite Front in der Sowjetunion zu schaffen bzw. ihrer Errichtung zuzustimmen. Der ›Führer‹ und die Marine aber waren sich — aus verschiedenen Motiven dazu bestimmt — darin einig, es sei Japans vordringliche Aufgabe, gegen die Vereinigten Staaten zu kämpfen. Während die Seekriegsleitung also Seite an Seite mit der Kaiserlichen Marine die Angelsachsen besiegen wollte, dachte Hitler viel stärker in defensiven Kategorien, nämlich die Amerikaner und ihr Rüstungs- und Menschenpotential im Pazifik zu binden. Denn schon am 6. Januar 1942 hatte der amerikanische Präsident Roosevelt, seit langem der erbittertste Feind der Diktatoren,⁵² unmißverständlich bekundet, die Herausforderungen der Aggressoren beantworten zu wollen,⁵³ ja, am 14. 1. 1942, dem letzten Tag der Arcadia-Konferenz, hatten sich Churchill und Roosevelt auf die ›Germany-first-Strategy‹ geeinigt.⁵⁴

Während Japan auf dem Höhepunkt seiner Ausdehnung angelangt war und Hitler im März die Vernichtung der Roten Armee voraussagte, begannen in den Monaten März und April 1942 — nicht zuletzt auf Stalins Drängen hin — die angelsächsischen Überlegungen, in Frankreich und Nordwestafrika eine zweite Front zu errichten, um der ›Achse‹ in den Rücken fallen zu können. Deutlich arbeitete die Zeit gegen Hitlers Politik und Kriegführung. Trotzdem wies er die schon Ende 1941 begonnenen und bis ins Jahr 1944 andauernden Versuche der Japaner, einen Frieden in Rußland zu vermitteln, entschieden zurück.⁵⁵ Er mußte sein zentrales Ziel, den Sieg über Stalin, erreichen, denn damit stand und fiel sein ›Programm‹. Noch einmal schien es so, als sollte seine Rechnung aufgehen: Während Japan im Frühsommer (Midway-Schlacht vom 4.–8. 6. 1942), deutlich aber nach der Landung der Amerikaner auf Guadalcanal im August 1942 in die Defensive gedrängt wurde, erkämpften die deutschen Truppen Sieg auf Sieg, als sie bis zum Kaukasus und in Richtung auf Alexandria vorstießen. Doch wie schon in den Jahren zuvor, so belastete auch jetzt das Rassendogma hindernd die noch einmal erfolgreich triumphierende Machtpolitik. Denn während des deutschen Vormarsches an allen Fronten und bei höchster Anspannung der Wehrmacht in Rußland und Nordafrika im Sommer 1942, billigte der Reichsführer SS, Himmler, der Repräsentant der ›neuen‹ Elite, den bereits seit dem Sommer 1941 ventilierten[55a] sog. Generalplan Ost,[56] der die Aussiedlung der Völker Osteuropas nach Sibirien vorsah. Damit sollten Widerstände geweckt werden, die nicht mehr besiegt werden konnten.

Schon begannen die Angelsachsen damit, sich an den Rändern des Machtbereichs der Japaner, Italiener und Deutschen Stützpunkte zu sichern: Die Amerikaner landeten in Guadalcanal, die Engländer besetzten Madagaskar, während die dem französischen Vichy-Regime unterstehenden afrikanischen Überseebesitzungen vollzählig erst nach der alliierten Landung in Nordwestafrika im November 1942 zu de Gaulles ›Freiem Frankreich‹ überwechselten. Churchill und Roosevelt aber diskutierten indessen im Juni 1942 über die Möglichkeit, in absehbarer Zeit eine zweite Front in Europa zur Entlastung der UdSSR zu schaffen. Hitler mußte seinen Rußlandkrieg beenden, um dieser Bedrohung zu entgehen, die durch die Rassenpolitik der SS in den eroberten Ostgebieten noch verschärft wurde. Einmal band sie Kräfte der eigenen Kriegsmaschinerie, zum anderen stachelte sie den Haß und den Widerstandsgeist der unterjochten ebenso wie der — noch — freien Völker zu gewaltigen Leistungen an. Gerade im Sommer 1942, als Hitler selbst sein Hauptquartier in die Ukraine nach Winniza verlegt hatte und die Wehrmacht tief nach Rußland eingedrungen war, begann im eroberten Warschau die Deportation von 350 000 Juden ins Vernichtungslager Treblinka. Angesichts der sich zwar behindernden, für Hitlers Verständnis offenbar aber erfolgreich anlaufenden Macht- und Rassenpolitik im Osten Europas — den der ›Führer‹ als lockendes Kolonialland einschätzte[57] — lehnte er selbstverständlich alle wie ernst auch immer gemeinten Bemühungen um einen Frieden in Rußland ab.[58] Ja, selbst die im Zeichen einer sich für das Reich negativ verändernden strategischen Lage von Stalin nachweisbar seit dem November 1942 ausgestreckten Friedensfühler[59] ließen ihn vorerst unberührt. Noch rechnete er wohl damit, Japans Kampf im Pazifik werde ihn in Europa vor der zweiten Front bewahren, wenn auch schon Ende August 1942 mit dem Bau des Atlantikwalls begonnen wurde. Der Krieg in Rußland schien noch immer nicht jene siegreiche Wende nehmen zu wollen, die Hitler vor Augen hatte. Er intensivierte seine Anstrengungen und erkannte in der ›Führungskrise‹ des August/September 1942 endgültig, daß er im andauernden Kampf kaum noch siegen konnte.[60] Das ›Programm‹ brach in seine Bestandteile auseinander, wie nunmehr auch ›alte‹ Führungsschichten und ›neue‹ Elite einander nicht mehr — gemeinsam wie vordem der Konsolidierung des innenpolitischen Statusquo dienend — ergänzten, sondern einander bekämpften und um Herrschaftspositionen im ›Dual State‹ rangen.

Gegen Ende des noch einmal die Siegesillusionen Hitlers (bis zur ›Krise‹ vom August/September) und der Dreierpaktmächte nährenden Jahres 1942 standen die Japaner bereits in der Defensive, und auch für das Reich deutete sich die äußere ›Kriegswende‹ an. In Nordafrika gingen Montgomerys Truppen am 23. 10. 1942 zur Offensive über, und am 7. 11. 1942 begann mit der Landung alliierter Streitkräfte in Nordwestafrika die ›Operation Torch‹, auf die Hitler nur noch durch die Besetzung Vichy-Frankreichs und Tunesiens reagieren konnte.[61] Während so die ›nordwestafrikanische Hintertür für den Angriff der Angelsachsen auf Europa aufgestoßen wurde, begann am 19./20. 11. 1942 die große russische Gegenoffensive, die am 23. 11. zur Einschließung von Stalingrad führte. Am 1. 12. 1942 riet Mussolini daher dem ›Führer‹, den russischen Krieg zu beenden.[62] Doch diese Forderung schien Hitler unerfüllbar. Obwohl er strategisch kalkulierend durchaus schon davon gesprochen hatte, das Ringen der Feindgruppen könne wohl von keiner Seite siegreich beendet werden,[63] hatte er doch während des gesamten Jahres 1942 immer wieder versucht und gehofft, sein ›Programm‹ zu verwirklichen, Rußland zu unterjochen und Großbritannien für sich zu gewinnen. Die in das ›Programm‹ konstitutiv eingefügte Rassenpolitik aber hatte dazu beigetragen, die ohnehin riesige Widerstandskraft der Gegner anzufachen und das Machtkalkül des ›Programms‹ systematisch zu unterlaufen. Hitler selbst aber fühlte sich mit diesem ›Programm‹ offenbar auf Gedeih und Verderb verbunden, das Reich und seine Führungsschichten waren an den Diktator und seinen Krieg gekettet, wie die fehlgeschlagenen Friedensgespräche der konservativen Opposition mit dem englischen Bischof von Chichester in Stockholm zeigten[64]. Für alle Welt sichtbar demonstrierte dann die Kapitulation der 6. Armee in Stalingrad,[65] was sich mit dem Entschluß, Rußland zu überfallen und der Entscheidung, Amerika den Krieg zu erklären, angedeutet hatte. Das janusköpfige ›Programm‹ des Diktators, das so erfolgreich dazu beigetragen hatte, die Sozialstruktur der deutschen Gesellschaft zu garantieren, zerfiel in seine widerstreitenden Bestandteile.

Spätestens seit 1943 aber besaß Hitler in den beiden letzten Kriegsjahren kaum mehr den politischen und militärischen Spielraum, den er während der ersten Kriegsjahre und in den ›Friedens‹-jahren seiner ›short-of-war-policy‹ immer gehabt hatte. Um so verbissener und entschiedener klammerte er sich an sein nun zerbrechendes ›Programm‹ und betonte zunehmend stärker die ideologische Komponente seiner Politik und Kriegführung gegenüber dem machtpolitischen Kalkül. Denn in die improvisiert errichtete ›Festung Europa‹ eingeigelt, hoffte er bis zum Schluß des Ringens, Rußland durch »fanatische« Anstrengungen besiegen, England an seine Seite ziehen und damit die eigentliche Ausgangsposition seines ›Programms‹ gewinnen zu können. Seine Mitarbeiter, Offiziere und Diplomaten, aber entwarfen ›Alternativen‹, die angesichts der Einschätzung des ›Dritten Reiches‹ als eines Monolithen durch die gegnerischen Mächte keine Erfolgschancen hatten. Ja, mit ihren territorialen Forderungen bildeten sie auch keine allzu deutlich überzeugenden Gegensätze zu Hitlers Politik der Eroberungen,[66] wenn prinzipiell die unterschiedliche Intention in der Politik des Diktators und der ›Traditionalisten‹ auch kaum übersehen werden kann.

VII. KAPITEL

Deutschland zwischen den USA und der UdSSR: Die Anfänge des ›Kalten Krieges‹ (1943-1945)

Nach der ›Kriegswende‹ im Dezember 1941 war Hitlers außenpolitische Bewegungsfreiheit[1] bis auf die Alternative der bedingungslosen Kapitulation und der damit verbundenen Selbstaufgabe zusammengeschrumpft. Vor allem vier Faktoren waren es, die den Diktator zum Gefangenen seiner eigenen Politik machten und ihn in seine ›Festung Europa‹ einsperrten:

1. Die zwar lange Zeit in seiner Politik und Kriegführung zurücktretende Komponente der nationalsozialistischen Doktrin gehörte konstitutiv in sein weitgehend mit rational-machtpolitischem Kalkül verfolgtes ›Programm‹.[2] Sie aber war es, die

2. auch die machtpolitisch entworfenen Ziele des ›Programms‹ so sehr übersteigerte, daß sie im letzten die gesamte Welt herausfordern und unerreichbar bleiben mußten. Allein, das Vertrauen auf die mit den machtpolitischen Erfolgen der Außenpolitik einhergehende rassische Vervollkommnung des deutschen Volkes zur ersten Nation der Welt konnte den Glauben nähren, diese machtpolitisch offenbar viel zu weit gesteckten Entwürfe seien realisierbar, d. h.:

3. Das Dogma von der Überlegenheit des deutschen Volkes und der germanischen Rasse war es, das Hitler und die deutsche Führung dazu bestimmte, die eigenen Kräfte zu überschätzen, die der anderen Nationen aber (mit Ausnahme des als Partner ins Auge gefaßten England) für gering zu halten.[3]

4. Diese Überschätzung der eigenen und die Geringschätzung der gegnerischen Kräfte sowie die Fixierung auf das rassische Dogma ließen Hitler und die deutsche Wehrmacht am Problem der Koalitionskriegführung scheitern.[4] Im Gegenteil: Gerade der Einbruch des Ideologischen in die Politik und Kriegführung schuf bei den Bundesgenossen des Dritten Reiches Verwirrung, stachelte den Widerstand der noch freien Welt erheblich an und rief die unterjochten Nationen verstärkt zum (Partisanen-) Kampf auf.

Alle diese Motive, die — wie abschließend gezeigt werden kann — nicht ›revolutionär neu‹ mit der Person Hitlers in die preußisch-deutsche Geschichte einbrachen, sondern — konstitutiv oder ansatzweise — bereits seit der Bismarck-Zeit zu verfolgen sind, kamen nunmehr aus (anfangs) innen- und (sodann) außenpolitischen Gründen heraus prägend zum Zuge und gelangten zu historischer Wirksamkeit. Nicht zuletzt waren sie dafür verantwortlich, daß der deutsche Diktator im Jahre 1943 zu folgenden Grundentscheidungen gezwungen wurde:

1. Alle auf die stets in Hitlers Gedankenbildung angelegten, seit der zweiten Hälfte der dreißiger Jahre stärker hervortretenden und in den Jahren 1939—1941/42 scheinbar nahe vor ihrer Verwirklichung stehenden Überlegungen hinsichtlich der zweiten, der überseeischen Stufe des ›Programms‹ wurden nach der ›Kriegswende‹ 1942/43 aufgegeben.[5] Ihre Chance auf Realisierung lag für das nun in die Defensive gedrängte Reich in weiter Ferne.

2. Hitlers Kriegführung beschränkte sich (deutlich sichtbar nach dem Abbruch der Geleitzugbekämpfung der deutschen U-Boot-Waffe im Nordatlantik am 24. 5. 1943)[6] allein noch auf die ›Festung Europa‹, die er bis zu einer für ihn günstigen Wende des Geschehens »fanatisch« zu verteidigen gedachte. Dabei scheint er den riesigen Nachteil kaum angemessen ins Kalkül gezogen zu haben, daß diese sog. Festung nach den Worten des amerikanischen Präsidenten Roosevelt kein Dach besaß, die alliierten Luftwaffen aber drückend überlegen waren.[7]

3. Die erhoffte Wende des Krieges aber erwartete Hitler von einem als sicher angesehenen und rückblickend auch gar nicht so unwahrscheinlichen Auseinanderbrechen der »unnatürlichen Allianz« zwischen der UdSSR und den Westmächten; schließlich resultierte aus den bereits damals vorhandenen Spannungen der ›Kalte Krieg‹ der Epoche nach 1945. Die zweifellos seit 1917/18 vorhandenen Gegensätze zwischen den sozial so verschiedenen Gesellschaften in Ost und West traten nun wieder verstärkt auf machtpolitischem Sektor hervor. Eben diese Unstimmigkeiten aber gedachte Hitler in seinem Sinne, d. h. am bekannten ›Programm‹ und der darin entworfenen, wenn auch in bezug auf die USA bezeichnenderweise abgeänderten Mächtekonstellation orientiert, auszunutzen: Zusammen mit England, vom März/April 1945 dann aber auch zusammen mit den Vereinigten Staaten, die er bisher stets als Gegner des Reiches eingeschätzt hatte, plante er, die Sowjetunion doch noch zu besiegen.

4. Mit diesem — was den »Faktor England« anging, programmorientierten, was die USA betraf, improvisierten — Schachzug wollte er sein zentrales Ziel, ›Lebensraum‹ in Rußland zu gewinnen und den

Bolschewismus zu zerschlagen, doch noch verwirklichen. Sodann aber war eine Ausgangsbasis gewonnen, die ihn wieder in Stand gesetzt hätte, seinen ursprünglichen programmatischen Überlegungen politisch und militärisch zu folgen.

Wie eh und je hoffte Hitler auch jetzt auf ein Einlenken der Briten und auf die Koalition mit den Amerikanern, deren gemeinsame Interessen seiner Ansicht nach im Kampf gegen das bolschewistische Rußland liegen mußten, sei es aus Gründen einer sozial unterschiedlichen Gesellschaftsordnung, sei es aus Gründen einer sich abzeichnenden, das Kräftegleichgewicht in der Welt empfindlich verschiebenden russischen Expansion nach Europa. Allein, der entscheidende Fehler seiner Kalkulation blieb ihm verborgen: denn die sowohl die wirtschaftlichen Wünsche und politischen Forderungen der deutschen Führungsschichten als auch die Vorstellungen Hitlers synthetisierende Weltanschauung des Nationalsozialismus und ihre zu Anfang innenpolitisch funktionalen, dann außenpolitisch treibenden Kräfte hatten die ›unnatürliche Allianz‹ der Gegner fest aneinandergekettet.[8] Mochten auch alle Überlegungen der Wirtschaftsfachleute, der Offiziere, der Diplomaten und des ›Führers‹ selbst machtpolitisch plausibel und rational kalkuliert erscheinen — wenn auch nach dem Beginn des Unternehmens ›Barbarossa‹ die ideologischen Störungen der originären Machtpolitik zunahmen —, im Effekt dienten sie, vom ›Programm‹ her betrachtet, dazu, eine aufs biologische Dogma fundierte Weltherrschaft zu errichten, d. h.: In teilweise durchaus kalkulierter Prozedur wurde die Welt durch ein die Geschichte als Prozeß beendendes irrationales Ziel herausgefordert. Als historischer Phänotyp gesehen, bedeutete diese Zielsetzung etwas Neues in der Geschichte der preußisch-deutschen Großmacht. Nicht zu übersehen aber ist, daß auch diese Erscheinung ein Produkt jener seit Bismarck die deutsche Außenpolitik mitbestimmenden innen- und gesellschaftspolitisch bedeutenden, für die Entwicklung des Deutschen Reiches so typischen Bedingungen darstellte, die als soziale Gegensätze auftretend nie gelöst wurden, sondern stets mit Hilfe von sekundären Integrationsfaktoren gekittet werden mußten,[9] um Sozialreformen oder gar revolutionäre Aktionen ›von unten‹ zu blockieren.

Lang vorbereitet, wenn auch nicht kausal notwendig, war der auf physische Vernichtung abgestellte, weltweit propagierte und praktizierte Antisemitismus die stärkste aller bisher in der preußisch-deutschen Geschichte angewandten Integrationsstereotypen, der Grillparzers Wort von der Entwicklung, die von der Liberalität zur Nationalität und sodann zur Bestialität führe, zu bestätigen schien. Da aber

Hitler — ganz anders offenbar als Bismarck — wohl kaum bewußt[10] Außenpolitik im Dienste innenpolitischer Ziele betrieben haben dürfte, sondern die sein ›Programm‹ konstituierenden, innenpolitisch als Integrationsmittel dienenden Faktoren des Antisemitismus, des Antibolschewismus und der Lebensraumeroberung als Triebkräfte seines unter machtpolitischem Gesichtspunkt durchaus wilhelminische, wenn auch in Form des Stufen-Plans systematisierte Ziele anvisierenden ›Programms‹ betrachtete, verkehrte sich die ursprüngliche Funktion, außen- und rassenpolitische Parolen zur Bewahrung der bestehenden Gesellschaftsordnung anzuwenden, nunmehr — ab 1943 immer deutlicher — in ihr Gegenteil. Denn gerade die Triebkräfte des ›Programms‹ waren es, die die Gegner trotz aller Spannungen beieinander hielten und die Unterschiede zwischen den verschiedenen Gruppen im Reich verwischten. Immer geringer wurde daher die Chance, einen Separatfriedensvertrag abzuschließen[11] — sei es unter Ausschaltung Hitlers von seiten der konservativen Opposition oder gar von seiten der auf Friedenslösungen sinnenden SS, sei es Hitlers Vorstellung gemäß, zusammen mit den Westalliierten gegen die Sowjetunion zu ziehen.

Denn schon zu Anfang des Jahres 1943 hatten sich die USA und Großbritannien auf der Konferenz von Casablanca darauf geeinigt, im Zuge ihrer ›Germany-first-Strategy‹ das Reich zur bedingungslosen Kapitulation zu zwingen.[12] Während in der ›Festung Europa‹ ein den Krieg steigernder Befehl den anderen jagte,[13] begann man in Hitlers Umgebung und bei den Verbündeten des Reiches damit, die Möglichkeiten für einen Separatfrieden zu prüfen. Im Januar 1943 schlug der stellvertretende rumänische Ministerpräsident Antonescu Mussolini vor,[14] mit dem Westen Kontakt aufzunehmen, und trug damit bereits jenen Plan vor, den dann auch Hitler, Himmler und Göring zu verwirklichen suchten. Ergänzend dazu aber setzten Bemühungen um einen deutsch-russischen Ausgleich aufs neue ein.[15] Hitler jedoch stand allen diesen Sondierungen kühl gegenüber. Stalin dagegen scheint die Friedensbemühungen im Frühjahr und Sommer 1943 forciert zu haben.[16] Blieben sie, durch die Forderungen der Deutschen bedingt, ohne Erfolg, so hatte er doch den Westmächten gegenüber ein Druckmittel in der Hand, um die baldige Errichtung einer zweiten Front in Europa mit Nachdruck zu fordern. Sollten sie zu einem Ergebnis führen, so konnte er den für Rußland verlustreichen Kampf noch rechtzeitig beenden und damit der Gefahr entgehen, bei einem späteren Kriegsende erschöpft einem starken und vom Kriege eben kaum betroffenen Amerika gegenüberzustehen. Ferner schien er eingedenk des deutsch-russischen Zusammengehens in den Jahren 1939/1941 darauf zu hoffen, von Hitler die schon lange als Ziele der russischen Politik ins Auge gefaßten Territorien leichter zu bekommen als von den Alliierten. Denn besonders Winston Churchill stand Stalins seit 1925 verfolgten, 1940 in den Gesprächen mit Hitler und von Ribbentrop wieder vorgetragenen und erneut im Dezember 1941 Eden gegenüber angemeldeten Wünschen nach Gebietsgewinnen in Osteuropa, nach einer Schwächung der Mitte des Kontinents und dem Zugeständnis einer englischen Einflußzone in Nord- und Westeuropa mißtrauisch gegenüber.[17]

Auf deutscher Seite war es im Unterschied zu der etwa von Himmler vertretenen Konzeption (mit dem Westen Frieden zu schließen und sodann zusammen mit Briten und Amerikanern als »mitteleuropäischer Ordnungsfaktor« gegen Rußland zu ziehen) vor allem Goebbels, der eher an einen Separatfrieden mit der Sowjetunion dachte.[18] Allerdings kann bei der Betrachtung aller dieser ›Konzeptionen‹ und Bemühungen um Separatfrieden im Osten oder Westen kaum übersehen werden, daß sie — spätestens ab 1943 — angesichts des von den Alliierten eindeutig diktierten Kriegsablaufes kaum mehr als den Charakter historischer Episoden tragen. Vorläufig, nicht zuletzt wohl auch angesichts der Konsolidierung der russischen Front im Frühjahr 1943,[19] untersagte Hitler jeden Friedensfühler nach Westen und Osten. Während die Alliierten mit ihren kombinierten Bomberoffensiven die Industrieanlagen[19a] und Städte des Reiches in Schutt und Asche legten, der amerikanische Präsident Roosevelt sein Einverständnis zu jenen später verwirklichten Aussiedlungsplänen der deutschen Bevölkerung von Ostpreußen und des Sudetenlandes gab[20] und die nationalsozialistische Doktrin bei der Niederschlagung des Verzweiflungskampfes der im Warschauer Getto übriggebliebenen Juden gegen die Polizeiverbände des SS-Gruppenführers Stroop (endgültig am 19. 5. 1943 niedergeschlagen) im April 1943 noch einmal vernichtende Triumphe feierte,[21] schien Hitler noch immer an eine — nach wie vor wohl mit englischer Hilfe zu erreichende — militärische Lösung des Rußland-Feldzuges zu denken.

So begann am 5. 7. 1943 das von Hitler mit großen Erwartungen begleitete Unternehmen ›Zitadelle‹, der Sturm auf den Frontbogen um Kursk, um in der UdSSR wieder die Initiative zu gewinnen.[22] Doch das Kriegsglück — so mag es Hitler vorgekommen sein — hatte den Feldherrn verlassen. Bereits nach wenigen Tagen kam der Vormarsch ins Stocken. Doch bei aller weiterhin vorhandenen Vorliebe für ein Zusammengehen mit den Engländern wollte sich Hitler offenbar noch immer nicht an den Gedanken eines russischen Ausgleichs gewöhnen.

Hätte er damit nicht im Grunde den gleichen, vorläufig machtpolitischem Kalkül Raum gebenden Schachzug wie am 23. 8. 1939 wiederholt? Allein, zu solch taktisch-rationalen Erwägungen war Hitler angesichts des seit dem Beginn des russischen Feldzuges eingeleiteten Kampfes um ›Alles oder Nichts‹ nun kaum mehr fähig. Endgültig hatte das rassische Dogma über das machtpolitische Kalkül seines ›Programms‹ triumphiert: Der Diktator war entschlossen, sein zentrales Ziel — die Eroberung des Ostimperiums und die Verwirklichung der ›Endlösung‹ — in *einem* Anlauf zu erreichen. Nun aber, da sich immer deutlicher zeigte, daß ein militärischer Sieg in Rußland offenbar unmöglich war, hielt er an der Zielsetzung der ›Endlösung‹ allein und unbeirrbar fest!

Hitler war — machtpolitisch gesehen — endgültig in die Defensive gedrängt; sein ehemaliges Vorbild, der Duce, war gestürzt und die italienische Front aufs höchste gefährdet.[23] Jetzt aber schien der Diktator auch im Osten praktizieren zu wollen, was er im Westen mit dem Bau des Atlantikwalls eingeleitet hatte. Er befahl, einen Ostwall zu errichten, und mag dabei an einen jahrzehntelang dauernden (Abnutzungs-) Krieg[24] gedacht haben, sich in der ›Festung Europa‹ mit ihren Tausende von Kilometern umfassenden Fronten zu behaupten, um dem »Feind ... (die) Nutzlosigkeit seiner Angriffe« vor Augen zu führen und den Westen zum Einlenken zu zwingen.[25] Gerade diejenige kriegführende Macht, die rüstungswirtschaftlich gesehen, mehr und mehr ins Hintertreffen geriet,[26] spielte mit dem Gedanken, die Gegenseite durch einen Erschöpfungskrieg zum Nachgeben zu zwingen! Hitlers Überlegungen, die feindliche Allianz zu sprengen und im Windschatten bzw. an der Seite des Westens wieder die Offensive in Rußland gewinnen zu können, mag durch die trotz aller Deklarationen offenbaren Spannungen zwischen den Westmächten und der Sowjetunion genährt worden sein. Denn im Verlauf des Sommers 1943 forderte Stalin immer heftiger die zweite, Rußland entlastende Front in Europa. Getragen von seinem seit 1925 dominierenden außenpolitischen Konzept fürchtete er, die Sowjetunion werde sich als Festlandsdegen der Angelsachsen im Kampf gegen den Faschismus verbluten. Zudem war er darüber verstimmt, daß die Westmächte noch immer nicht bereit waren, seine territorialen Ansprüche in Europa voll zu akzeptieren.

Doch wie Stalins Politik und Kriegführung durch seine seit 1925 leitenden Ideen bestimmt wurden, so hielt auch Hitler besonders unter dem Aspekt der ja nach wie vor »erfolgreich« weitergeführten rassischen »Vernichtungsschlacht« an seinem — im Hinblick auf Amerika modifizierten — ›Programm‹ fest und erteilte allen Bemühungen, mit der Sowjetunion ein das Ereignis des Friedensschlusses von Brest-Litowsk wiederholendes Separatabkommen zu schließen, im September 1943 eine Absage. Sowohl von Ribbentrop, der wieder zu seiner bis 1941 verbindlichen Konzeption hätte zurückkehren können, nämlich bei russischer Neutralität zusammen mit Japan gegen die Westmächte zu kämpfen, als auch Goebbels, der mit Stalin zum Frieden kommen wollte, mußten zurückstecken. Die Neutralität der Sowjetunion blieb ebenso eine Illusion wie auch das erstrebte Bündnis zwischen den beiden so gegensätzlichen Diktaturen, von dem Stalin 1945 wohl nicht zuletzt angesichts einer tatsächlichen oder eingebildeten Bedrohung der UdSSR durch das zur führenden Weltmacht aufgestiegene Amerika sagte, zusammen seien Rußland und Deutschland unbesiegbar gewesen.[28] Denn Hitler und das Heer verfolgten eine andere Konzeption: In Rußland permanent auf dem Rückzug, die italienische Kapitulation[29] und die geheimen Sonderfriedensverhandlungen der übrigen Verbündeten vor Augen, hofften sie auf den Zerfall der übermächtigen gegnerischen Koalition. Sowohl Hitler als auch der Chef des Wehrmachtführungsstabes, Generaloberst Jodl, hielten ein Einlenken der Westmächte für wünschenswert, um im Osten wieder angreifen zu können.

Diese Überlegung knüpfte im Prinzip an Hitlers Politik der dreißiger Jahre an, den Westen unter Druck zu setzen, um Großbritannien zum Bündnis zu zwingen. So erließ er am 3. 11. 1943 die Weisung Nr. 51,[30] die vorsah, der Abwehr des Feindes im Westen die Priorität einzuräumen. In der Hoffnung auf den Zusammenbruch der ›unnatürlichen‹ Koalition und durch Demonstration der Schlagkraft der deutschen Waffen gedachten Hitler, das Heer und Himmlers SS,[31] ihren Plan vom westlichen Bündnis realisieren zu können. Reichsaußenminister von Ribbentrop dagegen vertrat nach wie vor sein Konzept, mit Japans militärischer oder diplomatischer Hilfe dem Kampf in Rußland ein Ende zu bereiten.[32] Doch nicht nur Hitlers Ablehnung dieses Gedankens, die Option der ›neuen‹ Elite des Dritten Reiches, der SS, und mächtiger Gruppen der alten Führungsschichten (Heer und Wirtschaft) für den Frieden im Westen ließen die erneut aufgenommenen Stockholmer Verhandlungen über eine Beendigung des russischen Krieges scheitern.[33a] Auch die dort erhobenen, am Beispiel des Ersten Weltkrieges orientierten deutschen Siegfriedensvorstellungen, die Brester Grenzen des Jahres 1918 auch jetzt zu verlangen, trugen zum Mißlingen dieser Friedensversuche bei.

Hitler aber glaubte weiterhin, sowohl durch weltanschauliche als auch durch militärische Reaktionen das Blatt wenden zu können. Am 27. 1. 1944 verlangte er, an ähnliche Forderungen vom Herbst 1943 anknüpfend,[34] das Heer, dessen Feldmarschälle ihn angesichts der von konservativer Seite geplanten Attentate noch einmal ihrer vollen Loyalität versicherten,[35] in Zukunft in nationalsozialistischem Sinne zu erziehen.[36] Während die südosteuropäischen Verbündeten des Reiches sich anschickten, von Deutschland abzufallen und nur durch die Weigerung der Westmächte zu Separatkapitulationen in der ›Festung Europa‹ gehalten werden konnten,[37] liefen die den Widerstand anfachenden, den Haß aufstachelnden und auch Kräfte der eigenen Truppen bindenden »Maßnahmen« zur »Endlösung der Judenfrage« in Ungarn an.[38] Dabei handelte es sich um die letzte größere, noch nicht in die bisherige Vernichtungsaktion einbezogene Gruppe europäischer Juden: Der machtpolitisch sich abzeichnenden Niederlage des Reiches korrespondierten umgekehrt die dogmatisch innerhalb des noch verbliebenen Herrschaftsbereiches »errungenen Siege« Hitlers auf dem Feld der Rassenpolitik.

Endlich, im März 1944, schien das machtpolitische Denken noch einmal in Hitler die Oberhand zu gewinnen. Doch es war längst zu spät für eine politische Lösung, zumal der ›Führer‹ sie auch jetzt nur mit halbem Herzen betrieb. Wie er sich nämlich im Herbst 1940 contre coeur für kurze Zeit der Kontinentalblock-Konzeption von Ribbentrops angeschlossen hatte, so schien er auch jetzt — zumindest vorläufig — dazu bereit zu sein, mit Rußland Frieden zu schließen, um an Japans Seite (und evtl. zusammen mit der Sowjetunion, zumindest aber deren Neutralität gewiß) den Krieg gegen den Westen führen zu können.[39] Es konnte jedoch zu keiner Einigung zwischen Stalin und Hitler kommen, weil der russische Diktator im April 1944 schon keine ernsthaften Separatfriedenserwägungen mehr verfolgte,[40] so daß Hitler sich seiner ›alten Liebe‹, dem Gedanken eines deutsch-englischen Bündnisses wieder zuwandte. Die Spekulationen von Ribbentrops und Goebbels', den Krieg in Rußland zu beenden, waren damit endgültig hinfällig geworden. Im Osten liefen unterdessen trotz fortwährender militärischer Rückschläge die weltanschaulich motivierten ›Vernichtungsmaßnahmen‹ weiter, während in London General Eisenhower die politischen und militärischen Spitzen der westlichen Nationen mit den Einzelheiten über die geplante Landung in Frankreich bekannt machte.[41] Hitler aber hatte sich entschlossen, den Angelsachsen entschieden Widerstand zu leisten, um sie von der Unentbehrlichkeit der deutschen Waffen im dann folgenden gemeinsamen Kampf gegen den Bolschewismus zu überzeugen. Nicht zuletzt unter dem Gesichtspunkt der illusionär, aber hartnäckig verfolgten Annäherung an England (ab März/April 1945 dann auch an Amerika) erscheint jener Erlaß des Reichsleiters Bormann, des persönlichen Sekretärs des Führers und in den letzten Kriegsjahren des nach Hitler im Führerhauptquartier wohl einflußreichsten Mannes, aufschlußreich, der am 30. 5. 1944 verfügte, abgeschossene Besatzungen alliierter Bomber nicht zu lynchen.[42]

Am 6. Juni 1944, dem D-Day, landeten endlich die alliierten Truppen in der Normandie. Hitler stand nun auch mit seinen Heeresstreitkräften direkt jener zweiten Front gegenüber,[43] die er bisher so peinlich gemieden hatte. Würde sein Stratagem aufgehen können und eine überzeugende Verteidigung der deutschen Wehrmacht die Westmächte zu ›seiner‹ Lösung des gemeinsamen Vorgehens gegen Rußland bewegen? Doch die Alliierten hatten längst beschlossen, den Staat Hitlers, ihrer Überzeugung zufolge ein Ergebnis der preußischen Vergangenheit und des deutschen Militarismus, zu zerschlagen. So war der Gedanke, einen Separatfrieden mit dem Westen zu schließen, im Grunde eine – allerdings bis zum Kriegsende lebendige und für Hitler, aber auch für viele der Generäle sowie für die konservativen Repräsentanten im Widerstand wie Goerdeler und Beck verbindliche – Illusion, zumal diese vom reinen Machtdenken her entwickelte, wenn auch unter diesem Aspekt wenig zukunftsträchtige Konzeption durch immer neue Kriegsverbrechen des ›Dritten Reiches‹, wie sie etwa vier Tage nach der geglückten Invasion in Oradour geschahen, systematisch unterhöhlt wurde. Nun aber, nach dem Beginn der Invasion, wurden alle Optionen für politische Konzeptionen, lieber mit dem Westen gegen den Osten zu ziehen oder nach einem Ende des russischen Krieges den Westmächten Paroli zu bieten, im Grunde immer müßiger. Denn schon im Juni 1944 waren auf dem südostasiatischen Kriegsschauplatz amerikanische Truppen auf Saipan gelandet, und am 22. 6. 1944 begann nach einer bisher beispiellosen, vorbereitenden Partisanentätigkeit[44] die gewaltige Sommeroffensive der Roten Armee im Mittelabschnitt der Ostfront. Hitler vermochte nur noch auf den Glücksfall zu hoffen, daß die alliierte Koalition zerbrechen werde. Ansonsten aber reagierten er und seine Umgebung auf alle militärischen Schlappen zunehmend stärker durch ideologische ›Maßnahmen‹: Nach dem Attentat vom 20. 7. 1944 ließ Reichsmarschall Göring den deutschen Gruß in der Wehrmacht einführen, Goebbels rief am 25. 7. 1944 zum totalen Kriegseinsatz auf, obwohl er diesen ja bereits nach der Stalingrad-Katastrophe gefordert und verkündet hatte, und Hitler verfügte, das »Vergehen« soldatischer Feigheit mit Sippenhaft zu bestrafen. Bei der Niederschlagung des Warschauer Aufstandes dagegen setzte sich noch einmal – allerdings erfolglos – das Machtkalkül

durch. Denn nach anfänglichen Greueln sollte durch die relativ ›normale‹ Behandlung der polnischen ›Heimatarmee‹ unter General Graf Bór-Komorowski, die bei ihrem Versuch, das deutsche Joch abzuschütteln, auf die ausgebliebene Unterstützung der Roten Armee gehofft hatte, der polnische Gegner für den Kampf gegen die Sowjetunion gewonnen werden.[45]
Prinzipiell aber triumphierte das nationalsozialistische Dogma über alle rationalen Überlegungen und nur noch innenpolitischer Terror, in Freislers Volksgerichtshöfen verkörpert, sowie die Ungewißheit über die Zeit nach der Niederlage konnten die Nation mit eiserner Klammer zusammenhalten.

Noch einmal, im August 1944, unternahm es Reichsaußenminister von Ribbentrop angesichts der offenbaren Spannungen zwischen Churchill und Stalin über die Aufteilung des Balkans in Operationsräume und über das Polen-Problem (Warschauer Aufstand), das Geschick zu wenden. Er bereitete eine Denkschrift vor, um mit Rußland zum Frieden zu gelangen.[46] Doch seine — der uns bekannten Konzeption entspringende — Initiative scheiterte an Hitlers Einspruch. Gleichzeitig mit dieser Ablehnung von seiten des ›Führers‹, endlich den russischen Krieg zu beenden, löste sich nun aber auch mehr und mehr — soweit das überhaupt noch möglich war — Japan vom Reich. Hitler trieb sich immer konsequenter in die Isolierung, die für sein Verständnis nur noch den kollektiven Selbstmord des Unterlegenen zuließ. Vorläufig aber spielte er trotz negativer Resultate auf allen Kriegsschauplätzen mit dem Gedanken, einen Demonstrationsschlag gegen den Westen zu führen, um diesen ›wachzurütteln‹ und an Deutschlands Seite zu bringen. Diesem Zweck sollten wohl auch der Einsatz der V1 und 2-›Wunderwaffen‹ dienen. Der Wehrmachtführungsstab unter Generaloberst Jodl war mit den Einzelheiten der geplanten Offensive im Westen befaßt.

Während die Russen in Ostpreußen eindrangen, Warschau systematisch zerstört wurde und Japan endgültig in der letzten der drei großen Luft-See-Schlachten in Südostasien bei Leyte zwischen dem 22. und 25. 10. 1944 (die erste fand bei Midway zwischen dem 3. und 7. 6. 1942 und die zweite bei Saipan statt) den USA die Initiative der Kriegführung überlassen mußte, diskutierten Hitler und seine Offiziere, ob es für den bevorstehenden Schlag gegen den Westen — der, militärisch gesehen, Luft schaffen und, politisch betrachtet, Hitlers Plan vom westlichen Bündnis mit dem Reich vorbereiten helfen sollte — ratsamer sei, nur bis zur Maas vorzustoßen oder aber Antwerpen zurückzuerobern. Während die Feldmarschälle von Rundstedt und Model in Einschätzung der Kräfteverhältnisse die ›kleine‹ Lösung (Vorstoß bis zur Maas) vertraten, plädierte Hitler für die ›große‹ Lösung: Die Wiedereroberung Antwerpens würde genau den Demonstrationserfolg darstellen, den er seiner Meinung nach brauchte, um England »zur Vernunft« zu bringen. Hitlers Plan setzte sich durch. Am 16. 12. 1944 begann die vielbesprochene Ardennen-Offensive, doch am 20. 12. 1944 war sie bereits gescheitert.[47] Zwingen konnte man die Westmächte offenbar nicht, sich mit dem Reich zu verbünden. Daher sprach Generaloberst Guderian im Januar 1945 bei Reichsaußenminister von Ribbentrop vor, um diesen zu bewegen, beim ›Führer‹ auf Friedensgespräche mit dem Westen zu dringen. Doch von Ribbentrop verhielt sich zögernd – vielleicht aus Furcht nach der mißlungenen Ardennen-Offensive Hitler nun auf eine »Westlösung« hin anzusprechen.[48]

Für die damalige Lage charakteristisch und für die deutsche Nach-Kriegssituation entscheidend aber war es, daß – ab März/April 1945 – nicht nur Hitler, sondern bereits vorher schon die Wehrmacht, ja selbst die SS mit Himmler an der Spitze – die Vertreter der deutschen Wirtschaft darf man gewiß allein schon aufgrund des von den Russen ja in Frage gestellten Eigentumsbegriffes als dem Konstituens kapitalistischer Wirtschaft in diese Phalanx einreihen – dafür eintraten, zusammen mit dem Westen gegen den Osten Front zu machen. Eine Frontstellung, die unter allerdings stark veränderten Bedingungen dann nach 1945 Wirklichkeit wurde und sich mit dem beginnenden ›Kalten Krieg‹ auf den Konferenzen von Jalta und Potsdam andeutete.[49] Mißtrauisch beobachtete vor allem Churchill Stalins Expansionsgelüste,[50] die sich bis hin zu Forderungen nach Stützpunkten im Mittelmeer erstreckten, wo die russische Politik erst in der zweiten Hälfte der sechziger Jahre unseres Jahrhunderts Fuß fassen sollte. Doch trotz aller Differenzen reichte das Mißtrauen nicht aus, um den Westen – etwa den amerikanischen Unterstaatssekretär Hewitt[51] – zu bewegen, dem Reichsführer-SS Himmler den Frieden zu gewähren, den dieser selbst um den – wohl vorläufigen – Preis ideologischer Opfer zu erhandeln gedachte; und vielleicht verbot Himmler nicht zuletzt unter diesem Gesichtspunkt, Konzentrationslager beim Herannahen des Gegners in die Luft zu sprengen[52], nachdem er bereits im Oktober 1944 den Befehl erlassen hatte, die Judenvernichtung einzustellen. Während Hitler einerseits – in Visionen das Schicksal Friedrichs II. im Siebenjährigen Kriege mit seiner Lage vergleichend – von der noch in diesem Jahre bevorstehenden Wende sprach und andererseits immer stärker den Selbstmord des deutschen Volkes – so im Nero-Befehl vom 19. 3. 1945 – vorbereitete,[53] begann der ›Höchste SS- und Polizei-Führer‹ in Italien, Wolff, bereits damit, über eine Teilkapitulation zu verhandeln.[54] Die ›Wunderwaffe‹ V2, die Werwolf-Aktionen und der Volkssturm, der ›fanatische‹ Durchhaltewille Hitlers, die Schauprozesse der Volksgerichtshöfe und endlich auch die nach Präsident Roosevelts Tod am 12. 4. 1945 eben nicht eingetretene Kriegswende konnten nicht mehr länger verbergen, daß der Kampf für das Reich verloren war.

Im April 1945 sprach Hitler von der Sinnlosigkeit des Krieges gegen die Vereinigten Staaten,[55] an deren Seite er nunmehr den russischen ›Lebensraum‹ für das deutsche Volk erstreiten wollte. Noch einmal — fast schon ein Nachspiel zur Tragödie und zugleich Demonstration für die Politik der Illusionen — versuchte der Repräsentant der ›neuen‹ Elite im nationalsozialistischen Staat, Himmler, mit dem Vertreter des jüdischen Weltkongresses, Masur, ins Gespräch zu kommen und einen Frieden im Westen vorzubereiten.[56] Der Versuch mußte fehlschlagen! Doch der von Hitler und gegen Ende des Krieges fast ausnahmslos von allen führenden Personen und Gruppen der deutschen Gesellschaft propagierte Gedanke, sich mit den Westmächten gegen die Sowjetunion zu verbünden, beherrschte auch die Hitler nachfolgende Regierung Dönitz/Schwerin-Krosigk.[57] Unermüdlich sprachen sie davon, es sei Deutschlands europäische Mission, die UdSSR aus Mitteleuropa fernzuhalten. Nicht zuletzt aufgrund dieser entschiedenen Frontstellung der deutschen Regierung gegenüber der UdSSR und der gleichzeitig sich intensivierenden Feindseligkeiten mit den Westmächten, von denen die Vereinigten Staaten nun bald in die Phase ihrer atomaren Diplomatie eintraten[58] und wohl auf dem Wege waren — nicht in direkt-annexionistischer, wohl aber in wirtschaftlich-politischer Hinsicht — zur ersten Macht der Welt aufzusteigen, bezog Stalin verschärft Stellung gegen die Dönitz-Administration, die sich geweigert hatte, ihren Regierungssitz nach Berlin zu verlegen, sondern im britischen Machtbereich blieb.

Der ideologische und machtpolitische Gegensatz des Deutschen Reiches zur Sowjetunion aber wurde im Zeichen des relativ rasch nach Kriegsende offen zu Tage tretenden Bruches zwischen den Vereinigten Staaten und Rußland zur Erbschaft der neugegründeten und in den westlichen ›Block‹ eingefügten Bundesrepublik Deutschland.[59]

SCHLUSSBETRACHTUNG

Hitler in der preußisch-deutschen Geschichte: Zum Verhältnis von Innen- und Außenpolitik

Am Ende unserer Skizzen zur Geschichte der deutschen Außenpolitik in den Jahren 1933–1945 seien die eingangs gestellten und die Untersuchung stets begleitenden Fragen nach ›Bruch oder Kontinuität‹ und nach dem Wechselspiel von Innen- und Außenpolitik in der preußisch-deutschen Geschichte wieder aufgenommen. Die Ergebnisse der Überlegungen zusammenfassend und darüber hinausgehend, sollen die in der Einleitung zur Erörterung gestellten Probleme nunmehr in vier Thesen beantwortet werden:

Erste These: Der Bruch des Jahres 1933 ergibt sich aus der Kontinuität der preußisch-deutschen Geschichte.

Im Verlauf unserer Betrachtung sind wir immer wieder auf die Tatsache gestoßen, daß sich für den Bereich der deutschen Außenpolitik in den Jahren 1933–1945 sowohl Elemente der Kontinuität als auch Hinweise auf einen Bruch mit der Tradition finden lassen. Als »revolutionär neu« stellte sich das »letzte Ziel« des Hitlerschen ›Programms‹, die rassisch begründete Weltherrschaft und der Entwurf eines neuen »Herren«-Menschen als Gliedes einer biologisch gezüchteten Elite, dar, die die konservativen Führungsgruppen im Reich in ihren Herrschaftspositionen abzulösen gedachte. Durchaus vertraut kam es uns dagegen vor, daß für eine gewisse Zeit in der Außenpolitik des Dritten Reiches eine Zielidentität zwischen Hitlers Vorstellungen und den seit Bismarcks Tagen die Politik des Reiches mitbestimmenden Vertretern der ›alten‹ Führungsschichten und ihren Wünschen bestand, ja daß die Nah- und Fernziele des Diktators auf machtpolitischem Sektor durchaus wilhelminische, wenn auch in Form des Stufen-Plans systematisierte Dimensionen besaßen. Neben den in der Praxis nicht konstitutiven nationalsozialistischen Methoden der Außenpolitik[1] dominierten in Hitlers Strategie nach wie vor die klassischen Mittel der Diplomatie und der Waffengewalt. Je nachdem aber, welche Seite des ›Dual State‹ man betrachtet, gelangt man über seine Qualität zu einem unterschiedlichen Urteil. Die einen betonen das aus der Kontinuität der preußisch-deutschen Geschichte, ja wohl überhaupt aus dem Verlauf der von Menschen bestimmten Entwicklung herausfallende Telos des Systems. Sie finden Bestätigung für ihre These von der revolutionären Diskontinuität, wenn sie die bereits während der zwölfjährigen Herrschaft als Mittel auf dem Weg zu diesem Ziel praktizierten Methoden nationalsozialistischer Außenpolitik und Herrschaft untersuchen, den geschichtlichen Prozeß durch Züchtung eines neuen Menschentyps einem biologischen Endzustand zuzuführen. Die anderen lassen sich durch die von Hitler aufgenommenen und seit dem 19. Jahrhundert durchaus vertrauten machtpolitischen Vorstellungen von einem starken Mitteleuropa unter deutscher Führung, von einer Expansionspolitik nach Osten, von einem überseeischen Weltreich und den damit verbundenen, in globalem Maßstab entworfenen politischen und militärischen Konfrontationen zwischen den großen Mächten sowie den in erster Linie angewandten, konventionellen Mitteln des Werbens, Drohens und Erpressens dazu bestimmen, stärker den Akzent der Kontinuität zu betonen. Versucht man nun, beide Begriffe, den des Bruchs und den der Kontinuität, als Ergebnisse der preußisch-deutschen Entwicklung zu ermitteln, so gelingt dies am ehesten durch einen Blick auf die Wechselbeziehung von Innen- und Außenpolitik.

Im Verlauf unserer Überlegungen klang immer wieder an, daß zu Parolen geronnene und propagierte außenpolitische Zielvorstellungen — bewußt oder unbewußt — innenpolitische Funktionen erfüllten. Heute ist klar zu erkennen,[2] welch beherrschenden Anteil an der Bismarckschen Außenpolitik innenpolitisch definierte Interessen besaßen.[3] Denn die Politik des Reichsgründers war in erster Linie auf die Bewahrung der bestehenden Sozialordnung in Preußen-Deutschland abgestellt.[4] Es ging ihm vornehmlich darum, den seit 1848 notdürftig geschaffenen Kompromiß zwischen dem grundbesitzenden Adel[5] und dem industriellen Bürgertum, zwischen Krone und Parlament angesichts der »Krankheit« der »civilisierten Welt«[6], des durch den industriewirtschaftlichen Wachstumsprozeß erzeugten Proletariats zu stabilisieren und dem Status-quo Dauer zu geben. Doch mit zunehmender Intensität und Ausbreitung der industriewirtschaftlichen Entwicklung verschärften sich die Widersprüche zwischen den verschiedenen sozialen Gruppen zusehends.[7] Die Integrationsmittel wurden verstärkt: Zunächst war es der Kulturkampf, der als Mittel der inneren Stabilisierung diente, sodann erfüllten der Kampf gegen die Sozialdemokratie und der Solidarprotektionismus (Rosenberg) von Landwirtschaft und Industrie diese Funktion. Aber längst kam es in erster Linie ja nicht mehr allein darauf an, das inzwischen an die Seite der Krone geeilte Bürgertum zu beschwichtigen,[8] sondern die große Zahl der in abhängigen Arbeitsverhältnissen organisierten bürgerlichen Mittelschichten und der Arbeiterschaft für die Interessen von Krone und Besitzbürgertum zu gewinnen.[9] Daher hatten die Parolen des Nationalismus, des Imperialismus und der Flottenpolitik in der wilhelminischen Ära neben ihrer Bestimmung als originär-machtpolitisch entworfener Ziele[10] auch die Aufgabe, die Nation im Zeichen der Mobilmachung nach innen und des Sozialimperialismus zu einen. Miquel, Tirpitz und Bülow konnten also an diese unter Bismarck[11] entwickelte und praktizierte Politik anknüpfen. Denn der Cäsarismus gedieh im Zeichen des Flottenbaues und der Weltpolitik, der militanten Massenverbände und der Steigerung des Kaisergedankens zur Vollendung, aber bereits seit 1862 hatte auch Preußen-Deutschland seinen ›cäsaristischen Staatsmann‹, eben Bismarck, gefunden.[12] Der Tirpitzsche Risikogedanke, einem weltweit verbreiteten Vulgär-Darwinismus entspringend und außenpolitisch im Effekt auf die Ablösung des meerebeherrschenden Britanniens zielend,[13] sollte innenpolitisch die Aufgabe übernehmen, durchschlagende soziale Reformen, die weitgehend als Vorboten der sozialen Revolution verstanden wurden, zu verhindern. Ergänzend trat hinzu — gegen die Widerstände der patriarchalisch gesonnenen Grundbesitzer und der nationalliberal orientierten Industriellen durchgesetzt — die im Zeichen der ›konservativen Revolution‹ des Reichsgründers[14] begonnene staatliche Sozialpolitik,[15] die darauf abhob, die Arbeiterschaft an den Staat zu binden: Dies markierte den Beginn einer Entwicklung, die in Bethmann Hollwegs Politik der ›Neuorientierung‹ während des Ersten Weltkriegs fortgesetzt wurde,[16] dem Staat eine gewisse Verteilerkompetenz gegenüber den verschiedenen gesellschaftlichen Gruppen zuordnete und ihn in Stand setzte, vor allem die ›Massen‹ entweder in sozialer und demokratischer Form zu integrieren oder aber in cäsaristischer Manier mit Zuckerbrot und Peitsche gefügig zu machen.

Die mächtigste Integrationsklammer aber, die das deutsche Volk zumindest während der letzten Epoche des zweiten Kaiserreiches zusammenhielt, war zweifellos der Weltkrieg selbst, als das Reich — dem Selbstverständnis der überwiegenden Zahl seiner Bürger und Untertanen entsprechend — von einer Welt von Feinden ›überfallen‹ worden war. 1918 zerbrach diese Einheit, der ›Burgfrieden‹ des Jahres 1914 war schon lange dahin. Es blieb die heute rückblickend und am Integrationsinstrumentarium des Nationalsozialismus gemessen, nur allzu schwache Klammer des außenpolitischen Revisionismus, die aber schon bald durch radikalere Mittel ergänzt werden sollte. Denn angesichts des welthistorischen Ereignisses der russischen Revolution einerseits und des seit Jahrhunderten in Europa virulenten, auch in Deutschland auftretenden, dort aber regierungspolitisch bisher nicht konstitutiv gehandhabten Antisemitismus[17] andererseits begann man auf der politischen Rechten in der Weimarer Republik damit, neue und wiederum auch als außenpolitische Ziele konzipierte Integrationsklammern für eine gesellschaftliche Status-quo-Bewahrung bzw. für eine innenpolitische Reaktion gegenüber der Entwicklung der parlamentarischen Demokratie zu schmieden, deren Sozialordnung ja im Prinzip durch die ›Revolution‹ von 1918 nicht verändert worden war. Die auf der politischen Rechten radikalste Gruppe der Opposition gegenüber der Weimarer Demokratie[18] formulierte durch ihren ›Führer‹ Adolf Hitler die außenpolitischen Ziele des Kampfes gegen Bolschewismus und Judentum. Denn diese ›Feinde‹ sollten dafür verantwortlich gewesen sein, daß das Kaiserreich untergegangen war und damit Glanz und Gloriole der Vorkriegszeit verblaßten. Das ›Volk ohne Raum‹ aber würde im Kampf gegen Juden und Kommunisten in Rußland den für seine Existenz als notwendig erachteten ›Lebensraum‹ finden.

Von Hitler kaum bewußt unter innenpolitischem Vorzeichen konzipiert, angesichts der Tatsache aber, daß außenpolitische Ziele innenpolitische Voraussetzungen erfordern und Funktionen erfüllen, erhielten diese Parolen seines ›Programms‹ — Antisemitismus, Antibolschewismus und Lebensraumeroberung — auch innenpolitisches Gewicht. Ein mächtiger, weltweit auftretender Gegner war als das vermeintliche Übel der sozialen, der innen- und der außenpolitischen Misere des Deutschen Reiches gefunden worden.[19] Nun galt es, ihn zuerst im Reich und dann in der Welt zentral zu treffen, um Deutschlands Zukunft zu sichern, wie es in der Sprache der ›nationalen Rechten‹ lautete, und um gleichzeitig die Gesellschaft vor Veränderungen zu bewahren, wie es dem rückblickenden Betrachter erscheint. Voraussetzung dafür aber war, daß Ruhe, Ordnung, Zucht und Einigkeit im Reich herrschten. Aufgrund der weiter vorangeschrittenen sozialen Polarisierung zwischen Besitzenden und Proletariern, wie sie sich besonders während der Jahre 1929–1932 überdeutlich zeigte, aufgrund des in einer großen Nation innerhalb des nunmehr ja sozial heterogenen Weltstaatensystems organisierten und verkörperten Feindes und aufgrund der entwickelten technischen Möglichkeiten mußten die der innenpolitischen Integration dienenden und in der preußisch-deutschen Geschichte kontinuierlich angewandten Methoden nun so verschärft werden, daß sie — in die Praxis übertragen und verwirklicht — etwas in der Tat ›revolutinär Neues‹ reproduzierten bzw. reproduziert hätten. Das dabei ursprünglich anvisierte Ziel, die bestehende Sozialordnung zu bewahren, sollte aber gerade im Zuge der Übersteigerung der Integrationsmechanismen endlich verlorengehen und aus der Kontinuität preußisch-deutscher Geschichte der ›Bruch‹ des Jahres 1933 entstehen.

Die Integrationsklammern — in Hitlers Gedankenbildung angesichts seiner bekannten antibürgerlichen Attitüde und seiner an macht- und rassenpolitischen Axiomen orientierten Politik Triebkräfte seines ›Programms‹ — waren, rückblickend betrachtet, im Dienste der zu bewahrenden Sozialordnung so stark angezogen worden, daß eben diese bürgerlich-kapitalistische Ordnung bei einer Fortexistenz des Dritten Reiches im Prinzip zerbrochen wäre. Daß Hitlers Diktatur aber im Krieg, der dem Telos des Systems angemessenen ›Lebens‹-Form,[20] unterging, entsprang der auf außenpolitischem Feld aggressiv vorgetragenen programmatischen Politik, die sich innenpolitisch-funktional als faschistische Roßkur präsentierte. Aber gerade die aus innenpolitischen Gründen offenbar notwendigen weltanschaulich-rassischen Faktoren des ›Programms‹, die Hitler persönlich als stets verbindliches und um jeden Preis zu realisierendes Dogma ansah, behinderten, ja vernichteten die zu weiten Teilen rational kalkulierte Machtpolitik Hitlers, d. h.:

Zweite These: *Die Allgegenwart des Dogmas stört die Wirksamkeit des machtpolitischen Kalküls.*

Es mag bisher klar geworden sein, daß es nicht darum gehen soll, die Streitfrage nach dem ›Primat der Innen- oder Außenpolitik‹ klärend aufzunehmen.[21] Betrachtet man die je einzelnen Entscheidungen in Hitlers Politik, so muß man gewiß von einem ›Primat der Außenpolitik‹ sprechen.[22] Legt man den Akzent auf die zu Anfang des Dritten Reiches auch funktionale Rolle der Außenpolitik und die dann den Krieg mit gewisser Notwendigkeit präjudizierende Wirtschaftspolitik des Systems, so gelangt man eher zu der These vom ›Primat der Innenpolitik‹.[23] Entscheidend im Rahmen unserer Untersuchung über die Außenpolitik des ›Dritten Reiches‹ aber erschien vielmehr, daß Hitler — wie schon vorher die Staatsmänner des wilhelminischen Reiches — zu einer dialektischen Einheit von Innen- und Außenpolitik zu gelangen suchte.[24] Innenpolitisch, im Sinne der bestehenden Ordnung stabile

Verhältnisse sollten als Voraussetzung dazu dienen, außenpolitische Ziele realisieren zu können; und eben diese außenpolitischen Vorstellungen hatten die Funktion, die innenpolitische Ordnung zu festigen. Wie im Ersten Weltkrieg die Frage der Änderung bzw. Abschaffung des preußischen Drei-Klassen-Wahlrechts fast durchgehend von denen bejaht wurde, die für einen Verständigungsfrieden eintraten, so traf sie generell bei denen auf Ablehnung, die den Siegfrieden forderten.[25] Innen- und Außenpolitik miteinander zu versöhnen, aber übernahmen seit eh und je, wenn auch in verschiedene Gewänder eingekleidete Versatzstücke von Weltanschauungen und Ideologien, die im letzten immer über die rational kalkulierte Machtpolitik triumphierten.[26] Denn gerade das der innenpolitischen Integration — auch — dienende außenpolitische ›Programm‹ Hitlers beinhaltete ja macht- und rassenpolitische Forderungen. Das rassenpolitische Dogma aber torpedierte, wie wir gesehen, als es sein rein propagandistisches Gewand abstreifte und in die Phase seiner Realisierung eintrat, das machtpolitische Kalkül und hätte endlich auch, wäre es nach dem Willen seines Schöpfers Adolf Hitler gegangen, die bestehende Gesellschaft zerstört.

In so extrem-vernichtender Form trat diese Erscheinung wohl zum ersten Mal in der preußisch-deutschen Geschichte auf. Allein, der Befund einer dogmatisch gestörten Machtpolitik ist schon seit der Bismarck-Zeit her zu verfolgen.[27] Wie an einem sich entwickelnden industriewirtschaftlichen Prozeß und den ihm entspringenden gesellschaftlichen Bedingungen gemessen, die bestehende Sozialordnung immer problematischer wurde, so mußten auch die zu ihrer Bewahrung angewandten innen- und außenpolitischen Methoden zunehmend verstärkt werden. Sie aber produzierten das, was wir eine dogmatisch gestörte Machtpolitik genannt haben. Denn da im wilhelminischen Reich nicht etwa ein parlamentarisch kontrollierbarer Leistungsmaßstab, sondern das Privileg des Geblüts über die Vergabe von Führungspositionen entschied,[28] störte dieses unrationale Bestellungssystem die kalkulierte Machtpolitik in ihrer Wirksamkeit. Nicht das Parlament hatte politische Herrschaftspositionen zu besetzen, sondern ein in absolutistischer Manier überliefertes, um die Krone geschartes Kabinettssystem.[29] Nicht das der bürgerlichen Leistungsethik entspringende Parameter des meßbaren Erfolges, sondern der weltanschaulich vorgegebene Glaube an die höhere Geburt dominierte und verhinderte eine angemessene Besetzung der entscheidenden Positionen sowie offene, parlamentarisch überprüfbare Diskussionen der machtpolitischen Entscheidungen:[30] Das überlieferte Dogma siegte stets über das politische Kalkül! Diese Allgegenwart der aus der bestehenden Sozialordnung entspringenden und deren Bewahrung dienenden Weltanschauung kulminierte endlich aus den schon erwähnten Gründen in Hitlers ›Programm‹, unterlief die Effizienz der Machtpolitik vollends und schickte sich darüber hinaus an, eine eigene, dem neu formulierten rassischen Dogma entsprechende Elite zu schaffen, die die ›alten‹ Führungsschichten endgültig ablösen und Geschichte einem biologisch fixierten Stillstand zuführen wollte. Warum kam es zu diesem Triumph der schon lange in der preußisch-deutschen Geschichte angelegten, dogmatisch gestörten Machtpolitik? Eine Antwort versucht die dritte These zu geben:

Dritte These: *Das parlamentarisch-liberale Experiment scheitert am Widerstand der Mehrheit der Führungsschichten in Preußen-Deutschland.*

Man ginge am ›Ganzen‹ der preußisch-deutschen Entwicklung blind vorbei und würde so das ›Wahre‹ verfehlen, wollte man übersehen, daß bereits Zeitgenossen im Wilhelminischen Reich und im Staate Hitlers den ›Fehler‹ der dogmatisch gestörten Machtpolitik entdeckten und zu beseitigen trachteten. Am Beispiel der parlamentarisch-liberal organisierten Gesellschaften Englands und Frankreichs orientiert, dachten z. B. die Nationalliberalen im Kaiserreich daran, das Prinzip von ›Besitz und Bildung‹ durch eine Parlamentarisierung des Systems — nicht Demokratisierung im Sinne einer gesellschaftlichen Gleichberechtigung des vierten Standes — auch für die Vergabe von Herrschaftspositionen im Staat verpflichtend zu machen, um die — auch außenpolitische — Wirksamkeit des Deutschen Reiches zu steigern, das aber bedeutete, für die besitzenden bürgerlichen Schichten effektiver zu gestalten. Parlamentarisierung im Inneren als Voraussetzung für eine machtvolle — imperialistische — Weltpolitik, so lautete das Programm der Max Weber, Bassermann und Stresemann.[31] Die Voraussetzungen jedoch für eine Verwirklichung dieser Ideen waren — anders als in England und Frankreich — kaum gegeben. Die Macht der spezifisch konservativ-preußischen Interessen, das Gewicht der Krone und der Einfluß der Armee bestimmten die Prägung des Staates und der Gesellschaft. Denn in Preußen hatte sich der grundbesitzende Adel[32] nicht, wie in England die Gentry, zu einer in bürgerlichen Leistungskategorien denkenden ›Unternehmerklasse‹ entwickelt[33] und war auch nicht, wie in Frankreich, durch eine Revolution von der Bourgeosie in den politischen Herrschaftspositionen abgelöst worden. Die Gründe dafür sind mannigfacher innen- und außenpolitischer Natur.[34] Aber auch im Kaiserreich reichte die ›Lernfähigkeit‹ (K. Deutsch) des ostelbischen Adels nicht aus, den Anschluß an die industriewirtschaftliche Entwicklung zu finden. Mit anderen Worten: Die Macht der sich mit dem industriellen Großbürgertum mehr und mehr durchdringenden ›Ostelbier‹ war groß genug, in ihren ererbten Positionen ohne Anpassung an den ›modernen Prozeß‹ zu verharren. Sie unternahmen große und erfolgreiche Anstrengungen, um ihre feudalen Privilegien durch Zollschutz, Branntwein-›Liebesgaben‹, Beibehaltung des indirekten Steuersystems, kurzum: durch fiskalische Gesetze und politische Einflußnahmen zu bewahren.[35] Das Bürgertum aber paßte sich angesichts der Erfahrungen der Bismarck-Zeit und im Anblick der zunehmenden ›Bedrohung‹ durch den bereits mächtigen vierten Stand den politischen Entscheidungen und gesellschaftlichen Konventionen der Krone, der Armee und der Junker an. Die prinzipielle, parlamentarische Alternative zum bestehenden System der Kabinettsregierung verdünnte sich zu einer systemimmanenten ›Alternative‹: Innerhalb der bestehenden politischen Ordnung plädierten seine Vertreter nun z. T. für den indirekten Weg einer Politik des friedlichen Expansionismus, wie ihn schon Bismarck aus gesellschaftlich und sozialpsychologisch notwendigen Gründen eingeleitet hatte und wie ihn Bethmann Hollweg unter steten Anfeindungen gehen wollte.[36] Damit aber gerieten diese »Gemäßigten« in Gegensatz zu der direkt-annexionistischen Linie deutscher Politik auf der Rechten, verkörpert durch den Alldeutschen Verband, aber auch häufig unterstützt von Wilhelm II.

Nach dem an die parlamentarisch-liberale Tradition in Innen- und Außenpolitik anknüpfenden Experiment der Weimarer Republik — besonders der Stresemannschen Politik — war es dann im ›Dritten Reich‹ nach einer bis 1936 datierenden konservativen und nationalsozialistischen Interessenidentität wieder ein Vertreter der ›liberalen Konservativen‹, Hjalmar Schacht, der sich zusammen mit Repräsentanten der Wirtschaftsabteilung des Auswärtigen Amtes und aus dem Göringschen Stabe des Vierjahresplanes gleichfalls für die Linie einer friedlich-expansionistischen Politik einsetzte. Doch es war zu spät: Denn wie im Kaiserreich die stärkere Macht bei der Krone und damit letzten Endes bei der jeweiligen Administration lag — Bethmann Hollweg stürzte im Juli 1917, als er im Gegensatz zu diesen Kräften innenpolitische Reformen durchzusetzen plante —, so hatte nach dem Weimarer Experiment nun — aus den immer wieder genannten Gründen noch verstärkt — der wiederum am radikalsten agitierende und handelnde Flügel auf der politischen Rechten die Macht an sich gerissen, ja inzwischen schon diktatorisch monopolisiert. Stresemanns an den Vorstellungen der großdeutschliberalen Tradition von 1848 und dem Beispiel der Nationalliberalen im Kaiserreich orientierte Politik,[37] innenpolitisch endlich das besitzende Bürgertum unter Einbeziehung der Sozialdemokraten, die den Staat und seine Gesellschaftsordnung 1918 ja gerettet hatten, regieren zu lassen und im Zuge eines kräftigen, wenn auch in erster Linie indirekt-ökonomisch-friedlich vorgetragenen Revisionismus Machtpolitik (gegenüber Polen unter Erwägung des Einsatzes auch kriegerischer Mittel, gegenüber Frankreich durch Anwendung des wirtschaftlichen Potentials des Reiches)[38] zu treiben, scheiterte (nach seinem Tode während der Weltwirtschaftskrise deutlich sichtbar) aufs neue am Widerstand der Mehrheit der ›konservativen‹ Führungsgruppen aus Großgrundbesitz und der nun entscheidenden Industrie auf der politischen Rechten einerseits und der auf charismatische Erlösung von der »Schmach von Versailles« und der ökonomischen Misere hoffenden kleinbürgerlichen Mittelschichten andererseits. Spektakuläre innen- und außenpolitische Erfolge — simuliert oder echt — waren nötig, um Veränderungen vorzutäuschen, wo die Mehrheit der führenden Schichten des Reiches im Grunde Beharrung oder Reaktion wünschte. Hitlers ›Bewegung‹ aber schien ihnen, innen- und außenpolitisch gesehen, der Büttel und Vollstrecker ihrer Interessen zu sein, der gerade recht kam, um im Inneren Ruhe und Ordnung zu stiften, nach außen hin aber nationalen Glanz und Revision herbeizuführen. Dieses Resultat ergab sich jedoch angesichts der preußisch-deutschen Entwicklung nicht unerwartet. Denn:

Vierte These: *Hitlers Diktatur vollendet und überwindet die cäsaristische Tradition in der preußisch-deutschen Geschichte.*

Hitlers Diktatur erscheint nach dem Scheitern der wiederaufgenommenen parlamentarischen Tradition in der Weimarer Republik als das Ergebnis der jeweils am radikalsten auftretenden und am erfolgreichsten an das Volk appellierenden ›Führer‹. Daß die von ihm eingeschlagene Politik zuerst im Sinne der gesellschaftlichen und politischen Führungsschichten auf der Rechten einer scheinbaren und vorläufigen Gesundung von Staat und Gesellschaft diente, dann aber auf deren rigorose Zerstörung zielte, liegt in dem bereits ausführlich analysierten Befund begründet, außenpolitische Mittel als innenpolitische Integrationsklammern zu benutzen und zunehmend verstärken zu müssen. Das Reich, seine Elite und deren Gefolgschaft schienen einem Süchtigen zu gleichen, der sich der schon lange notwendigen, seinem Zustand angemessenen Therapie nie unterzog, dafür immer stärkere Stimulantien zu sich nahm, zusammenbrach und wieder hochgeputscht wurde, bis ihn das Gift endgültig ruinierte, ohne daß er — im letzten Stadium den Verfallsprozeß teilweise erkennend — die Zerstörung aufzuhalten vermochte. Hitler offerierte das radikalste innen- und außenpolitische ›Programm‹, in dessen Zentrum ein die soziale und politische Misere total ›erklärendes‹ Feindbild stand. Daher folgten ihm (nachdem die Organisationen der Sozialdemokratischen und Kommunistischen Partei zerschlagen worden waren) die ›Massen‹, wie sie Miquels nationalistischen Parolen gelauscht, wie sie sich für Tirpitz' Flottenpropaganda begeistert, wie sie Ludendorffs Siegfriedenversprechungen geglaubt hatten und wie sie in die 1917 gegründete Deutsche Vaterlandspartei[39] eingetreten waren: Sie fiel bereits deutlich aus dem verfassungsmäßigen Rahmen des deutschen Konstitutionalismus heraus und kann als eine ›Massenbewegung‹ des Mittelstandes unter den ›Führern‹ Kapp und Tirpitz durchaus mit der dann folgenden NSDAP verglichen werden.

Bismarck war gerade noch in der glücklichen Lage gewesen, seine rational kalkulierte Außenpolitik nicht von weltanschaulich präparierten Parolen zerstören zu lassen, obwohl die Ansätze zu dieser dann für die Geschichte der preußisch-deutschen Großmacht charakteristischen Prozedur auch vor 1890 nicht zu übersehen sind und die Staatsstreichdrohung daher wohl die ultimo ratio der Regierung des Reichsgründers bildete.[40] Seinen Nachfolgern gelang es dann um den allerdings hohen Preis einer von Bismarck eben abgelehnten, offensiv vorgetragenen Weltpolitik, die Staatsstreichpläne auf die extreme Rechte der deutschen Innenpolitik zu verdrängen, wo sie bei den Alldeutschen weiter verfolgt wurden.[41] Der Forderung des liberalen Bürgertums aber, die parlamentarischen Voraussetzungen für die nun eingeleitete Weltpolitik zu schaffen, konnten und wollten Hohenlohe, Bülow, Miquel und Tirpitz nicht nachkommen, im Gegenteil, ihre Maßnahmen beabsichtigten, die Macht des Parlaments weiter einzuschränken: Nicht zuletzt lag darin neben den entscheidenden Reaktionen der durch Deutschland herausgeforderten Mächte ein wichtiges Motiv für das Scheitern der kühn entworfenen außenpolitischen Pläne.[42] Der Tribut jedoch, der der innenpolitischen ›Einigung‹ gezollt wurde, bestand in einem fast überschäumenden Nationalismus, dessen kriegerische Sprache allerdings wiedergab, was tatsächlich und langfristig planend entworfen worden war: nämlich Deutschlands Durchbruch zur gleichberechtigten Weltmachtstellung neben den Vereinigten Staaten, dem russischen Zarenreich und dem englischen Empire.⁴³ Im Weltkrieg aber gewannen die Extremisten auf der Rechten und ihre radikale Politik der Staatsstreichdrohung wieder an Boden: Die Überlegungen des Kronprinzen, die damit in Zusammenhang stehende Politik des Großadmirals von Tirpitz, der Einfluß der 3. Obersten Heeresleitung unter Ludendorff und die Gründung der Deutschen Vaterlandspartei sprengten die legitimistische Grundlage der Hohenzollernmonarchie und ließen mit ihrer Wendung an die ›Massen‹ Wirklichkeit werden, was sich in Bismarcks Wort andeutete, daß es in Preußen durchaus einen Royalismus ohne König geben könne.

Die seit 1862 bzw. den Zeiten der Reichsgründung vorhandene cäsaristische Komponente⁴⁴ in der preußisch-deutschen Politik und die im Bismarck-Reich — nur — vereinzelten Rufe nach der Diktatur,⁴⁵ traten nun im Ersten Weltkrieg unter aktiver Einbeziehung der vom ersten Kanzler stets möglichst aus dem Spiel gehaltenen ›Massen‹ auf den politischen Plan. Diese auf dem Prinzip von charismatischem Führertum und blinder Gefolgschaft basierende ›Bewegung‹ war dann während der zwanziger Jahre mächtiger als die — im Vergleich mit den Plänen von Teilen der Reichswehrführung, Deutschlands Wiederaufrichtung im Zuge von Kabinettskriegen herbeizuführen⁴⁶ — höchst rational anmutende Politik der Liberalen um Stresemann. Hitlers ›Programm‹ aber integrierte prinzipiell alle seit Bismarcks Tagen in der deutschen Gesellschaft vorhandenen politischen Forderungen, wirtschaftlichen Notwendigkeiten und sozial-psychologischen Erwartungen. Es bot Erklärung für das Mißgeschick in der Vergangenheit und für die Misere der Gegenwart. Um den außenpolitischen Preis der Herausforderung der gesamten Welt und um den — konsequent betrachtet — innenpolitischen Preis der radikalen Veränderung der Gesellschaft (in ferner Zukunft), d. h. des Bruchs in Fortführung der Kontinuität, entwarf es seine uns bekannte Zukunftsvorstellungen.⁴⁷

Das durch die global erteilte ›Antwort‹ zustandegekommene Scheitern des Hitlerschen ›Programms‹ markiert eine gewiß tiefe Zäsur in der Geschichte der als autonomer Faktor 1945 zerstörten preußisch-deutschen Großmacht und beließ dennoch Möglichkeiten der Kontinuität: Denn in letzter Stunde gelang es denen, die dem Diktator ursprünglich zur Macht verholfen hatten und dann von ihm unterjocht worden waren, doch noch das vor der Zerstörung zu retten, was einst Hitler selbst durch sein außenpolitisch die ganze Welt in die Schranken forderndes Programm vor Änderungen bewahrt hatte, um es eben in Konsequenz dieses ›Programms‹ bei siegreichem Verlauf des Krieges auf biologischer Basis umzugestalten bzw. bei einer Niederlage des

Reiches total zu vernichten: nämlich zumindest in einem Teil Deutschlands die bestehende Sozialordnung (einschließlich der lebenswichtigen industriellen Anlagen) zu erhalten. In diesem Teil des untergegangenen Reiches aber stehen sich heute wiederum im Rahmen einer leidlich den Erfordernissen der industriewirtschaftlichen Entwicklung angepaßten parlamentarisch-demokratischen Ordnung Gruppen und Parteien gegenüber, die um die entscheidenden Fragen der Nation ringen, ob nämlich innenpolitische Reformen und außenpolitischer Realismus oder innenpolitische Beharrung und außenpolitische Revision für die Politik der Bundesrepublik Deutschland bestimmend sein sollen. Diese Probleme und die Möglichkeiten ihrer Lösung nicht dogmatisch anzugehen, sondern kalkulierend zu überdenken, kann durch die historische Darstellung und Erklärung der preußisch-deutschen Vergangenheit befruchtet werden, denn auch für die Aufgabe und den Wert der Geschichtswissenschaft in unserem Lande mag gelten, was Margret Boveri so formulierte:[48] »Wie lange allerdings die Geschichte der Vergangenheit und die Geschichte der Zeit noch betrieben werden kann, ohne die in ihnen enthaltenen Elemente der Zukunft einzubeziehen, dürfte ... zu einem Prüfstein westlicher Geschichtsforschung werden.«

Abkürzungsverzeichnis

ADAP = Akten zur deutschen auswärtigen Politik
DBFP = Documents on British Foreign Policy
GWU = Geschichte in Wissenschaft und Unterricht
HZ = Historische Zeitschrift
IMT = Internationales Militärtribunal (Nürnberg)
NPL = Neue Politische Literatur
PVS = Politische Vierteljahresschrift
SD = Sicherheitsdienst
SKL = Seekriegsleitung
STS = Staatssekretär
VB = Völkischer Beobachter
VfZg = Vierteljahrshefte für Zeitgeschichte

Literatur in knappster Auswahl

V. R. Berghahn, Der Tirpitz-Plan. Genesis und Verfall einer innenpolitischen Krisenstrategie unter Wilhelm II., Düsseldorf 1971.
H. Böhme, Deutschlands Weg zur Großmacht. Studien zum Verhältnis von Wirtschaft und Staat während der Reichsgründungszeit 1848–1881, Köln/Berlin 1966.
L. Dehio, Gleichgewicht oder Hegemonie. Betrachtungen über ein Grundproblem der neueren Staatengeschichte, Krefeld 1948.
–, Deutschland und die Weltpolitik im 20. Jahrhundert, Frankfurt am Main 1955.
F. Fischer, Griff nach der Weltmacht. Die Kriegszielpolitik des kaiserlichen Deutschlands 1914/18, Düsseldorf ⁴1971.
–, Krieg der Illusionen. Die deutsche Politik von 1911 bis 1914, Düsseldorf ²1970.
L. Gruchmann, Der Zweite Weltkrieg, München 1968.
K. Hildebrand, Vom Reich zum Weltreich. Hitler, NSDAP und koloniale Frage 1919–1945, München 1969.
A. Hillgruber, Hitlers Strategie. Politik und Kriegführung 1940–1941, Frankfurt am Main 1965.
–, Deutschlands Rolle in der Vorgeschichte der beiden Weltkriege, Göttingen 1967.
–, Kontinuität und Diskontinuität in der deutschen Außenpolitik von Bismarck bis Hitler, Düsseldorf ³1971.
–, Bismarcks Außenpolitik, Freiburg i. Brsg. 1972.
–, Probleme des Zweiten Weltkrieges, Köln/Berlin 1967 (NWB).
H.-A. Jacobsen, Nationalsozialistische Außenpolitik 1933–1938, Frankfurt am Main/Berlin 1968.
F. Klein (Hrsg.), Der Erste Weltkrieg, Bde. 1–3, Berlin 1968/69.
W. Link, Die amerikanische Stabilisierungspolitik in Deutschland 1921–1932, Düsseldorf 1970.
B. Martin, Deutschland und Japan im Zweiten Weltkrieg. Von Pearl Harbor bis zur deutschen Kapitulation, Göttingen/Zürich/Frankfurt am Main 1969.
A. S. Milward, Die deutsche Kriegswirtschaft 1939–1945, Stuttgart 1966.
W. Mommsen (Hrsg.), Der moderne Imperialismus, Stuttgart/Berlin/Köln/Mainz 1971.

G. Ritter, Staatskunst und Kriegshandwerk. Das Problem des Militarismus in Deutschland. Bde. 1–4, München 1954–1968.
J. C. G. Röhl, Deutschland ohne Bismarck, Die Regierungskrise im Zweiten Kaiserreich 1890–1900, Tübingen 1968.
H. Rosenberg, Große Depression und Bismarckzeit. Wirtschaftsablauf, Gesellschaft und Politik in Mitteleuropa, Berlin 1967.
Th. Schieder, Das Deutsche Reich in seinen nationalen und universalen Beziehungen 1871 bis 1945, in: Reichsgründung 1870/71. Tatsachen - Kontroversen - Interpretationen. Stuttgart 1970, S. 422–454.
W. Schieder (Hrsg.), Erster Weltkrieg. Ursachen, Entstehung und Kriegsziele, Köln/Berlin 1969.
M. Stürmer (Hrsg.), Das kaiserliche Deutschland. Politik und Gesellschaft 1870–1918, Düsseldorf 1970.
H. U. Wehler, Bismarck und der Imperialismus, Köln/Berlin ³1972.
–, Das Deutsche Kaiserreich 1871–1918, Göttingen 1973.

Anmerkungen

Einleitung (Seite 9)

1 Dazu: H. Heffter, Vom Primat der Außenpolitik, in: HZ 171 (1951), S. 1 ff. und E. O. Czempiel, Der Primat der auswärtigen Politik. Kritische Würdigung einer Staatsmaxime, in: PVS 4 (1963), S. 266 ff. Vgl. dazu K. D. Bracher, Kritische Betrachtungen über den Primat der Außenpolitik, in: Faktoren der politischen Entscheidung. Festschrift für E. Fraenkel, Berlin 1963, S. 115 ff., und jetzt auch das Sonderheft 1 der PVS 1969: Die anarchische Souveränität. Zum Verhältnis von Innen- und Außenpolitik.
2 Trotz zahlreicher Detailuntersuchungen fehlt eine den Forschungsstand reflektierende und auf Erklärung abzielende Untersuchung. Über die große Arbeit von H.-A. Jacobsen, Nationalsozialistische Außenpolitik 1933–1938, Frankfurt/M. 1968, siehe S. 12. Den Versuch, die Geschichte Europas während der Zeit von 1918 bis 1939 zu schreiben, hat jetzt H. Graml, Europa zwischen den Kriegen, München 1969, unternommen.
3 A. Mitscherlich, Die Unfähigkeit zu trauern. Grundlagen kollektiven Verhaltens, München 1967, 27.–40. Tausend, 1968, S. 18 f.
4 Siehe dazu: K. Hildebrand, Der ›Fall Hitler‹. Bilanz und Wege der Hitler-Forschung, in: NPL 1969, Heft 3, S. 375 ff.
5 L. Dehio, Gleichgewicht oder Hegemonie. Betrachtungen über ein Grundproblem der neueren Staatengeschichte, Krefeld 1948.
6 Dazu: A. Hillgruber, Deutschlands Rolle in der Vorgeschichte der beiden Weltkriege, Göttingen 1967, und ders., Kontinuität und Diskontinuität in der deutschen Außenpolitik von Bismarck bis Hitler, Düsseldorf 1969, ³1971.
7 Zu den Anfängen der Sozialgeschichte in Deutschland siehe G. Oestreich, Die Fachhistorie und die Anfänge der sozialgeschichtlichen Forschung in Deutschland, in: HZ 208 (1969), S. 320 ff.
8 Beispiele für eine unter dem ›Primat der Innenpolitik‹ arbeitende Geschichtswissenschaft bieten etwa die Untersuchungen von H. Böhme, Deutschlands Wege zur Großmacht. Studien zum Verhältnis von Wirtschaft und Staat während der Reichsgründungszeit, Köln/Berlin 1966, und H.-U. Wehler, Bismarck und der Imperialismus, Köln/Berlin 1969, ²1972.
9 Eine Geschichte der deutschen Außenpolitik bei Kriegsbeginn 1939 enden

zu lassen, erscheint deshalb als wenig sinnvoll, weil gerade in den vierziger Jahren die in der ›Strategie‹ Hitlers zusammenlaufende Kriegführung und Politik aufschlußreich für Zielsetzung und Methode deutscher Außenpolitik sein können. Ebenso endet ja die englische Appeasement-Politik keineswegs am 3. 9. 1939, sondern findet ihre Fortsetzung in der Periode des ›phony war‹. Vgl. dazu die grundlegende Arbeit von A. Hillgruber, Hitlers Strategie. Politik und Kriegführung 1940 bis 1941, Frankfurt/M. 1965; ferner: K. Hildebrand, Der Zweite Weltkrieg: Probleme und Methoden seiner Darstellung, in: NPL 1968, Heft 4, S. 493 ff.

10 Daß die USA politischen und ökonomischen Einfluß ausübten, zeigt die Studie von H.-J. Schröder, Deutschland und die Vereinigten Staaten 1933 bis 1939. Wirtschaft und Politik in der Entwicklung des deutsch-amerikanischen Gegensatzes, Wiesbaden 1970. Vgl. ferner das grundlegende Werk von W. Link, Die amerikanische Stabilisierungspolitik in Deutschland 1921–1932, Düsseldorf 1970; für die UdSSR siehe M. Beloff, The Foreign Policy of Soviet Russia 1929–1941, 2 Bde., London/New York/Toronto 1947 ff.; demnächst: Osteuropa-Handbuch, Sowjetunion, Außenpolitik 1917–1955. Hrsg. von D. Geyer, Köln/Wien 1972.

11 Dazu R. von Albertini, England als Weltmacht und der Strukturwandel des Commonwealth, in: HZ 208 (1969), S. 52 ff., und zum sozialen Wandel die Studie von A. Calder, The Peoples' War. Britain 1939–1945, London 1969.

12 Albertini, England als Weltmacht, a. a. O.

13 Vgl. dazu R. von Albertini, Dekolonisation. Zur Diskussion über Verwaltung und Zukunft der Kolonien 1919–1960, Köln und Oplanden 1966.

14 Zur Notwendigkeit des Umdenkens für das einst den Globus beherrschende ›bürgerliche Subjekt‹ des europäischen Menschen und dem Wandel von seinem Anspruch auf welthistorische Allgemeinheit zur (noch nicht begriffenen) Einsicht in seine Partikularität siehe B. Willms, Revolution und Protest oder Glanz und Elend des bürgerlichen Subjekts. Hobbes, Fichte, Hegel, Marx, Marcuse, Stuttgart/Berlin/Köln/Mainz 1969.

15 L. Dehio, Deutschland und die Weltpolitik im 20. Jahrhundert, Frankfurt/M./Hamburg 1961, S. 110 ff. u. 127 ff.

16 Siehe dazu die Einleitung von G. Ritter, Staatskunst und Kriegshandwerk. Das Problem des ›Militarismus‹ in Deutschland. I. Bd., München 1954; ferner: Hildebrand, Der Zweite Weltkrieg, S. 485, sowie H.-U. Wehler, ›Absoluter‹ und ›Totaler‹ Krieg, in: PVS 10 (1969), S. 220 ff.

17 Böhme, Deutschlands Weg, a. a. O., sowie O. Pflanze, Bismarck and the Development of Germany, I: 1815–1871, Princeton 1963.
Verwiesen sei auf die für die Erforschung der Bismarck-Zeit grundlegende wirtschaftsgeschichtliche Analyse von H. Rosenberg, Große Depression und Bismarck-Zeit, Berlin 1967 sowie auf die ersten 20 Seiten der Arbeit von A. Rosenberg, Die Entstehung der Weimarer Republik, Frankfurt/M. 1958, die in ihrer Kompaktheit nach wie vor unübertroffen scheinen.

18 Jacobsen, Nationalsozialistische Außenpolitik, a. a. O.

19 Hillgruber, Vorgeschichte, a. a. O., und ders., Kontinuität, a. a. O. Siehe dazu auch bereits F. Meinecke, Die deutsche Katastrophe, Wiesbaden 1946, und H. Rothfels, Probleme einer Bismarck-Biographie, in: Deutsche Beiträge, 2, München 1948, S. 162 ff. Vgl. dagegen Rothfels' Distanzierung in: H. R., Bismarck, Vorträge und Abhandlungen, Stuttgart 1970, Vorwort, bes. S. 10 ff.

20 Z. B.: W. M. McGovern, From Luther to Hitler, London 1961, oder W. Steed, From Frederick the Great to Hitler. The Consistency of German Aims, in: Int. Affairs 17 (1938). Weitere Beispiele bei Hildebrand, Vom Reich zum Weltreich, S. 20.

21 Von der Bismarck-Zeit bis ins Hitlerreich hinein erscheint Großbritannien

als die Schlüsselmacht, die mit ihren ›Antworten‹ über Erfolg und Mißerfolg der deutschen ›Herausforderungen‹ entscheidet. Eine Untersuchung unter dem Titel ›England und Deutschland während der ›Ära Bismarck‹. Die Reichseinigung, das Problem der preußisch-deutschen Hegemonie und der überseeische Imperialismus des Kaiserreichs als Faktoren der englischen Politik‹ bereite ich vor.

22 A. Hillgruber, Die ›Krieg-in-Sicht‹-Krise 1875 — Wegscheide der Politik der europäischen Großmächte in der späten Bismarck-Zeit, in: Gedenkschrift für M. Göhring, hrsg. von E. Schulin, Wiesbaden 1968, S. 243 ff.
23 Dazu Wehler, Bismarck, passim, und W. Sauer, Das Problem des deutschen Nationalstaates, in: Moderne deutsche Sozialgeschichte, hrsg. von H.-U. Wehler, Köln 1966, bes. S. 435.
24 Böhme, Deutschlands Weg, bes. S. 587 ff.
25 Siehe dazu auch ergänzend Hildebrand, Der ›Fall Hitler‹, S. 381 f.
26 Vgl. zu der Kontroverse W. Schieder, Erster Weltkrieg. Ursachen, Entstehung und Kriegsziele, Köln/Berlin 1969, und das neue Buch von F. Fischer, Krieg der Illusionen. Die deutsche Politik von 1911 bis 1914, Düsseldorf 1969, ²1970.
27 Dazu jetzt: W. Baumgart, Deutsche Ostpolitik 1918. Von Brest-Litowsk bis zum Ende des Ersten Weltkrieges, München 1966.
28 J. W. Wheeler-Bennett, Brest-Litovsk, the Forgotten Peace. March 1918, London 1938, ²1956.
29 Vgl. dazu F. Fischer, Griff nach der Weltmacht. Die Kriegszielpolitik des kaiserlichen Deutschland 1914–1918, Düsseldorf ³1964, S. 469 ff. (⁴1971).
30 Hillgruber, Kontinuität, S. 13 f.
31 Siehe dazu auch die Studie von K. Schwabe, Deutsche Revolution und Wilson-Frieden. Die amerikanische und deutsche Friedensstrategie zwischen Ideologie und Machtpolitik 1918/19, Düsseldorf 1970.
32 Dazu E. Hölzle, Die Revolution der zweigeteilten Welt. Eine Geschichte der Mächte 1905–1929, Hamburg 1963.
33 Für Deutschland siehe jetzt: F. Klein (Hrsg.), Deutschland im Ersten Weltkrieg 3: November 1917 bis November 1918, Berlin 1969, S. 301 ff.
34 Vgl. dazu auch K. Hildebrand, Stufen der Totalitarismus-Forschung, in: PVS 9 (1968), S. 403. Zur Frage des sog. Hilfsdienstgesetzes vgl. bes. die gründliche Untersuchung von G. Feldman, Army, Industry, and Labor in Germany 1914–1918, Princeton 1966.
35 B. Guttmann, Schattenriß einer Generation 1888–1919, Stuttgart 1950, S. 146. Bericht unter dem Datum des 20. 11. 1917 des früheren politischen Redakteurs der Frankfurter Zeitung über ein Gespräch mit Staatssekretär von Kühlmann im AA in Berlin: »Gegen alle unsere Bundesgenossen ist sein (Kühlmanns K. H.) Mißtrauen groß. Die Bulgaren seien unersättlich, hat man ihnen Rock und Hose gegeben, so verlangen sie auch Hemd und Schuhe. Er berichtet, wie von ihnen die Serben auf dem Verwaltungsweg ›erledigt‹ werden, man bringt sie der Reinigung wegen in Entlausungsanstalten und eliminiert sie durch Gas. Das, fügt er melancholisch hinzu, sei im Völkerkampf die Zukunft.«
36 Dazu F. Frhr. Hiller von Gaertringen, ›Dolchstoß‹-Diskussion und ›Dolchstoßlegende‹ im Wandel von vier Jahrzehnten, in: Geschichte und Gegenwartsbewußtsein. Festschrift für H. Rothfels, hrsg. von W. Besson und F. Frhr. Hiller von Gaertringen, Göttingen 1963, S. 122 ff.
37 Dazu M.-O. Maxelon, Stresemann und Frankreich 1914–1929, Düsseldorf 1972.
38 Über die von wirtschaftlichen Motiven und Methoden bestimmte Politik Bethmann Hollwegs und Rathenaus vgl. die verschiedenen Arbeiten von Fritz Fischer, Egmont Zechlin und Gerhard Ritter. Zusammenfassend da-

zu K. Hildebrand, Bethmann Hollweg – der Kanzler ohne Eigenschaften? Urteile der Geschichtsschreibung. Eine kritische Bibliographie, Düsseldorf 1970, ²1970.

39 Daß die wirtschaftspolitische Konsolidierung und Expansion unter weltpolitischem Aspekt von 1920 über die ›Ära Stresemann‹ hinaus bis hin zu Brüning/Curtius leitendes Motiv deutscher Politik war, zeigt Link, Amerikanische Stabilisierungspolitik.

40 Zur Politik und Persönlichkeit von Seeckts siehe jetzt die Arbeit von H. Meier-Welcker, Seeckt, Frankfurt/M. 1967. Zum Seecktschen Schlüsselwort der ›Bündnisfähigkeit‹ siehe auch M. Stürmer, Koalition und Opposition in der Weimarer Republik 1924–1928, Düsseldorf 1967.

41 Über die Fragwürdigkeit des Vollständigkeitsstrebens (Komplexitätsproblem) vgl. J. Habermas, Zur Logik der Sozialwissenschaften, Tübingen 1967.

42 Einmal erscheint Hitlers Herrschaft ab 1936/37 absoluter, d. h. von allen direkten Beeinflussungen unabhängiger, als Bismarcks Politik es wohl je war. Daher muß dem originär-machtpolitischen ›Programm‹ Hitlers relativ hohe Bedeutung beigemessen werden. Zum anderen schafft die zum ›Problem Bismarck‹ vorliegende, kaum überschaubare Literatur die Voraussetzung dafür, in Ergänzung zu den bisher erarbeiteten Ergebnissen und durch methodische Neuorientierung der Fragestellung zu einer solch umfassenden Bestimmung des Phänomens Bismarck zu gelangen, wie es für die Hitler-Forschung vorläufig kaum möglich erscheint. Vgl. zur Kritik an Wehlers Studie die sehr eingehende Rezension von W. J. Mommsen in: Welt der Literatur vom 8. 10. 1969, S. 58 u. 60, sowie die Artikel von M. Stürmer und W.-D. Narr, in: NPL 1970, S. 188 ff. u. 199 ff. Siehe jetzt auch Wehlers Einleitung in: H.-U. Wehler (Hrsg.), Imperialismus, Köln/Berlin 1970.

43 Ideologie wird hier in erster Linie nicht im Sinne von Marx oder der ›Frankfurter Schule‹, sondern im Verständnis E. Sprangers als ›Zukunftsvision‹ und ›Tatprogramm‹ benutzt. E. Spranger, Wesen und Wert politischer Ideologien, in: VfZg 2 (1954), S. 114 ff.

44 Vgl. dazu jetzt auch die methodologischen Überlegungen von A. Hillgruber, Gedanken zu einer politischen Geschichte moderner Prägung, in: Freiburger Universitätsblätter, H. 30, Dezember 1970, S. 33 ff.

1. Kapitel (Seite 19)

1 P. E. Q. Bradley, The National Socialist Attack on the Foreign Policies of the German Republic 1919–1933, Diss. Stanford Univ. 1947.

2 Den überzeugenden Beweis gegen diese These liefern die Arbeit von R. Bollmus, Das Amt Rosenberg und seine Gegner. Studien zum Machtkampf im nationalsozialistischen Herrschaftssystem, Stuttgart 1970, und das Buch von P. Diehl-Thiele, Partei und Staat im Dritten Reich. Untersuchungen zum Verhältnis von NSDAP und allgemeiner innerer Staatsverwaltung, München 1969.

3 Vgl. dazu W. Petwaidic, Die autoritäre Anarchie. Streiflichter des deutschen Zusammenbruchs, Hamburg 1946.

4 Dazu jetzt: E. N. Peterson, The Limits of Hitler's Power, Princeton Univ. Press 1970.

5 Siehe dazu W. Horn, Führerideologie und Parteiorganisation in der NSDAP (1919–1933), Düsseldorf 1972.

6 G. Schubert, Anfänge nationalsozialistischer Außenpolitik, Köln 1963.

7 Zur Person von Epps siehe ausführlich Hildebrand, Vom Reich zum Weltreich, bes. S. 113 ff.

8 Vgl. dazu die Memoiren E. von Liebert, Aus einem bewegten Leben, München 1925.

9 Siehe dazu jetzt auch die allerdings wenig befriedigende Arbeit von A.-E. Simpson, Hjalmar Schacht in Perspective, The Hague/Paris 1969.
10 Dazu ausführlich Hildebrand, Vom Reich zum Weltreich, Kap. 1–5 passim und S. 189 ff.
11 Vor allem die Studien von G. Schildt, Die Arbeitsgemeinschaft Nord-West, Diss. Freiburg 1965; R. Kühnl, Die nationalsozialistische Linke 1925–1933, Meisenheim/Glan 1966; J. L. Nyomarkay, Charisma and Factionalism in the Nazi Party, Minneapolis Press 1967; und J. Noakes, Conflict and Development in the NSDAP 1924–1927, in: Journal of Contemporary History 1 (1966), S. 3 ff.
12 Siehe dazu die Ausführungen bei F. Meinecke, Die deutsche Katastrophe, Wiesbaden 1946.
13 O. Spengler, Preußentum und Sozialismus, München 1920.
14 Zur Person Reventlows siehe die Arbeit von H. Boog, Graf Ernst zu Reventlow (1869–1943). Eine Studie zur Krise der deutschen Geschichte seit dem Ende des 19. Jahrhunderts. Diss. Heidelberg 1965; auch: R. Wulff, Die Deutschvölkische Freiheitspartei 1922–1928, Diss. Marburg 1968.
15 Das lange Jahre als verschollen angesehene ›Bamberger oder Strasser-Programm‹ vom November 1926 befindet sich im Bundesarchiv Koblenz, NS 26896 und ist inzwischen von R. Kühnl in den VfZg 14 (1966), S. 317 ff. veröffentlicht worden.
16 Siehe dazu H. Pogge-von Strandmann (Oxford), The Kolonialrat, its significance and influence on German politics, 1880–1906, Diss. Oxford 1970, und H. Böhme, Katanga in der deutschen Kolonial- und Weltpolitik. Notizen zu einem größeren Thema, in: K.-H. Manegold (Hrsg.), Wissenschaft, Wirtschaft und Technik. Studien zur Geschichte. Wilhelm Treue zum 60. Geburtstag, München 1969, S. 204 ff.; ferner: F. Fischer, Griff nach der Weltmacht, passim, bes. S. 113 ff., 120 ff., 414 ff., 469 ff. und 791 ff.
17 ›Der Nationale Sozialist‹ vom 4. 7. 1930: ›Die Sozialisten verlassen die NSDAP‹.
18 Siehe dazu generell die Arbeit von H. Gies, Richard Walther Darré und die nationalsozialistische Landwirtschaftspolitik, Diss. Frankfurt/M. 1966.
19 So z. B. E. Jäckel in seiner gedankenreichen Untersuchung: Hitlers Weltanschauung. Entwurf einer Herrschaft, Tübingen 1969, S. 52.
20 Daß Hitler sich nach seinem Selbstverständnis sich nie mit der Funktion des ›Trommlers‹ begnügte, zeigt W. Horn, Führerideologie, a. a. O. Siehe dazu jetzt auch: E. Deuerlein, Hitler. Eine politische Biographie, München 1969, S. 94 ff.
21 Vgl. dazu W. Horn, Führerideologie, a. a. O. Siehe auch W. Horn, Ein unbekannter Aufsatz Hitlers aus dem Jahre 1923, in: VfZg 16 (1968), S. 280 ff.
22 Vgl. dazu auch die allerdings nur die ›eine‹ Seite (Ostexpansion) ins Auge fassende Studie von A. Kuhn, Hitlers außenpolitisches Programm. Entstehung und Entwicklung 1919–1933, Stuttgart 1970.
23 A. Hitler, Mein Kampf, München 1941, und Hitlers Zweites Buch. Ein Dokument aus dem Jahre 1928. Eingeleitet und kommentiert von G. L. Weinberg, Stuttgart 1961. Siehe zu diesen ›programmatischen‹ Dokumenten und den anderen für Hitlers Politik aufschlußreichen Quellen den Aufsatz von A. Hillgruber, Quellen und Quellenkritik zur Vorgeschichte des Zweiten Weltkriegs, in: Wehrwissenschaftliche Rundschau 1964, S. 116 ff. Neben den dort angeführten Quellenbeständen vgl.: Hitler's Secret Pamphlet for Industrialists, 1927, hrsg. und eingel. von H. A. Turner, jr., in: The Journal of Modern History 40 (1968), S. 348 ff.
24 Schubert, Außenpolitik, a. a. O.; F. Dickmann, Machtwille und Ideologie in Hitlers außenpolitischen Zielsetzungen vor 1933, in: Spiegel der Ge-

schichte. Festgabe für M. Braubach, Münster 1964, S. 915 ff., und Kuhn, Programm, a. a. O.
25 Siehe dazu bes. K. Lange, Der Terminus ›Lebensraum‹ in Hitlers ›Mein Kampf‹, in VfZg 13 (1965), S. 426 ff., und allgemein: G. Bakker, Duitse Geopolitik 1919–1945. Een imperialistische Ideologie, Assen 1967. Ferner auch: Horn, Unbekannter Aufsatz Hitlers, S. 280 ff.
26 Jäckel, Weltanschauung, a. a. O.
27 Hitlers Bündniskonzept, das sich von der Politik der Mehrheit der nationalen Rechten unterschied, findet sich etwa schon in dem Erlebnisbericht von O. Reimer, 18 Jahre Farmer in Afrika, Leipzig 1924, bes. S. 358 f.
28 Siehe dazu A. Hillgruber, Kontinuität, a. a. O.
29 Die entsprechenden Belege finden sich bei Hildebrand, Vom Reich zum Weltreich, S. 77 ff. und passim.
30 Dazu E. Jäckel, Frankreich in Hitlers Europa. Die deutsche Frankreichpolitik im Zweiten Weltkrieg, Stuttgart 1966, S. 13 ff.
31 Zu den ökonomischen Grundlagen dieser Idee – Hitler reduzierte das volkswirtschaftliche Problem auf die Ernährungsfragen – vgl. W. Sauer, in: K. D. Bracher, W. Sauer, G. Schulz, Die nationalsozialistische Machtergreifung. Studien zur Errichtung des totalitären Herrschaftssystems in Deutschland 1933/34, Köln/Opladen ²1962.
32 W. W. Pese, Hitler und Italien 1920–1926, in: VfZg 3 (1955), S. 113 ff.
33 Zur Stufen-Konzeption Hitlers siehe grundlegend: A. Hillgruber, Hitlers Strategie, a. a. O., und ders., Der Faktor Amerika in Hitlers Strategie 1938–1941. Aus Politik und Zeitgeschichte, B 19/66, 11. 5. 1966, Beilage zum ›Parlament‹.
34 Hitler, Zweites Buch, S. 163.
35 Mein Kampf, S. 689 ff.
36 Hitlers Äußerungen über die USA finden sich im Zweiten Buch Kap. 9, bes. S. 123 f.
37 Mein Kampf, S. 438. Dazu auch G. Moltmann, Weltherrschaftsideen Hitlers, in: Europa und Übersee. Festschrift für E. Zechlin, hrsg. von O. Brunner, D. Gerhard, Hamburg 1961, S. 197 ff; ferner Hildebrand, Vom Reich zum Weltreich, S. 83.
38 Vgl. in diesem Zusammenhang auch die charakteristische Stelle bei A. Speer, Erinnerungen, Berlin 1969, S. 175.
39 Vgl. zur Vision des neuen Menschen als dem Kennzeichen des Totalitären K. Hildebrand, Stufen der Totalitarismus-Forschung, in: PVS 1968, S. 397 ff.
40 A. Rosenberg, Vom Zukunftsweg einer deutschen Außenpolitik, München 1927.
41 Dazu V. R. Berghahn, Zu den Zielen des deutschen Flottenbaus unter Wilhelm II., in: HZ 210 (1970), S. 34 ff., ders., Der Tirpitz-Plan. Genesis und Verfall einer innenpolitischen Krisenstrategie unter Wilhelm II., Düsseldorf 1971.
42 K. Hildebrand, Hitlers ›Mein Kampf‹: Propaganda oder Programm? Zur Frühgeschichte der nationalsozialistischen Bewegung, in: NPL 1969, S. 77.

II. Kapitel (Seite 30)

1 Vgl. hierzu neben dem Standardwerk von K. D. Bracher, W. Sauer, G. Schulz, Die nationalsozialistische Machtergreifung, Köln/Opladen ²1962, nunmehr auch K. D. Bracher, Die deutsche Diktatur. Entstehung, Struktur, Folgen des Nationalsozialismus, Köln/Berlin 1969, S. 125 ff. (⁴1972).
2 A. Schweitzer, Big Business in the Third Reich, Bloomington ²1965, u. a. S. 504 ff.

3 E. Nolte, Der Faschismus in seiner Epoche. Die Action Française. Der Italienische Faschismus. Der Nationalsozialismus. München 1963, S. 23 ff. und S. 43 (²1965).
4 G. W. F. Hallgarten, Hitler verwirklicht seinen Grund-Plan, I. Zur Psychologie und Soziologie der nationalsozialistischen Diktatur und Expansion, in: Blätter für deutsche und internationale Politik 10 (1965), S. 515 ff.
5. Dazu K. Lange, Hitlers unbeachtete Maximen. ›Mein Kampf‹ und die Öffentlichkeit, Stuttgart/Berlin/Köln/Mainz 1968, S. 104 ff.
6 Zur Beurteilung des nationalsozialistischen Deutschlands durch Großbritannien während dieser Periode vgl.: H. D. Gottlieb, England and the Nature of the Nazi Regime. A Critical Assessment of British Opinion 1933–1939, Diss. Oxford 1953; R. Kieser, Englands Appeasement-Politik und der Aufstieg des Dritten Reiches im Spiegel der britischen Presse (1933–1939), Winterthur 1964; Ph. W. Fabry, Mutmaßungen über Hitler. Urteile von Zeitgenossen, Düsseldorf 1969, S. 199 ff. Dazu auch allgemein: H. Illert, Die deutsche Rechte der Weimarer Republik im Urteil der englischen Presse 1928–1932, Diss. Köln 1966.
7 Zur Person Vansittarts I. Colvin, Vansittart in Office. The Origins of World War II, London 1965. Zur englischen Politik gegenüber Deutschland während der damaligen Phase vgl. allgemein die in Vorbereitung befindliche Dissertation von K. Gutzmer, Die englische Deutschlandpolitik 1931–1935. Konzeption oder Improvisation.
8 Documents on British Foreign Policy, II. Reihe, Bd. 6, S. 975 ff.
9 J. M. d'Hoop, Frankreichs Reaktion auf Hitlers Außenpolitik 1933–1939, in: GWU 15 (1964), S. 211 ff., und A. Kimmel, Der Aufstieg des Nationalsozialismus im Spiegel der französischen Presse 1930–1933, Diss. Bonn 1969.
10 Siehe dazu: J. Minart, Le Drame du Désarmement français (1918–1939), Paris 1959, und P. E. Tournoux, Les Origines de la ligne Maginot, in: Revue d'Histoire de la Deuxième Guerre Mondiale 9 (1959); ferner: M. Baumont, Die französische Sicherheitspolitik, ihre Träger und Konsequenzen 1920–1924, in: H. Rößler (Hrsg.), Die Folgen von Versailles 1919–1924, Göttingen/Zürich/Frankfurt a. M. 1968.
11 Vgl. dazu W. Link, Die Ruhrbesetzung und die wirtschaftspolitischen Interessen der USA, in: VfZg 1969, S. 372 ff.
12 Dazu die Habilitationsschrift von W. Link, Amerikanische Stabiliserungs-Politik, a. a. O.
13 Vgl. dazu jetzt die Darstellung bei H. A. Jacobsen, Nationalsozialistische Außenpolitik 1933–1938, Frankfurt/M./Berlin 1968, S. 406 ff., und D. Ross, Hitler und Dollfuß. Die deutsche Österreich-Politik 1933–1934, Hamburg 1966.
14 J. Krŭlis-Randa, Das deutsch-österreichische Zollunionsprojekt von 1931, Zürich 1955, der die Bemühungen um eine wirtschaftliche Annäherung zwischen Deutschland und Österreich in die Kontinuität der preußisch-deutsch-österreichischen Wirtschaftsbeziehungen seit dem 19. Jahrhundert einordnet.
15 Zur amerikanischen Position vgl. Schröder, Deutschland und die Vereinigten Staaten, a. a. O.
16 K. Niclauss, Die Sowjetunion und Hitlers Machtergreifung. Eine Studie über die deutsch-russischen Beziehungen der Jahre 1929 bis 1935, Bonn 1966.
17 Dazu die Faschismus-Theorie August Thalheimers, in: O. Bauer, H. Marcuse, A. Rosenberg u. a., Faschismus und Kapitalismus. Theorien über die sozialen Ursprünge und die Funktion des Faschismus. Hrsg. von W. Abendroth. Eingel. von K. Kliem, J. Kammler, R. Griepenburg, Frankfurt/M./Wien 1967. Zu Thalheimers Faschismus-Theorie siehe ausführlich K. H. Tjaden, Struktur und Funktion der ›KPD-Opposition‹

(KPO). Eine organisationsgeschichtliche Untersuchung zur ›Rechts‹-Opposition im deutschen Kommunismus zur Zeit der Weimarer Republik, Meisenheim 1964, S. 55 ff.

18 Vgl. jetzt insgesamt zum ›faschistischen‹ Experiment in Deutschland unter wirtschaftsgeschichtlichem Aspekt und im Vergleich zur ›Krisentherapie‹ der anderen industriellen Staaten D. S. Landes, The Unbound Prometheus. Technological Change and Industrial Development in Western Europe from 1750 to the Present, Cambridge Univ. Press 1969, bes. S. 398 ff., und D. Petzina, Germany and the Great Depression, in: Journal of Contemporary History 4 (1969), S. 59 ff. Insgesamt dazu: Big Business in German Politics: Four Studies, in: American Historical Review LXXV (1969), S. 37 ff., bes. ebd. S. 56 ff.: H. A. Turner, jr., Big Buisiness and the Rise of Hitler.

19 H. Rosenberg, Große Depression und Bismarck-Zeit. Wirtschaftsablauf, Gesellschaft und Politik in Mitteleuropa, Berlin 1967.

20 Dazu die Studie von H. U. Wehler, Bismarck, a. a. O.

21 Zu dieser auch von den Zeitgenossen vertretenen Meinung Hildebrand, Vom Reich zum Weltreich, S. 129.

22 Schon am 8. 2. 1933 erklärte Hitler im Kabinett in den »nächsten 4–5 Jahren alles für die Streitkräfte einsetzen« zu wollen. Zum »Vorrang der Aufrüstung« vgl. Jacobsen, Nationalsozialistische Außenpolitik, S. 765.

23 Dazu H. G. Schumann, Nationalsozialismus und Gewerkschaftsbewegung. Die Vernichtung der deutschen Gewerkschaften und der Aufbau der ›Deutschen Arbeitsfront‹, Frankfurt/M. 1958.

24 Th. Vogelsang, Dokumentation zur Geschichte der Reichswehr 1930–1933, in: VfZg 2 (1954), S. 434 f.

25 Dazu M. Braubach, Der Einmarsch deutscher Truppen in die entmilitarisierte Zone am Rhein im März 1936, Köln/Opladen 1956, und A. Hillgruber, Hitlers Strategie, Politik und Kriegführung 1940–41, Frankfurt/Main 1969, S. 14 (Anm. 5).

26 E. Raeder. Mein Leben, Von 1935 bis Spandau 1955, Tübingen 1957, Bd. 1, S. 281. Hitlers Forderungen vom 2. 6. 1934, den U-Boot-Bau geheim zu halten, und vom 16. 1. 1935, die Seerüstung zu beschleunigen, scheinen, im Zusammenhang seiner Politik betrachtet, gegen die kontinentalen Gegner Frankreich und Rußland gerichtet gewesen zu sein. Vielleicht deutet sich in diesen Forderungen auch bereits die Möglichkeit an, entsprechend der kolonialen Sanktionsdrohung ein weiteres taktisches Mittel bereitzustellen, um die Engländer zum Einlenken zu zwingen. Ob aber in den Marinerüstungsplänen der Jahre 1933–1936 vielleicht schon Fernziele Hitlerscher Expansionsabsichten enthalten sind, die also – im Gegensatz zum ›Programm‹ und seinen Äußerungen – Großbritannien bereits als evtl. Gegner einschätzen, wie P. Zieb, Logistik – Probleme der Marine, Neckargemünd 1961, annimmt, untersucht Jost Dülffer, Weimar, Hitler und die Marine. Reichspolitik und Flottenbau 1920–1939, Düsseldorf 1973.

27 Hitlers Verhältnis zu Japan während der frühen dreißiger Jahre müßte einmal sorgfältig analysiert werden. In Vorbereitung dazu: J. P. Fox, The Development of Germany's Far Eastern Policy, 1933–1936. A study of Nazi Germany's so-called ›balancing‹ policy towards China, Japan, and Manchoukuo in the period between the Manchurian Crisis and the signing of the Anti-Comintern-Pact (London School of Economics, Univ. of London, Diss.).

28 Zum Problem der Geheimhaltung in Hitlers Politik vgl. A. Hillgruber, Quellen und Quellenkritik zur Vorgeschichte des Zweiten Weltkrieges, in: Wehrwissenschaftliche Rundschau 1964, S. 125.

29 W. W. Schmokel, Dream of Empire. German Colonialism 1919–1945, New Haven/London 1964, S. 88.

30 Vgl. neben den Unterredungen mit Ward Price am 18. 10. 1933, 16. 2. 1934, 5. 8. 1934, 17. 3. 1935 Hitlers ›englische Kontakte‹ während dieser Zeit bei Jacobsen, Nationalsozialistische Außenpolitik, S. 765, 766, 769, 771, 774, 776, 779, 780, 784, 785, 790, 797, 798, 799, 800.
31 Hildebrand, Vom Reich zum Weltreich, S. 248 ff.
32 Jacobsen, Nationalsozialistische Außenpolitik, bes. S. 73 ff.
33 Dazu K. O. Frhr. von Aretin, Prälat Kaas, Franz von Papen und das Reichskonkordat von 1933, in: VfZg 14 (1966), S. 252 ff., und E. Deuerlein, Das Reichskonkordat, Beiträge zur Vorgeschichte, Abschluß und Vollzug des Konkordats zwischen dem Heiligen Stuhl und dem Deutschen Reich vom 20. Juli 1933, Düsseldorf 1956. Dazu auch: D. Junker, Die deutsche Zentrumspartei und Hitler 1932/33, Stuttgart 1969.
34 D. h.: Hitlers ›Programm‹ ist als die subjektiv gestaltete und organisierte Summe der in der deutschen Gesellschaft auftauchenden und artikulierten außenpolitischen Wünsche zu begreifen. Die im Detail einander widersprechenden Expansionsforderungen (Kontinent und Übersee) sind von Hitler im ›Programm‹ systematisiert worden. Dabei ist nicht zu übersehen, daß der Primat der Kontinentalpolitik durchaus auch den entsprechenden Wünschen des stärksten Partners innerhalb der deutschen Wirtschaft, der Schwerindustrie, viel eher entgegenkam, als etwa überseeische Ziele diesen Zweig der Wirtschaft interessiert hätten. Koloniale Forderungen wurden stärker von der verarbeitenden Industrie, dem Handel und den Schiffahrtsunternehmungen propagiert, mußten vorläufig aber hintenanstehen. Siehe dazu auch generell – besonders für die Kriegszeit – die DDR-Edition: Anatomie des Krieges. Neue Dokumente über die Rolle des deutschen Monopolkapitals bei der Vorbereitung und Durchführung des Zweiten Weltkrieges, hrsg. und eingel. von D. Eichholtz und W. Schumann, Berlin 1969.
35 Dazu jetzt auch: J. L. Heinemann, Constantin von Neurath and German Policy at the London Economic Conference of 1933: Backgrounds to the Resignation of Alfred Hugenberg, in: The Journal of Modern History 41 (1969), S. 160 ff.
36 Siehe dazu F. Fischer, Krieg der Illusionen, Die deutsche Politik von 1911 bis 1914, Düsseldorf 1969, S. 117 ff. (²1970).
37 Hugenberg hatte im Reich und in Preußen zusammen vier Ministerien inne, und zwar jeweils das Wirtschafts- und das Landwirtschafts- und Ernährungsministerium.
38 Vgl. dazu F. Frhr. Hiller von Gaertringen, Die Deutschnationale Volkspartei, in: E. Matthias/R. Morsey (Hrsg.), Das Ende der Parteien, Düsseldorf 1960, S. 543 ff.
39 A. Ritthaler, Eine Etappe auf Hitlers Weg zur ungeteilten Macht. Hugenbergs Rücktritt als Reichsminister. Dokumentation, in: VfZg 8 (1960), S. 193 ff.
40 Siehe dazu die gedankenreichen Ausführungen von B.-J. Wendt, München 1938. England zwischen Hitler und Preußen, Frankfurt/M. 1965.
41 Jacobsen, Nationalsozialistische Außenpolitik, S. 398 f.
42 Dazu: H. Roos, Polen und Europa. Studien zur polnischen Außenpolitik 1931–1939, Tübingen 1957, und Z. J. Gasiorowski, The German-Polish Non-agression Pact of 1934, in: Journal of Central European Affairs 15 (1955), S. 3 ff.
43 J. Korbel, Poland Between East and West. Soviet an German Diplomacy Toward Poland, 1919–1933, Princeton 1963, bes. S. 68 ff.
44 Aus der zahlreichen Literatur zu diesem Problem sei genannt: H. Roos, Die ›Präventivkriegspläne‹ Piłsudskis von 1933, in: VfZg 3 (1955), S. 344 ff.
45 Aufzeichnung des späteren Generalfeldmarschalls Frhr. von Weichs, Zeugenschrifttum des Instituts für Zeitgeschichte in München, Nr. 182,

S. 8 ff., zit. nach Hillgruber, Quellenkritik, S. 118.
46 Siehe S. 85.
47 Auch sog. revolutionäre Methoden der Taktik, sich ›Fünfter Kolonnen‹ zu bedienen, waren weder der deutschen noch der europäischen Politik des 19. und 20. Jahrhunderts unbekannt. Dazu L. Jedlicka, Vom Kaisertum Österreich zur Doppelmonarchie Österreich-Ungarn, in: Entscheidung 1866. Der Krieg zwischen Österreich und Preußen, hrsg. von W. v. Groote u. U. v. Gersdorff, Stuttgart 1966 und E. Zechlin, Friedensbestrebungen und Revolutionierungsversuche, in: Aus Politik und Zeitgeschichte. Beilage zur Wochenzeitung ›Das Parlament‹ vom 14. 6. 1961, B 24/61. Das Neuartige kann auch nicht darin liegen, daß diese Mittel nunmehr 1933 konstitutiv geworden wären: Hitler setzte vielmehr auf traditionelle Methoden (Wehrmacht und Diplomatie).
48 Documents on British Foreign Policy 1919–1939, 2nd ser., London 1946 ff. Bd. 4, Bericht vom 30. 1. 1934.
49 Dazu K. A. Jarausch, The Four Power Pact, Columbia 1964, Ch. Bloch, Hitler und die europäischen Mächte 1933/34. Kontinuität oder Bruch, Frankfurt/M. 1966 und G. Wollstein, Vom Weimarer Revisionismus zu Hitler. Das Deutsche Reich und die europäischen Großmächte in der Anfangsphase der nationalsozialistischen Herrschaft in Deutschland, Bonn 1973.
50 Documents on German Foreign Policy, Ser. C, Bd. 2 Nr. 271, S. 513 ff.
51 Ebd., Bd. 3, Nr. 358, S. 681. Vorher hatte er bereits gegenüber Raeder am 5. 11. 1934 und gegenüber Lord Allen of Hurtwood am 25. 1. 1935 diesen Plan berichtet. Zu der Person des englischen Botschafters Phipps siehe die Arbeit von J. Ott, Botschafter Sir Eric Phipps und die deutsch-englischen Beziehungen, Diss. Erlangen 1968.
52 W. E. Scott, Alliance against Hitler. The Origins of the Franco-Soviet Pact, Duke 1962.
53 Aus der großen Zahl der Literatur vgl. jetzt den äußerst informativen Aufsatz von J. Petersen, Deutschland und Italien im Sommer 1935. Der Wechsel des italienischen Botschafters in Berlin, in: GWU 20 (1969), S. 330 ff.
54 Die These, daß der Grundstein der ›Achse‹ während des Abessinienkrieges gelegt worden sei, dürfte nach den Ergebnissen der Studie von M. Funke, Sanktionen und Kanonen. Hitler, Mussolini und der internationale Abessinienkonflikt, Düsseldorf 1970, kaum mehr haltbar sein.
55 Dazu: G. Meinck, Hitler und die deutsche Aufrüstung 1933–1937, Wiesbaden 1959; B. Carroll, Design for Total War. Arms and Economics in the Third Reich, Den Haag 1968; G. Thomas, Geschichte der deutschen Wehr- und Rüstungswirtschaft (1918–1945). Hrsg. von W. Birkenfeld, Boppard/Rh. 1966.
56 Documents on German Foreign Policy, Ser. C, Bd. 3, Nr. 555, S. 1043 ff. Zur Interpretation siehe im folgenden ausführlich Hildebrand, Vom Reich zum Weltreich, S. 465 ff.

III. Kapitel (Seite 43)

1 Vgl. dazu den Aufsatz von F. Jacomini, La confrenza di Stresa, in: Rivista studi polit. internat. 1952/I.
2 Siehe dazu allg. die im ganzen jedoch unbefriedigende Studie von W. Bernhardt, Die deutsche Aufrüstung 1934–1939, Frankfurt/M. 1969, und H.-A. Jacobsen, Nationalsozialistische Außenpolitik 1933–1938, Frankfurt/M. 1968, S. 804.
3 Zur Person und Politik von Ribbentrops siehe P. Schwarz, This man Ribbentrop, His Life and Times, New York 1943. F. L'Huillier, Joachim von Ribbentrop, in: Revue d'histoire de la Deuxième Guerre Mondiale

1956, S. 1 ff., sowie zusammenfassend und in Fortführung der Überlegungen A. Hillgrubers den Versuch vorbereitend, eine neue Interpretation der Ribbentropschen Politik plausibel zu machen: K. Hildebrand, Vom Reich zum Weltreich, bes. S. 357 ff.; S. 491 ff. und 673 ff.

4 Aus der umfangreichen Literatur zum Flottenabkommen seien hier drei Studien genannt: W. Malanowski, Das deutsch-englische Flottenabkommen vom 18. Juni 1935 als Ausgangspunkt für Hitlers doktrinäre Bündnispolitik, in: Wehrwissenschaftliche Rundschau 5 (1955), S. 408 ff.; D. C. Watt, The Anglo-German Naval Agreement of 1935: An Interim Judgement, in: Journal of Modern History 28 (1956), S. 155 ff., und Ch. Bloch, La Grande Bretagne Face au Réarmement Allemand et l'Accord Naval de 1935, in: Revue d'histoire de la Deuxième Guerre Mondiale 16 (1966), S. 41 ff.

5 So der Titel eines Buches des Journalisten R. Ingrim, Hitlers glücklichster Tag. London, den 18. Juni 1935, Stuttgart 1962.

6 Vgl. zum Problem auch G. Holzweißig, Das Deutschlandbild der britischen Presse im Jahre 1935. Ein Beitrag zur Grundlegung der englischen Appeasementpolitik. Diss. Hamburg 1967.

7 Dazu ausführlich Hildebrand, Vom Reich zum Weltreich, S. 343 ff.

8 Siehe oben S. 40.

9 Documents on German Foreign Policy, Ser. C, Bd. IV, Nr. 463, S. 917 ff., erwähnt das Stichwort ›Kolonien‹ nicht, während der entsprechende Bericht der ›New York Times‹ davon berichtet. (27. 12. 1935).

10 Lord Londonderry, England blickt auf Deutschland, Essen 1938, S. 101 ff.

11 Dazu auch: K. Hildebrand, Hitlers Kolonialismus. Zum Problem der kolonialen Politik in der preußisch-deutschen Geschichte, MS 1969.

12 Zu Schachts Versuchen, den Kriegskurs des Dritten Reiches auf den Weg eines friedlich-wirtschaftlichen Übersee-Expansionismus zu verschieben, siehe auch Hillgruber, Kontinuität, S. 23.

13 R. Fiedler, Hitlers ›aufregendste‹ Stunden. Vor 25 Jahren: Einmarsch in die entmilitarisierte Zone; in: Politische Studien 12 (1961), S. 168.

14 Jacobsen, Nationalsozialistische Außenpolitik, S. 814.

15 Über den Einmarsch der deutschen Truppen ins Rheinland vgl. die hervorragende Studie von M. Braubach, Der Einmarsch deutscher Truppen in die entmilitarisierte Zone am Rhein im März 1936, Köln/Opladen 1956.

16 VB vom 8. 3. 1936.

17 Ebd. vom 12. 3. 1936.

18 Vgl. dazu die Interpretation bei A. Hillgruber, Hitlers Strategie. Politik und Kriegführung 1940/41, Frankfurt/M. 1965, S. 242 ff., der die ab 1936 vorgetragen Kolonialforderungen Hitlers bereits als strategische Fernziele innerhalb des Stufen-Plans des Diktators erkennt.

19 Politisches Archiv des Auswärtigen Amtes Bonn, Flottenverhandlungen 1936–37, Pol. I M (301), Bd. 1, ›Unterredung mit Außenminister Eden über den Bau der beiden deutschen A-Kreuzer‹, London, den 29. 5. 1936.

20 Grundsätzlich zu diesem Problem F. Neumann, Behemoth. The Structure and Practice of National Socialism, 1933–1944, New York 1963, und Hitlers Worte vom 27. Januar 1932 im Düsseldorfer Industrieklub: »Wenn wir nicht wären, gäbe es schon heute in Deutschland kein Bürgertum mehr...«. M. Domarus, Hitler. Reden und Proklamationen 1932 bis 1945. Kommentiert von einem deutschen Zeitgenossen, München 1965, Band I, Erster Halbband, S. 87. Dazu auch K. Hildebrand, Deutschland, die Westmächte und das Kolonialproblem. Ein Beitrag über Hitlers Außenpolitik vom Ende der Münchener Konferenz bis zum ›Griff nach Prag‹, in: Aus Politik und Zeitgeschichte. Beilage zur Wochenzeitung

›Das Parlament‹, B 22/69 vom 31. Mai 1969, S. 27.
21 Terminologie und Einteilung nach A. Schweitzer, Big Business in the Third Reich, Bloomington ²1965.
22 Jacobsen, Nationalsozialistische Außenpolitik, S. 816 u. 819.
23 Ebd., S. 189.
24 Dazu E. L. Presseisen, Le racisme et les Japonais. (Un dilemme Nazi), in: Revue d'histoire de la Deuxième Guerre Mondiale 13 (1963), S. 1 ff.
25 Jacobsen, Nationalsozialistische Außenpolitik, S. 819, siehe S. 113 f.
26 Dazu die Studie von Th. Sommer, Deutschland und Japan zwischen den Mächten 1935–1940, Tübingen 1962, und E. L. Presseisen, Germany and Japan. A study in totalitarian diplomacy 1933–1941, The Hague 1958, sowie jetzt: B. Martin, Zur Vorgeschichte des deutsch-japanischen Kriegsbündnisses, in: GWU 1970, S. 606 ff.
27 Ausführlich dazu Jacobsen, Nationalsozialistische Außenpolitik, S. 421 ff.
28 Nach wie vor grundlegend aus der großen Zahl der Literatur ist die 1961 erschienene, nunmehr aber erheblich erweiterte und den neuesten Forschungsstand reflektierende Arbeit von M. Merkes, Die deutsche Politik gegenüber dem spanischen Bürgerkrieg 1936–1939, Bonn ²1969.
29 Dieses Motiv betont bes. M. Einhorn, Die ökonomischen Hintergründe der faschistischen deutschen Intervention in Spanien 1936–1939, Berlin 1962.
30 Zur britischen Politik gegenüber dem Spanischen Bürgerkrieg vgl. K. W. Watkins, Britain Divided. The Effect of the Spanish Civil War on British Political Opinion, London 1963.
31 Jacobsen, Nationalsozialistische Außenpolitik, S. 820.
32 J. von Ribbentrop, Zwischen London und Moskau. Erinnerungen und letzte Aufzeichnungen, Leoni a. Starnberger See 1954, S. 93.
33 Jacobsen, Nationalsozialistische Außenpolitik, S. 821.
34 Ebd.
35 Abgedruckt in den VfZg 3 (1955), S. 184 ff. mit einer Einleitung von Wilh. Treue.
36 Dazu Hildebrand, Vom Reich zum Weltreich, Kap. VI, Abschnitt 1: passim.
37 Vgl. dazu die in Vorbereitung befindliche Arbeit von K. Delius (Mannheim) über das Deutschlandbild Lloyd George's zwischen 1911 und 1945.
38 Siehe S. 54.
39 Politisches Archiv des Auswärtigen Amtes Bonn, Pol. II (89), Bd. 3: Deutsches Nachrichten-Büro vom 15. 1. 1937, abgedruckt bei Hildebrand, Vom Reich zum Weltreich, Dokument 56.
40 Politisches Archiv des Auswärtigen Amtes Bonn, Pol. II, England–Deutschland, Bd. 3: ›Aussprache mit dem stellvertretenden Außenminister Lord Halifax‹. Bericht v. Ribbentrops an den Führer und Reichskanzler und Reichsminister des Auswärtigen persönlich! London, 14. 2. 1937. Abgedruckt bei Hildebrand, Vom Reich zum Weltreich, Dokument 57.
41 VB vom 31. 1. 1937 (Sondernummer).
42 Zit. nach J. Benoist-Méchin, Wetterleuchten in der Weltpolitik 1937. Deutschland und die Weltmächte (= Geschichte der deutschen Militärmacht, Bd. 4), Oldenburg/Hamburg 1966, S. 51.
43 Dazu Hildebrand, Vom Reich zum Weltreich, bes. S. 357 ff. u. S. 491 ff.
44 Siehe dazu S. 99.
45 Zur Persönlichkeit und Politik Baldwins vgl. das in manchen Ergebnissen das bisherige Bild der Forschung über den Vorgänger Neville Chamberlains korrigierende Werk von K. Middlemas/J. Barnes, Baldwin, London 1969. Zu den britisch-deutschen Beziehungen siehe speziell: W. N. Medlicott, Britain and Germany: The Search for Agreement, University of

London 1969.
46 Als Standardwerk über die Persönlichkeit und Politik Neville Chamberlains gilt nach wie vor die Biographie von K. Feiling, The Life of Neville Chamberlain, London 1947; ferner: H. A. Arnold, Neville Chamberlain und Appeasement. Diss. Würzburg 1965.
47 Zu Lord Lothians politischer Konzeption siehe die Studie von G. Niedhart, Großbritannien und die Sowjetunion 1934–1939. Studien zur britischen Politik der Friedenssicherung zwischen den beiden Weltkriegen, München 1972, S. 99 ff.
48 Jacobsen, Nationalsozialistische Außenpolitik, S. 835.
40 Ebd., S. 834.
50 VB vom 4. 10. 1937.
51 Jacobsen, Nationalsozialistische Außenpolitik, S. 836; grundlegend dazu K. Drechsler, Deutschland-China-Japan 1933–1939, Berlin 1964.
52 Siehe dazu das (allerdings unbefriedigende) Buch von J. V. Compton, Hitler und die USA. Die Amerikapolitik des Dritten Reiches und die Ursprünge des Zweiten Weltkrieges, Oldenburg/Hamburg 1968, bes. S. 65 f. Vgl. jetzt auch insgesamt zur amerikanischen Außenpolitik: H.-J. Schröder, F. D. Roosevelts Außenpolitik 1933–1937, in: NPL 1970, S. 213 ff.

IV. Kapitel (Seite 55)

1 Zur Analyse der Politik der Regierung Chamberlain vgl. Niedhart, Großbritannien und die Sowjetunion, passim sowie K. Middlemas, Diplomacy of Illusion. The British Government and Germany, 1937 bis 1939, London 1972.
2 Nach den Definitionen von Arthur Schweitzer mündete die Phase des ›partial fascism‹ in die des ›full fascism‹ ein: Schweitzer, Big Business, a. a. O.
3 ADAP, D, I, Nr. 19. Aus der umfangreichen Literatur zur Interpretation und Quellenkritik der Hoßbachniederschrift sei auf den Aufsatz von W. Bußmann, Zur Entstehung und Überlieferung der ›Hoßbach-Niederschrift‹, in: VfZg 16 (1968), S. 373 ff., verwiesen.
3a Dazu die Studie von J. Henke, England in Hitlers politischem Kalkül 1935–1939, Boppard/Rh. 1973.
4 Siehe dazu Hillgruber, Hitlers Strategie, bes. S. 242 ff.; ders., Kontinuität, a. a. O., und ders. in der Frankfurter Allgemeinen Zeitung vom 11. 9. 1969, S. 13, unter dem Titel: ›Wollte Hitler deutsche Kolonien in Afrika? Aufschlüsse über die Großmachtpolitik des nationalsozialistischen Reiches.‹
5 Siehe dazu S. 113; zum Verhältnis der USA zum Dritten Reich während der dreißiger Jahre vgl. Schröder, Deutschland und die Vereinigten Staaten, a. a. O.
6 Eine Spezialuntersuchung über das Phänomen des Fatalismus in der deutschen Politik des 19. und 20. Jahrhunderts und die ›konservativen Führungsschichten‹ am Vorabend des Ersten Weltkriegs würde gewiß manchen Aufschluß bringen. Vgl. in diesem Zusammenhang auch die Überlegungen von Theodor Schieder zum Problem des Vulgärdarwinismus und zum (ins Politische gewendeten) Begriff der Evolution in seinem Aufsatz über: Das Problem der Revolution im 19. Jahrhundert, in: HZ 170 (1950).
7 Eine Untersuchung von W. Malanowski (Der Spiegel 1969) ›entlarvt‹ die vermeintliche Stärke der deutschen Wehrmacht als einen Bluff Hitlers bei gleichzeitiger Überschätzung der deutschen Waffenstärke durch die Westmächte. Gerade diese zeitgebundene Perzeption der deutschen Wehrmacht durch die potentiellen Gegnermächte aber war für den Gang

der Geschichte bestimmend, nicht der heute sensationell zutage geförderte – allerdings auch noch zu überprüfende – ›objektive Befund‹. Dazu auch Hillgruber, Strategie, S. 34 f.
8 Aufschlüsse über die bereits seit 1936 datierenden Überlegungen Chamberlains, die zu seinem ›Konzept‹ des Appeasement führten, wird die in Vorbereitung befindliche Studie von E. Most (Mannheim) über die britische Völkerbundspolitik bringen. Dazu auch die in Anm. 1, S. 162, erwähnte Arbeit von Middlemas, die die Wurzeln der Chamberlainschen Appeasement-Politik bereits auf das Jahr 1934 datiert.
9 Die Frage nach ›Konzeption oder Improvisation‹ steht im Mittelpunkt einer in Vorbereitung befindlichen Dissertation von K. Gutzmer (Marburg/L.): Die englische Deutschlandpolitik 1931–1935. Konzeption oder Improvisation.
10 Hildebrand, Vom Reich zum Weltreich, S. 765 f.
11 Ob Chamberlain dabei auch an die durch einen Krieg evtl. entstehenden grundlegenden sozialen Veränderungen innerhalb der bestehenden englischen Gesellschafts- und Wirtschaftsordnung gedacht haben mag, wäre ein untersuchenswerter Aspekt des Interdependenz-Problems von Innen- und Außenpolitik in England. Zu den während des Krieges sich vollziehenden sozialen Veränderungen vgl. das Buch von A. Calder, Peoples' War, a. a. O., und den Aufsatz von D. Artaud, La Grande Bretagne et la lutte contre l'inflation, in: Revue d'histoire de Deuxième Guerre Mondiale 1969, No. 76, S. 39 ff.
12 Zur Person und Politik Chruchills vgl. die vom Churchill-Archiv geplante mehrbändige Biographie von R. Churchill (†) und M. Gilbert.
13 ADAP, D, 1, Nr. 31, Anl. S. 46 ff.
14 Die Speer-Memoiren lassen erkennen, daß Hitler diesen Gedanken offenbar schon früher ins Kalkül zog: A. Speer, Erinnerungen, Berlin 1969, S. 85.
15 Zu den wirtschaftlichen Motiven der Appeasement-Politik vgl. B.-J. Wendt, Economic Appeasement. Handel und Finanzen in der britischen Deutschlandpolitik 1933–1939, Düsseldorf 1971.
16 Zum Grundaxiom der deutsch-englischen ›Freundschaft‹ in den Überlegungen der SkL bis ins Jahr 1938 vgl. M. Salewski, Die deutsche Seekriegsleitung 1935–1941, Frankfurt/M. 1970, passim. Ferner auch: Ders., Selbstverständnis und historisches Bewußtsein der deutschen Kriegsmarine, in: Marine-Rundschau 67 (1970), S. 74.
17 ADAP, D, I, Nr. 21, S. 33 f.
18 Zu den verschiedenen Varianten deutscher Großmachtpolitik auf dem Weg von Bismarck bis Hitler vgl. die Schlußbetrachtung sowie Hillgruber, Kontinuität, passim.
19 Siehe S. 46 und 49.
20 Staatliches Archivlager Göttingen, Nürnberger Prozeßmaterial L-151, Generaloberst H. Göring: Anlage Nr. 6 der Depesche Nr. 1267.
21 In einem am 16. 9. 1966 mit Dr. Werner Link (Marburg/L.) in New York geführten Gespräch bestätigte Görings Mitarbeiter Wohltat die These von der ›wirtschaftlichen Alternativ-Konzeption‹. Mitteilung W. Links an den Verfasser vom 30. 11. 1969.
22 Zur Widerstandtätigkeit 1938/39 vgl. jetzt P. H. Hoffmann, Widerstand-Staatsstreich-Attentat. Der Kampf der Opposition gegen Hitler, München 1969, sowie K.-J. Müller, Das Heer und Hitler. Armee und nationalsozialistisches Regime 1933–1944, Stuttgart 1969. Ferner: H. C. Deutsch, Verschwörung gegen den Krieg. Der Widerstand in den Jahren 1939–1940, München 1969. Zur Rolle Görings u. a.: F. Wiedemann, Der Mann, der Feldherr werden wollte, Velbert/Kettwig 1964, S. 113 f.
23 ADAP, D, I, S. 132 ff.

24 Dies könnte nur dann der Fall gewesen sein, wenn Hitler den ursprünglichen Bericht dieser Zusammenfassung bereits nachweislich vor dem 5. 11. 1937 gelesen hätte.
25 Dazu S. 104 f.
26 Dazu M. Messerschmidt, Die Wehrmacht im NS-Staat. Zeit der Indoktrination, Hamburg 1969, S. 48 ff., und K. J. Müller, Das Heer und Hitler, Armee und nationalsozialistische Regierung, Stuttgart 1969.
27 Zur Person Keitels vgl. W. Görlitz (Hrsg.), Generalfeldmarschall Keitel, Verbrecher oder Offizier? Erinnerungen, Briefe, Dokumente des Chefs OKW, Göttingen/Berlin/Frankfurt 1961.
28 Dazu Müller, Hitler und Heer, S. 189 ff., sowie Messerschmidt, Wehrmacht, S. 82.
29 Siehe dazu auch J. Dülffer, Weisungen an die Wehrmacht 1938/39 als Ausdruck ihrer Gleichschaltung (I), in: Wehrwissenschaftliche Rundschau 1969, S. 651 ff.
29a Der Unterschied zwischen Eden und Chamberlain bestand bekanntlich in der gegensätzlichen Einschätzung Italiens bzw. Mussolinis.
30 Aus der Vielzahl der Literatur zur Frage des ›Anschlusses‹ vgl. die Arbeiten von U. Eichstädt, Von Dollfuß zu Hitler. Geschichte des Anschlusses Österreichs 1933–1938, Wiesbaden 1955, und J. Gehl, Germany and the Anschluß, London/New York/Toronto 1963.
31 Jacobsen, Nationalsozialistische Außenpolitik, S. 406 ff.
32 J. R. von Salis, Weltgeschichte der Neuesten Zeit, Bd. 3, Zürich ²1962, S. 594.
33 Vgl. dazu die Arbeit von K. Middlemas, Diplomacy, a. a. O.
34 Siehe dazu auch Fischer, Krieg der Illusionen, S. 205 ff. u. 289 ff. Entscheidend war dabei allerdings die englisch-deutsche Zusammenarbeit zur Bewahrung bzw. Herbeiführung des Friedens u. der Lokalisierung der Konflikte.
35 Vgl. in diesem Zusammenhang auch die bereits von Bismarck erwogenen Aufteilungspläne der österreichisch-ungarischen Monarchie, siehe S. 14.
36 Dazu U. Eichstädt, Von Dollfuß zu Hitler, a. a. O.
37 Jacobsen, Nationalsozialistische Außenpolitik, S. 439 ff.
38 ADAP, D, V, Nr. 152, S. 172 f.
39 Zur deutschen Haltung gegenüber dem Abessinien-Problem vgl. M. Funke, Der internationale Abessinienkonflikt, a. a. O.
40 Siehe dazu besonders Wendt, Economic Appeasement, a. a. O. Ferner: B.-J. Wendt, Appeasement 1938. Wirtschaftliche Rezession und Mitteleuropa, Frankfurt/M. 1966.
41 Bundesarchiv Koblenz, ZSG III 1610: The Australian Statesman vom 23. 2. 1938.
42 Zur Person und Politik vgl. die Dissertation von R. Strauch, Sir Nevile Henderson. Britischer Botschafter in Berlin von 1937–1939. Ein Beitrag zur diplomatischen Vorgeschichte des Zweiten Weltkrieges, Diss. Bonn 1959.
43 ADAP, D, I, Nr. 131, S. 186 f.
44 Vgl. dazu auch Hillgruber, Kontinuität, S. 23.
45 Zu allen diesen Problemen sei auf die Einleitung der Edition von T. Mason, Arbeiterklasse und Volksgemeinschaft im Dritten Reich, Köln/Opladen 1973 verwiesen.
46 Zur Rolle sog. Minderheiten im vor-revolutionären Europa vgl. K. Hildebrand, Die Suche nach dem ›wahren‹ Preußen, in: PVS 1970, S. 388 ff.
47 Vgl. dazu J. K. Hoensch, Geschichte der Tschechoslowakischen Republik 1918–1965, Stuttgart 1966, u. J. W. Brügel, Tschechen und Deutsche 1918 bis 1938, München 1967.

48 Jacobsen, Nationalsozialistische Außenpolitik, S. 442.
49 Ebd., S. 443.
50 Politisches Archiv des Auswärtigen Amtes Bonn, Pol. II, England-Deutschland VII: Aufzeichnung von Bismarcks vom 10. 5. 1938.
51 Dazu auch: M. Mackintosh, Juggernaut: A History of the Soviet Armed Forces, New York 1967.
52 Siehe dazu A. Hillgruber, Deutschlands Rolle in der Vorgeschichte der beiden Weltkriege, Göttingen 1967, S. 78 f.
53 W. Foerster, Generalstabschef Ludwig Beck, München 1953, S. 107 f.
54 Dazu: Müller, Heer und Hitler, S. 345 ff.
54a Zu diesen Möglichkeiten, die eine kriegerische Verdrängung Englands vom Kontinent implizieren konnten, siehe J. Henke, England in Hitlers Kalkül, a. a. O.
55 Siehe dazu Salewski, Seekriegsleitung, a. a. O. sowie J. Dülffer, Hitler und die Marinepolitik, unveröff. Staatsexamensarbeit, Freiburg 1967. Vgl. in diesem Zusammenhang bes. die Denkschrift: ›Aufbau der Kriegsmarine 1926–1939, bearb. von Reg.-Rat Dr. Treue, in: Bundesarchiv/Militärarchiv Freiburg: Pg-33 965 sowie ebd., Nachlaß Beck HO 8-28: Nürnberger Dok. Ps 3037 (Wiedemann). Für frdl. Hinweis auf beide Dokumente danke ich Dr. M. Michaelis (London).
56 Siehe S. 54.
57 Vgl. dazu Salewski, Seekriegsleitung, a. a. O.; Dülffer, Hitler u. Marine, a. a. O., und C.-A. Gemzell, Raeder, Hitler und Skandinavien. Der Kampf für einen maritimen Operationsplan, Lund 1965, S. 94 f.
58 Zur Persönlichkeit Becks vgl. Foerster, Beck, a. a. O.
59 Müller, Hitler und Heer, S. 345 ff.
60 Siehe S. 61.
61 Siehe etwa zur Mission Ewald von Kleist-Schmenzins die Biographie von B. Scheurig, Ewald von Kleist-Schmenzin, Ein Konservativer gegen Hitler, Oldenburg-Hamburg 1968.
62 Vgl. zu dieser These B.-J. Wendt, München 1938. England zwischen Hitler und Preußen, Frankfurt/M. 1965.
63 Vgl. die entsprechenden Bemerkungen in der sog. ›Hoßbach-Niederschrift‹, a. a. O.
64 ADAP, D, II, Nr. 279, S. 363 ff.
65 Siehe auch S. 61.
66 Siehe auch S. 61.
67 VB vom 13. 9. 1938.
68 Vgl. Beneschs Gespräch mit Stampfer am 19. 10. 1939, in: W. Link (Bearbeiter), Mit dem Gesicht nach Deutschland, Düsseldorf 1968, Dok. 77.
69 Aus der kaum mehr überschaubaren Zahl der Literatur zur Münchener Konferenz vgl. die Arbeiten von B. Celovsky, Das Münchener Abkommen 1938, Stuttgart 1958; H. K. G. Rönnefarth, Die Sudetenkrise in der internationalen Politik. Entstehung – Verlauf – Auswirkung, Wiesbaden 1961; K. Eubank, Munich, Oklahoma 1963; B.-J. Wendt, München 1938, a. a. O.; D. N. Lammers, Explaining Munich. The Search for Motive in British Policy, o. O. 1966 sowie – als Ergänzung und Korrektiv – das nun auch in dtsch. Übersetzung vorliegende Werk von K. Robbins, München 1938, Gütersloh 1969.
70 Dazu Hillgruber, Deutschlands Rolle, S. 89 f.
71 Ebd.
72 ADAP, D, IV, Nr. 247, S. 251 ff.
73 Siehe dazu ausführlich: K. Hildebrand, Deutschland, die Westmächte und das Kolonialproblem, a. a. O., S. 23 f.
74 Zur Haltung der Labour Party gegenüber dem nationalsozialistischen

Deutschland siehe S. Wichert (Belfast), Englands Linke und Hitlers Deutschland 1933–1939. (Diss. in Vorbereitung).
75 Zur Haltung des Churchill-Kreises gegenüber Deutschland vgl. die Arbeit von D. Aigner, Das Ringen um England. Das deutsch-britische Verhältnis. Die öffentliche Meinung 1933–1939. Tragödie zweier Völker, München/Esslingen 1969, bes. S. 151 ff.
76 Zum Einfluß der Dominions auf die britische Politik siehe die Aufsätze von D. C. Watt, Der Einfluß der Dominions auf die britische Außenpolitik vor München 1938, in: VfZg 8 (1960), S. 64 ff., und ders., South African Attempts to Mediate Between Britain and Germany 1935–1938, in: K. Bourne and D. C. Watt (Eds.), Studies in International History, Essays in Honour of Professor W. N. Medlicott, London 1967, S. 402 ff. sowie die in Vorbereitung befindliche Dissertation von R. Tamchina (Hamburg) über die Beziehungen zwischen Großbritannien und den Dominions während der Ära der Appeasement-Politik.
77 Zu diesem Versuch sowie zum deutsch-französischen Abkommen vom 6. Dezember 1938 vgl. E. Scheler, Die politischen Beziehungen zwischen Deutschland und Frankreich zur Zeit der aktiven Außenpolitik Hitlers, Ende 1937 bis zum Kriegsausbruch, Diss. Frankfurt/M. 1962.
78 Siehe dazu Schmokel, Dream, bes. S. 121 ff.
79 Der von Fraenkel entlehnte Begriff (E. Fraenkel, The Dual State. A. Contribution to the Theory of Dictatorship, London-New York-Toronto 1941) wird hier in dem von Hillgruber kürzlich definierten Sinne benutzt: »Zweifellos wäre ein voller Triumph Hitlers, eine konsequent vollendete Verwirklichung seines ›Programms‹, einer ›Revolution‹ im Sinne einer gewaltsamen sozialen Umwälzung gleichgekommen, da die beabsichtigte totale Umgestaltung Europas nach Hitlers rassenideologischen Prinzipien auch eine Beseitigung der alten deutschen Führungsschicht eingeschlossen hätte. Tatsächlich ist jedoch die Entwicklung... auf halbem Wege steckengeblieben. So kam es ›nur‹ zu jenem chaotisch anmutenden ›dual state‹, einem Nebeneinander mit bloß teilweiser Durchdringung von alter und sich formierender neuer Führungsschicht.« Hillgruber, Kontinuität, S. 24.
80 IMT-Protokolle, Bd. 34, S. 190, Dok. 023/C (Einleitung).
81 Ebd.
82 Dazu Dülffer, Hitler und Marine, a. a. O. Vgl. in diesem Zusammenhang auch die Mitteilung Raeders an Keitel vom 7. 11. 1938 über den ›Ausbau der Flotte‹. Akte M/55/34 des Bundesarchivs/Militärarchiv Freiburg. Für den Hinweis auf das Dok. danke ich Dr. J. Dülffer.
83 Bundesarchiv Koblenz, NS 19, Himmler-Reden 15, zit. nach: H. Booms, Der Ursprung des Zweiten Weltkrieges – Revision oder Expansion, in: Geschichte in Wissenschaft und Unterricht 16 (1965), S. 353.
84 VB vom 10. 11. 1938.
85 Siehe dazu S. 18 und S. 107 ff. sowie 139 ff.
86 Siehe dazu auch grundsätzlich Moltmann, Weltherrschaftsideen Hitlers, a. a. O.
87 Siehe dazu Hillgruber, Kontinuität, S. 24 ff.
88 Vgl. dazu ausführlich die Schlußbetrachtung. Verwiesen sei bereits an dieser Stelle auf die Studien von E. Kehr, Der Primat der Innenpolitik, hrsg. von H.-U. Wehler, Berlin ²1970, und H. Herzfeld, J. v. Miquel, 2 Bde., Detmold 1938.
89 Dazu J. C. G. Röhl, Deutschland ohne Bismarck. Die Regierungskrise im Zweiten Kaiserreich 1890–1900, Tübingen 1969, bes. S. 224 ff.
90 Zur Kontinuität einer – auch – im Dienste innenpolitischer Aufgaben stehenden Außenpolitik zwischen Bismarck und Hitler vgl. Hildebrand, Der Fall Hitler, S. 381 f.

91 Siehe dazu vor allem H. J. Puhle, Agrarische Interessenpolitik und preußischer Konservatismus im wilhelminischen Reich (1893–1914), Hannover 1966, bes. S. 111 ff.
92 Siehe dazu prinzipiell die Überlegungen von A. Hillgruber, Die ›Endlösung‹ und das deutsche Ostimperium als Kernstück des rassenideologischen ›Programms‹ des Nationalsozialismus, in: Vierteljahrshefte für Zeitgeschichte 20 (1972), S. 133 ff.
93 Die ›Züchtung‹ des ›neuen‹ Menschen wurde bekanntlich in der SS- und HJ-Ideologie vorbereitet. Die im Kriege eingeleiteten ›Maßnahmen‹ in der ›Besatzungspolitik‹ (Vernichtung von Juden und ›Minderrassigen‹; Germanisierung als dafür wertvoll genug erkannter ›Stämme‹) mögen deutlich machen, daß die so utopisch anmutende Vision der ›biologischen Revolution‹ in gar nicht so weiter Ferne lag. (Dazu: H. Höhne, Der Orden mit dem Totenkopf, 1967; A. Dallin, Deutsche Herrschaft in Rußland 1941–1945. Eine Studie über Besatzungspolitik, Düsseldorf 1958; M. Broszat, Nationalsozialistische Polenpolitik 1939 bis 1945, Stuttgart 1961, und K. Kwiet, Reichskommissariat Niederlande. Versuch und Scheitern nationalsozialistischer Neuordnung, Stuttgart 1968.) Der Durchschnitts- bzw. Kleinbürger wurde durch das Vehikel der Ideologie zum Übermenschen ›befördert‹: Der Rausch der rassischen Überlegenheit ließ ihn jeden Gedanken an eine Auflehnung gegen die klassenmäßige Ordnung vergessen. Als er jedoch – im Krieg – als Soldat oder SS-Mann im Zuge der über die systemstabilisierende Wirkung nun auf ihre Realisierung dringenden ›Rassenpolitik‹ mithalf, dieses Ziel zu erreichen und tatsächlich zum ›Herrn‹ avancieren wollte, da wurde er zum Verbrecher, den man in der Nachkriegszeit verurteilte.
94 Staatliches Archivlager Göttingen, Nürnberger Prozeßmaterial, NI-6078: Niederschrift über die 16. Sitzung des kaufmännischen Ausschusses am 11. 11. 1938.
95 Über Sinn und Unsinn des Totalitarismusbegriffs informiert Hildebrand, Stufen der Totalitarismus-Forschung, in: PVS 9 (1968), S. 397 ff.
96 Siehe dazu auch die Schlußbetrachtung.
97 Vgl. zur Interpretation des in der Forschung so umstrittenen Dokuments vor allem E. Zechlin, Deutschland zwischen Kabinettskrieg und Wirtschaftskrieg. Politik und Kriegführung in den ersten Monaten des Weltkrieges 1914, in: HZ 199 (1964), S. 347 ff.
98 Siehe dazu die Habilitations-Schrift von V. R. Berghahn, Tirpitz-Plan, a. a. O.
99 Siehe dazu S. 15.
100 Zu den schon unter Bismarck aktuellen Fragen der Schaffung eines mitteleuropäischen Großwirtschaftsraumes und der überseeischen Expansion siehe die grundlegenden Werke von Böhme, Deutschlands Weg, a. a. O., und Wehler, Bismarck, a. a. O.
101 National Archives Washington, T-77, 642: OKW/Ausl. VII, Bericht 2: Lammers an Epp, RM Nr. 747/39 A, 9. 3. 1939, abgedruckt in: Hildebrand, Vom Reich zum Weltreich, Dok. 58a.
102 Siehe dazu Salewski, Seekriegsleitung, a. a. O.; ders., Selbstverständnis der Kriegsmarine, S. 78, sowie Dülffer, Weimar, Hitler und die Marine, a. a. O.
103 Vgl. dazu den Aufsatz von O. Groehler, Kolonialforderungen als Teil der faschistischen Kriegszielplanungen, in: Zeitschrift für Militärgeschichte 5 (1965), S. 547 ff.
104 ADAP, D, V, Nr. 119, S. 127 ff.
105 Dazu insgesamt Booms, Ursprung, S. 346 ff.
106 ADAP, D, IV, Nr. 391, S. 438 f.

107 DBFP, III. Reihe, Bd. 4, Nr. 195, S. 210 ff.
108 Bundesarchiv Koblenz, ZSG 101/12, S. 84, zit. nach Booms, Ursprung, S. 353.
109 Text der Rede in: M. Freund, Geschichte des Zweiten Weltkrieges in Dokumenten, Freiburg/München 1953 ff., Bd. 2, Nr. 9, S. 16 ff.
110 Zu der Kontroverse darüber vgl. Hildebrand, Vom Reich zum Weltreich, S. 607 f.
111 Zusammenfassend dazu G. Niedhart, Die britisch-französische Garantieerklärung für Polen vom 31. März 1939: außenpolitischer Kurswechsel der Westmächte? In: Francia 1973.
112 C. J. Burckhardt, Meine Danziger Mission 1937–1939, München 1960, S. 241.
113 Zu von Ribbentrops – allerdings gescheiterter – Konzeption, ein deutsch-japanisches Bündnis mit ›Frontstellung‹ gegen Großbritannien – nicht, wie Tokio dies verlangte, gegen die UdSSR – zu schmieden, vgl. A. Hillgruber, Zum Kriegsbeginn im September 1939, in: Österreichische Militärische Zeitschrift 1969 (H. 5), S. 358 f.
114 Dazu Dülffer, Hitler und Marine, a. a. O.
115 Siehe dazu jetzt auch generell die diplomatiegeschichtliche Studie von A. A. Offner, American Appeasement: United States Foreign Policy and Germany, 1933–1938, Cambridge/Mass. 1969.
116 ADAP, D, I, 423, S. 535. Bereits 1938 hatte Präsident Roosevelt sich gegenüber der britischen Regierung auf eine entsprechende Versicherung eingelassen. Mdl. Mitteilung D. C. Watts an den Verfasser.
117 VB vom 29. 4. 1939.
118 Siehe dazu S. Friedländer, Auftakt zum Untergang. Hitler und die USA, Stuttgart/Berlin/Köln/Mainz 1965, passim.
119 ADAP, D, VI, Nr. 283, S. 297 f.
120 Siehe dazu Gemzell, Raeder, S. 180 ff., und Salewski, Selbstverständnis der Kriegsmarine, S. 78. Bemerkenswert erscheint, daß die Überlegungen der Luftflotte 2 einen Krieg gegen England als aussichtslos einschätzten.
121 ADAP, D, VI, Nr. 433, S. 477 ff.
121a Dazu auch von Ribbentrops Rede vom 24. 1. 1939 vor Generälen und Admirälen im Auftrag des OKW, in: Bundesarchiv/Militärarchiv Freiburg, Case 553 PG 33 613. Der Verf. dankt Dr. J. Dülffer für den Hinweis auf dieses Dokument.
122 Siehe S. 84 und S. 15.
123 A. S. Milward, Die deutsche Kriegswirtschaft 1939–1945, Stuttgart 1966, bes. S. 9 ff., und D. Eichholtz, Geschichte der deutschen Kriegswirtschaft, Bd. 1: 1939–1941, Berlin 1969.
124 Dazu Niedhart, Großbritannien und die Sowjetunion, S. 390 ff.
125 Zu früheren Überlegungen vgl. D. N. Lammers, Britain, Russia and the Revival of ›Entente Diplomacy‹: 1934, in: The Journal of British Studies, 6 (1967), S. 99 ff.
126 Siehe dazu A. Hillgruber, Die sowjetische Außenpolitik 1939–1945, in: Osteuropa-Handbuch, Sowjetunion: Außenpolitik, a. a. O.
127 Siehe S. 77.
128 ADAP, D, VI, Nr. 521, S. 598 f.
129 Dazu auch: H. Metzmacher, Deutsch-englische Ausgleichsbemühungen im Sommer 1939, in: VfZg 14 (1966), S. 369 ff.
130 Vgl. dazu im einzelnen Hildebrand, Vom Reich zum Weltreich, S. 607 ff
131 Burckhardt, Danziger Mission, S. 348.
131a Zur englischen Einschätzung der deutschen Flottenrüstung vgl. u. a. Public Record Office (London), FO 371/23 054, Harrison an Kirkpatrick vom 19. 6. 1939 bez. Raeders Rede vom 9. 6. 1939 in Stuttgart. Der Verf. dankt Dr. J. Henke für den Hinweis auf dieses Dokument.

132 ADAP, D, VII, Nr. 192, S. 167 ff. Quellenkritisch dazu W. Baumgart, Zur Ansprache Hitlers vor den Führern der Wehrmacht am 22. August 1939. Eine quellenkritische Untersuchung, in: Vierteljahrshefte für Zeitgeschichte 16 (1968), S. 120 ff.
133 Ebd. Zum Gesamtproblem vgl. jetzt auch: B. A. Carroll, Design for Total War. Arms and Economics in the Third Reich, The Hague/Paris 1968 und besonders T. W. Mason, Arbeiterklasse und Volksgemeinschaft a. a. O.
134 Dazu jetzt Hillgruber, Sowjetische Außenpolitik, a. a. O.
135 Dazu Hillgruber, Kriegsbeginn 1939, S. 359.
136 R. Coulondre, De Staline à Hitler. Souvenirs de deux ambassades 1936–1939, Paris 1950, S. 293.
137 Siehe dazu auch die Arbeit von Zieb, Logistik, a. a. O.
138 B. Dahlerus, Der letzte Versuch. London-Berlin Sommer 1939, München 1948. Daß der ›letzte Versuch‹ nicht im Sommer 1939 endete, sondern bis zum Dezember 1939 andauerte, weist anhand der Kabinettspapiere D. C. Watt, Enter Dahlerus, in: Spectator vom 31. 1. 1970, S. 142 f., nach. Siehe auch S. 103.
139 Eine grundlegende Studie über das Informationssystem Hitlers und den jeweiligen Stand seines De-facto-Informiertseins steht nach wie vor aus.

V. Kapitel (Seite 94)

1 Zu Clausewitz vgl. jetzt: H.-U. Wehler, ›Absoluter‹ und ›Totaler‹ Krieg. Von Clausewitz zu Ludendorff, in: PVS 10 (1969), S. 220 ff.
2 P. Angel, Les responsabilités hitlériennes dans le déclenchement de la Deuxième Guerre Mondiale, in: Revue d'histoire de la Deuxième Guerre Mondiale 15 (1965), S. 19.
3 Siehe dazu L. Gruchmann, Der Zweite Weltkrieg, Kriegführung und Politik, München 1967, S. 25 ff.
4 Vgl. dazu W. Malanowski, a. a. O.
5 Siehe dazu auch: J. Kimche, Kriegsende 1939? Der versäumte Angriff aus dem Westen, Stuttgart 1969.
6 Dazu: J. R. M. Butler, Grundlagen der Strategie Großbritanniens und Frankreichs 1939, in: A. Hillgruber (Hrsg.), Probleme des Zweiten Weltkrieges, Köln/Berlin 1967, S. 41 ff.
7 Vgl. dazu L. Thompson, 1940. Year of Legend, Year of History, London 1966 und A. M. Nekric, Vnesnaja politika Anglii 1939–1941 (Die Außenpolitik Englands 1939–1941), Moskva 1963.
8 Hillgruber, Strategie, passim.
9 Ders., Deutschlands Rolle, S. 99. Dazu auch F. Friedensburg, Die sowjetischen Kriegslieferungen an das Hitlerreich, in: Vierteljahreshefte für Wirtschaftsforschung 1962, S. 331 ff.
10 F. Halder, Kriegstagebuch. Tägliche Aufzeichnungen des Chefs des Generalstabes des Heeres 1939–1942. Bearbeitet von H.-A. Jacobsen, Bd. 1, S. 90.
11 VB vom 7. 10. 1939.
12 U. von Hassell, Vom anderen Deutschland. Aus den nachgelassenen Tagebüchern 1938–1944, Freiburg i. Brsg. ²1946, S. 87. Eintragung unter dem 11. 10. 1939.
13 Aufzeichnungen über die Lagevorträge des Oberbefehlshabers der Kriegsmarine vor Hitler. 1939–1945 (Film des Arbeitskreises für Wehrforschung Stuttgart), September und Oktober 1939 sowie darüber hinaus, passim; jetzt: G. Wagner (Hrsg.), Lagevorträge des Oberbefehlshabers der Kriegsmarine vor Hitler 1939–1945, München 1971.
14 Zu den verschiedenen Konzeptionen der Außenpolitik im Bismarckschen

und Wilhelminischen Reich siehe auch Hillgruber, Kontinuität, und ders., Deutschlands Rolle sowie ders., Krieg-in-Sicht-Krise, a. a. O.
15 Dazu die Studie von V. R. Berghahn, Tirpitz-Plan, a. a. O.
16 Vgl. dazu Friedländer, Auftakt, passim.
17 Der Generalquartiermeister, Briefe und Tagebuchaufzeichnungen des Generalquartiermeisters des Heeres, General der Artillerie Eduard Wagner. Hrsg. von E. Wagner, München/Wien 1963, S. 144 f.
18 Politisches Archiv des Auswärtigen Amtes Bonn, BüroSTS, England, Berlin, den 7. November 1939. SD-Meldung: ›Die Lage in England‹. Siehe auch ebd., STS Nr. 916, u. Anlage.
19 Siehe dazu vorläufig zusammenfassend K. Hildebrand, Der Zweite Weltkrieg: Probleme und Methoden seiner Darstellung, in: NPL 1968, S. 493 ff. und vor allem B. Martin, Friedensinitiativen im Zweiten Weltkrieg 1939–1941, Teil I, Habil.-Schrift Freiburg i. Brsg. 1972. Teil II in Vorbereitung.
20 Natürlich bedürfte die Frage nach dem Grad des ›De-facto-Informiertseins‹ (Jacobsen) des ›Führers‹ einmal einer gründlichen Untersuchung. Siehe auch S. 92.
21 Hitlers Weisungen für die Kriegführung 1939–1945. Dokumente des OKW. Hrsg. von W. Hubatsch, Frankfurt/M. 1962, S. 40.
22 Dazu (aus marxistischer Sicht): P. Kircheisen, Die Deutschlandpolitik der Westmächte während des komischen Krieges, Diss. Halle-Wittenberg 1965.
23 B. Martin, Deuschland und Japan im 2. Weltkrieg. Von Pearl Harbor bis zur deutschen Kapitulation, Zürich/Frankfurt 1969, S. 19 f.
24 Ebd.
25 ADAP, D, IX, S. 1 ff.
26 Mussolinis Mißbilligung des deutsch-russischen Paktes schlägt sich in einem Brief des Duce an den Führer vom 3. 1. 1940 deutlich nieder: ADAP, D, VIII, Nr. 504, S. 474 ff.
27 Dazu Gemzell, Raeder, Hitler und Skandinavien, a. a. O.
27a Dazu jetzt: H.-D. Loock, Quisling, Rosenberg und Terboven. Zur Vorgeschichte und Geschichte der nationalsozialistischen Revolution in Norwegen, Stuttgart 1970.
28 Mit der Entscheidung für die atlantische Strategie (Wegener) hatte die Marine die Konsequenzen aus der fehlgeschlagenen Politik der Risikoflotte und des Entscheidungskampfes (Tirpitz) gezogen. Dazu Gemzell, ebd., und Berghahn, Tirpitz-Plan, a. a. O.
29 Vgl. dazu Gruchmann, Der Zweite Weltkrieg, S. 57 ff.
30 Halder, Kriegstagebuch, Bd. 1, S. 308.
31 Vgl. dazu passim Hildebrand, Vom Reich zum Weltreich, S. 624 ff.
32 Lagevorträge des ObdM vom 21. 5. 1940.
33 ADAP, D, IX, Nr. 354, S. 390 ff.: Aufzeichnung des Gesandten und Ministerialdirigenten Clodius vom 30. 5. 1940; ebd., Nr. 367, S. 407 ff.: Aufzeichnung des Botschafters Ritter vom 1. 6. 1940.
34 Siehe dazu ausführlich Fischer, Griff, S. 469 ff., S. 627 ff. u. S. 791 ff., der allerdings – wohl einseitig – gerade die prinzipielle Übereinstimmung beider imperialistischer Strategien betont.
35 Vgl. in diesem Zusammenhang auch den Aufsatz von I. Fetscher, Die industrielle Gesellschaft und die Ideologie der Nationalsozialisten, in: Gesellschaft, Staat, Erziehung 7 (1962), S. 6 ff.
36 Bei allen Gegensätzen zwischen alter und neuer Elite, konservativen Führungsschichten und SS, ist natürlich nicht zu übersehen, daß eine gegenseitige Durchdringung bereits stattgefunden hatte. Siehe dazu E. Neusüß-Hunkel, Die SS, Hannover/Frankfurt/M. 1956. Vgl. auch A. Schickel, Wehrmacht und SS. Eine Untersuchung über ihre Stellung und Rolle in den Planungen der nationalsozialistischen Führer, in: Wehrwissenschaft-

liche Rundschau 19 (1969), S. 241 ff.
37 Dazu jetzt auch R. A. Divine, Roosevelt and World War II, Baltimore 1969, und vor allem: J. M. Burns, Roosevelt. The Soldier of Freedom 1940–1945, New York 1970. Siehe dazu das unter dem Titel ›Roosevelt chef de guerre‹ erschienene Heft der ›Revue d'Histoire de la Deuxième Guerre Mondiale‹ 1970.
38 Siehe dazu G. Moltmann, Die Genesis der Unconditional-Surrender-Forderung, in: Probleme des Zweiten Weltkrieges, hrsg. von A. Hillgruber, Köln/Berlin 1967, S. 171. Auf der anderen Seite wäre es einmal einer sorgfältigen Untersuchung wert, auch das Eingehen amerikanischer Politiker und Wirtschaftsvertreter auf die weltpolitischen Teilungsvorschläge Hitlers (vor allem im Winter 1939/40) zu beleuchten. In diesem Zusammenhang erscheint die von Roosevelt gebilligte Mission von James D. Mooney (General Motors) interessant. Dazu demnächst W. Link, der Mooneys Memoranden und Aufzeichnungen edieren wird.
39 Zum Unternehmen ›Seelöwe‹ siehe: K. Klee, Das Unternehmen Seelöwe. Die geplante deutsche Landung in England. Ein Beitrag zum Verhältnis zwischen Politik und Kriegführung im Sommer und Herbst des Jahres 1940, Göttingen 1958 sowie die Beurteilung der Landungs-›Absichten‹ Hitlers bei Hillgruber, Strategie, S. 166 ff. Siehe auch Loock, Quisling, S. 511, der Hitlers Furcht betont, der ›Seelöwe‹ könne einen ›frühzeitigen unerwünschten Kriegseintritt der Vereinigten Staaten provozieren‹.
40 Nolte, Faschismus, S. 436. Dazu kritisch: G. v. Roon, Holland in Not. Rezension über das Buch von K. Kwiet, Reichskommissariat Niederlande. Versuche und Scheitern nationalsozialistischer Neuordnung, Stuttgart 1968, in: Die Zeit vom 5. 12. 1969, S. 31.
41 Siehe dazu Hildebrand, Hitlers Kolonialismus, a. a. O.
42 Dazu Hillgruber, Endlösung und Ostimperium, a. a. O.
43 Vgl. dazu H. Böhme, Der deutsch-französische Waffenstillstand im Zweiten Weltkrieg (1. Teil), Stuttgart 1966, S. 42 f.
44 Siehe dazu E. Jäckel, Frankreich in Hitlers Europa, S. 32 ff. und öfter.
45 Sekretär des Führers: Führers Tagebuch (30. 1. 1934–30. 6. 1943). Datensammlung aus alten Notizbüchern (Masch. MS. 1015) – Appendix 5, Safe 5,5, in: Library of Congress Washington, Eintragung auf S. 60.
46 Hauptarchiv Berlin-Dahlem, Heinrich-Schnee-Archiv III, 25, Fasz. 97, ›v. Ri. und Rosenberg‹, S. 27 ff.
47 Zum Verhältnis von Wirtschaft-Gesellschaft-Staat und Kriegführung siehe jetzt die Dokumentation von Eichholtz/Schumann, Anatomie des Krieges, a. a. O. sowie den Aufsatz von D. Petzina, La politique financière et fiscale de l'Allemagne pendant le seconde guerre mondiale, in: Revue d'Histoire de la Deuxième Guerre Mondiale 1969, No. 76, S. 1 ff.
48 ADAP, D, X, Nr. 101, S. 92 ff.
49 Siehe dazu Nolte, Faschismus, S. 407.
50 Dazu Hillgruber, Endlösung und Ostimperium, a. a. O.
51 Lagevorträge des ObdM vom 1. 7. 1940. Anlage 3: Denkschrift der Skl. vom 6. 7. 1940.
52 Dazu W. Link, Amerikanische Stabilisierungspolitik, S. 9, wo die von Außenminister Simons abgezeichneten ›Richtlinien für die deutsche Politik gegenüber England‹ vom September 1920 interpretiert werden.
53 Zu diesen Überlegungen siehe Martin, Deutschland und Japan, z. B. S. 68.
54 Vgl. dazu Hillgruber, Strategie, S. 146 ff. u. 515.
55 Dazu Martin, Friedensinitiativen, a. a. O.
56 Hillgruber, Strategie, S. 79 ff.
57 Halder, Kriegstagebuch, Bd. 2, S. 21 (13. 7. 1940).
58 In England dachte man 1940 sowohl an die Möglichkeit, Rußland gegen

einen evtl. Angriff Hitlers zu unterstützen als auch daran, ein möglicherweise sich noch intensivierendes Zusammengehen der beiden Diktatoren durch eine britische Intervention in der Sowjetunion zu verhindern; siehe dazu Hillgruber, Deutschlands Rolle, S. 112.
59 Dies wird besonders in Hitlers Überlegungen vom 31. 7. 1940 deutlich. Vgl. dazu auch Hillgruber, Strategie, S. 218 ff.
60 Es kann an dieser Stelle nicht in den wissenschaftlichen Streit eingegriffen werden, wann Hitler den endgültigen Entschluß zum Angriff gegen die Sowjetunion faßte. Siehe dazu zusammenfassend Hillgruber, Strategie, passim, bes. S. 207 ff. u. 351 ff.
61 Ebd., S. 352 ff.
62 Hillgruber, Strategie, S. 205 f., 292 ff. und 297 ff.
63 Staatliches Archivlager Göttingen, NG 361: Bormann an Lammers vom 2. 11. 1940.
64 Vgl. dazu: ADAP, D, XI, 1, Nr. 325, S. 448 ff.; Nr. 326, S. 455 ff.; Nr. 328, S. 462 ff.; Nr. 329, S. 472 ff.; ferner: Nr. 309, S. 428 ff.
65 Hillgruber, Strategie, S. 351 ff.
66 D. Lampe, The last Ditch, London 1968.
67 Siehe zum Unternehmen ›Seelöwe‹ und der ›Battle of Britain‹ sowie ihrem Stellenwert innerhalb der Politik und Kriegführung des Deutschen Reiches im Jahre 1940 die Darstellung bei Hillgruber, Strategie, bes. S. 166 ff.
68 Hillgruber, Strategie, S. 357.
69 Dazu ders., Deutschlands Rolle, S. 111.
70 Ebd.

VI. Kapitel (Seite 107)

1 Siehe dazu Hillgruber, Strategie, S. 316 ff. Auch die nachfolgenden Überlegungen orientieren sich grundsätzlich an den Ergebnissen dieser Habilitationsschrift.
2 Dazu ders., Der Faktor Amerika, a. a. O.
3 Vgl. dazu S. 113 ff.
4 Siehe dazu Hildebrand, Vom Reich zum Weltreich, S. 700 ff. Vgl. auch den Aufruf vom 20. 11. 1941 des designierten Kolonialministers von Epp, der die am Kolonialgeschäft interessierten Kreise der deutschen Wirtschaft im Rahmen der Priorität des russischen Krieges auf die Geschäftsmöglichkeiten in der UdSSR hinwies: Dokument 78 bei Hildebrand, Vom Reich zum Weltreich, a. a. O.
5 Siehe dazu Martin, Deutschland und Japan, a. a. O. In diesem Falle war es Hitler selbst, der die am Ostasiengeschäft interessierten Geschäftsleute auf die ihm unerschöpflich erscheinenden Möglichkeiten Rußlands hinwies. Martin, Deutschland und Japan, S. 167.
6 Vgl. in diesem Zusammenhang neben den bekannten (Fehl-)Urteilen der Generalität und Hitlers über die Widerstandskraft der Sowjetunion, die aber auch im amerikanischen Generalstab bis zum Dezember 1941 geteilt wurde, die jetzt durch die Speer-Memoiren überlieferte Äußerung des ›Führers‹ nach seinem Paris-Besuch am 23. 6. 1940 (!): Im Vergleich mit dem Sieg über Frankreich schien Hitler damals »ein Feldzug gegen Rußland ... nur ein Sandkastenspiel« zu sein. Speer, Erinnerungen, S. 188.
7 Vgl. dazu S. 117. Für das Reich gilt dies auch in bezug auf die wirtschaftliche Kapazität. Erst mit der Übernahme der Organisation der Rüstungswirtschaft durch Speer und der damit einsetzenden ›liberalen‹ Ära in der Wirtschaftspolitik wurden die Produktionsziffern für kriegswichtige Güter erheblich gesteigert: Siehe dazu auch G. Janssen, Das Ministerium Speer. Deutschlands Rüstung im Krieg, Berlin/Frankfurt/M./Wien

1968, und: Deutschlands Rüstung im Zweiten Weltkrieg. Hitlers Konferenzen mit Albert Speer 1942 bis 1945, hrsg. u. eingel. von W. A. Boelcke, Frankfurt/M. 1969.
8 In der Politik der dreißiger Jahre hätte die ›Judenfrage‹ Hitler u. U. als ›Faustpfand‹ gegenüber den Westmächten dienen können. Vgl. dazu die Überlegungen von D. C. Watt, Pirow's Berlin Mission im November 1938. ›Free Hand‹ for Hitler and Relief for the Jews, in: The Wiener Library Bulletin XII (1958), S. 53. Daß der ›Führer‹ offenbar nie versucht hat, sich dieses ›Hebels‹ zu bedienen, mag auf die Relevanz der eben konstitutiven Komponente des Antisemitismus innerhalb seines ›Programms‹ verweisen.
9 Siehe dazu S. 80 f.
10 Als ›Ausnahme‹ sei in diesem Zusammenhang auf das Buch von H. Bley, Kolonialherrschaft und Sozialstruktur in Deutsch-Südwestafrika 1894–1914, Hamburg 1968, hingewiesen, der den Vernichtungsfeldzug gegen die Hereros als einen Anknüpfungspunkt für Hitlers Politik des Genocids begreift.
11 Dabei ist allerdings nicht zu übersehen, daß ein relativ hoher Anteil von Vertretern der ›alten‹ Führungsschichten in der SS anzutreffen war. Neusüß-Hunkel, SS, a. a. O. Das eigentlich ›Neue‹ mußte also in der eben nicht nur propagierten, sondern tatsächlich geplanten und teilweise eingeleiteten ›biologischen Revolution‹ liegen.
12 Siehe dazu die ›Schlußbetrachtung‹ dieser Studie sowie die Ausführungen bei Hillgruber, Kontinuität, S. 7.
13 Zur innenpolitischen Integrationsfunktion außenpolitischer Strategien vgl. H.-U. Wehler, Bismarck, bes. Kap. 6, aber auch Sauer, Nationalstaat, a. a. O.; J. C. G. Röhl, Deutschland ohne Bismarck, passim; V. R. Berghahn, Tirpitz-Plan, bes. die Schlußbetrachtung und Fischer, Krieg der Illusionen, S. 34 ff. Eine diesen Aspekt untersuchende Studie für die Zeit der Weimarer Republik steht noch aus.
14 Zu diesem Gedankengang siehe auch die Überlegungen bei H. Arendt, Elemente und Ursprünge totaler Herrschaft, Frankfurt/M. 1955, S. 296.
15 Selbst für das Militärsystem der friederizianischen Zeit müßte dieser Gesichtspunkt einmal analysiert werden. Vorarbeiten dazu sind in der Arbeit von O. Büsch, Militärsystem und Sozialleben im alten Preußen 1713–1807. Die Anfänge der sozialen Militarisierung der preußisch-deutschen Gesellschaft, Berlin 1962, geleistet. Die leitende Frage einer solchen Untersuchung müßte lauten: Inwieweit haben innen- und gesellschaftspolitische Bedingungen die Entfaltung einer rational kalkulierten Machtpolitik beeinträchtigt, bzw. inwieweit sind innen- und gesellschaftspolitische Voraussetzungen für eine expansive und kriegerische Außenpolitik verantwortlich zu machen?
16 In einer über Madrid in Berlin eintreffenden Meldung hieß es sogar, der Unterstaatssekretär Butler hege in seinem Herzen eine große Bewunderung für den Führer: DGFP, Ser. D, Bd. 12, Nr. 104 (28. 2. 1941).
17 Hildebrand, Vom Reich zum Weltreich, S. 701, wo Hitlers Ausführungen vom 9. 1. 1941 interpretiert werden.
18 Hitler, Mein Kampf, S. 689 ff.
19 OKW: Kriegstagebuch des Oberkommandos der Wehrmacht (Wehrmachtführungsstab). Hrsg. von P. E. Schramm in Zusammenarbeit mit A. Hillgruber, W. Hubatsch und H.-A. Jacobsen, Frankfurt/M. 1961, Bd. 1, S. 328.
20 Hillgruber/Hümmelchen, Chronik, S. 27.
21 Zum Problem der Mittelmeer-Strategie Hitlers siehe grundsätzlich A. Hillgruber, Politik und Strategie im Mittelmeerraum, erscheint in: Sammlung der während des Internationalen Historiker-Colloquiums über den

Krieg im Mittelmeergebiet 1939–1945 in Paris (8.–11. 4. 1969) gehaltenen Referate.
22 Hubatsch, Weisungen, Nr. 32, S. 129 ff. Vgl. dazu auch Besymenski, Barbarossa, S. 284 ff. u. 287 ff., sowie I. Kircheisen, Afghanistan – umkämpftes Vorfeld Indiens, in: J. Glasneck/I. Kircheisen, Türkei und Afghanistan – Brennpunkte der Orientpolitik im Zweiten Weltkrieg, Berlin 1968, S. 159 ff.
23 K. Klee, Der Entwurf zur Führer-Weisung Nr. 32 vom 11. Juni 1941. Eine quellenkritische Untersuchung, in: Wehrwissenschaftliche Rundschau 6 (1956), S. 127 ff. In Einzelfällen wurde zudem auf diese Weisung Bezug genommen. Sie wurde also als gültig betrachtet.
24 Siehe dazu auch das Buch von J. Leasor, Botschafter ohne Auftrag. Der Englandflug Rudolf Heß'. Oldenburg 1962 (dtsche. Ausg.).
25 Siehe dazu H.-A. Jacobsen, Der Zweite Weltkrieg. Grundzüge der Politik und Strategie in Dokumenten, Frankfurt/M./Hamburg 1965, S. 110. Dazu speziell: ders., Kommissarbefehl und Massenexekution sowjetischer Kriegsgefangener, in: H. Buchheim/M. Broszat/H.-A. Jacobsen/H. Krausnick, Anatomie des SS-Staates, Bd. 2, Freiburg i. Brsg. 1965, S. 163 ff.
26 Zu dieser Konsonanz gesellschaftlicher Kräfte (Wehrmacht) mit Hitlers Politik vgl. die sich von Dallins Thesen (Besatzungspolitik, a. a. O.) abhebende Darstellung von Messerschmidt (Wehrmacht, S. 306 ff.) über das Unternehmen ›Barbarossa‹.
27 Dazu jetzt aufschlußreich Kwiet, Reichskommissariat Niederlande, S. 92 ff. u. 152 ff.
28 Hildebrand, Hitlers Kolonialismus, a. a. O.
29 Bereits während des Ersten Weltkrieges unterschied sich in den Kriegszielplanungen die ins Auge gefaßte Behandlung der unterworfenen Bevölkerung im Westen und Osten Europas voneinander. Siehe dazu Fischer, Griff, S. 55.
30 Vgl. in diesem Zusammenhang auch Fetscher, Industrielle Gesellschaft und Ideologie der Nationalsozialisten, a. a. O., und W. Sörgel, Metallindustrie und Nationalsozialismus, Frankfurt/M. 1966, S. 5 ff.
30a Vgl. auch H. Pfahlmann, Fremdarbeiter und Kriegsgefangene in der deutschen Kriegswirtschaft 1939–1945, Darmstadt 1968.
31 Entziffert von und abgedruckt bei A. Hillgruber (Hrsg.), Staatsmänner und Diplomaten bei Hitler. Vertrauliche Aufzeichnungen über die Unterredungen mit Vertretern des Auslandes 1939–1941, dtv.-Ausg. München 1969, S. 301, sowie in: ders., Staatsmänner und Diplomaten, Bd. II: 1942–1944, Frankfurt/M. 1970, S. 541 ff.
32 Siehe dazu durchgehend Martin, Deutschland und Japan, passim, sowie Hillgruber, Japan und der ›Fall Barbarossa‹, in: Wehrwissenschaftliche Rundschau 18 (1968), S. 312 ff.
33 Dazu Martin, Deutschland und Japan, passim.
34 Hitlers Einschätzung der USA während der Jahre 1928–1933, d. h. vom Eindruck einer übermächtigen wirtschaftlichen Stärke (Dawes- und Young-Plan) bis hin zum Zusammenbruch während der Weltwirtschaftskrise müßte einmal – einer Anregung von A. Hillgruber folgend – sorgfältig untersucht werden.
35 Hillgruber, Staatsmänner und Diplomaten bei Hitler, dtv-Ausgabe, S. 304 ff.
36 Zum Staat des Ante Pavelić siehe: L. Hory/M. Broszat, Der kroatische Ustascha-Staat 1941–1945, Stuttgart 1964. Dazu aber auch die kritische Rezension von G. Hering, Zur Geschichte des Südslawischen Faschismus, in: Österreichische Osthefte 7 (1965), S. 425 ff.
37 Dazu: Hillgruber, Endlösung und Ostimperium, a. a. O.

38 Vgl. dazu H. Krausnick, in: M. Broszat/H.-A. Jacobsen/H. Krausnick, Anatomie des SS-Staates, Olten u. Freiburg i. Brsg. 1965, Bd. 2, S. 391 ff.
39 Dazu jetzt: E. Hesse, Der sowjetrussische Partisanenkrieg 1941 bis 1944 im Spiegel deutscher Kampfanweisungen und Befehle, Göttingen/Zürich/Frankfurt a. M. 1969.
40 Die Ideologisierung und Totalisierung war bereits 1914–1918 entscheidend dafür verantwortlich, daß es zu keinem Friedensschluß wie in den (Kabinetts-) Kriegen der vergangenen Jahrhunderte der europäischen Staatengeschichte kommen konnte.
41 Dieser Eindruck wird besonders deutlich, wenn man in den Memoiren Marschall Schukows von den ungenügenden Vorbereitungen der Roten Armee und der (rationalen) Fehl-Kalkulation Stalins über den Angriffstermin Hitlers auf die UdSSR erfährt: G. Schukow, Erinnerungen und Gedanken, Stuttgart 1969.
42 Vgl. dazu in historischer Perspektive: F. Fischer, Kontinuität des Irrtums. Zum Problem der deutschen Kriegszielpolitik im Ersten Weltkrieg, in: HZ 191 (1960), S. 87 ff.
43 Siehe dazu Hillgruber, Strategie, S. 552 f.
44 Aus der großen Zahl der Literatur sei hier auf die Untersuchung von R. Wohlstetter, Pearl Harbor, Signale und Entscheidungen, Erlenbach-Zürich/Stuttgart 1966, verwiesen. Siehe allgemein dazu auch den Aufsatz von J. M. d'Hoop, Les Etats-Unis et la crise du Pacifique (décembre 1941/avril-mai 1942), in: Revue d'Histoire de la Deuxième Guerre Mondiale 1969, No. 74, S. 67 ff.
45 Martin, Deutschland und Japan, S. 35, kann die bisher in der Forschung gültige These vom prinzipiellen Überraschungseffekt der Japaner gegenüber dem Reich widerlegen.
46 Diese Überlegung erscheint für das Hitlersche Denken in den Jahren 1940–1942 zutreffender, als der scharfsinnige Gedanke Sebastian Haffners (Der Stern vom 19. 10. 1969, S. 103 ff.), Hitler habe bereits im Dezember 1941 die USA bewußt in den Krieg hineingezogen, um sodann zusammen mit den Westmächten gegen die UdSSR zu ziehen. Diese Überlegung hat ihn zweifellos gegen Kriegsende beschäftigt. Für die anstehende Zeit ist sie zwar kaum zu belegen, bei der ›Hintergründigkeit‹ Hitlers aber auch nicht einfach von der Hand zu weisen.
47 Martin, Deutschland und Japan, S. 105.
48 Im Januar 1942 – längst war der kühne Plan vom 14. 7. 1941, zusammen mit Japan die USA anzugreifen, aufgegeben – äußerte Hitler gegenüber dem japanischen Botschafter Oshima die Ansicht, er wisse noch nicht, »wie man die USA besiegen könne«: H.-A. Jacobsen, 1939/1945. Der Zweite Weltkrieg in Chronik und Dokumenten, Darmstadt ⁵1961, S. 290.
49 Martin, Deutschland und Japan, passim.
50 Zur deutschen Indienpolitik im Zweiten Weltkrieg siehe G. Selter, Zur Indienpolitik der faschistischen deutschen Regierung während des Zweiten Weltkrieges, Phil. Diss. Leipzig 1965, und – allerdings wenig befriedigend – R. Schnabel, Tiger und Schakal. Deutsche Indienpolitik 1941–1943, Wien 1968. In Vorbereitung dazu: Milan Hauner (Cambridge), Indien in der Konzeption der Achsenmächte 1940–1942 (Arbeitstitel).
51 Hassell, Tagebücher, S. 253. Eintragung vom 22. 3. 1942.
52 Konsequent hatte Roosevelt die Auseinandersetzung mit Japan und Deutschland gesucht. Ja, auch bereits während der dreißiger Jahre kann bei der Betrachtung der Politik Roosevelts und ihrer – nicht zuletzt von wirtschaftlichen Interessen bestimmten – Politik gegenüber Deutschland kaum die Rede von einem ›American appeasement‹ sein, wie Offner, Appeasement, a. a. O., dies sieht. Vgl. dazu H.-J. Schröder, Deutschland

und die Vereinigten Staaten 1933–1939. Wirtschaft und Politik in der Entwicklung des deutsch-amerikanischen Gegensatzes, Wiesbaden 1970.
53 Zur amerikanischen Deutschlandpolitik im Zweiten Weltkrieg vgl. G. Moltmann, Amerikas Deutschlandpolitik im Zweiten Weltkrieg. Kriegs- und Friedensziele 1941–1945, Heidelberg 1958.
54 Dazu: K. R. Greenfield, Die acht Hauptentscheidungen der amerikanischen Strategie im Zweiten Weltkrieg, in: Hillgruber (Hrsg.), Probleme, S. 272.
55 Martin, Deutschland und Japan, S. 110 ff.
55a Dazu jetzt: G. Eisenblätter, Grundlinien der Politik des Reiches gegenüber dem Generalgouvernement 1939–1945. Diss. phil., Frankfurt/M., S. 205 ff., wo nachgewiesen wird, daß der ›Generalplan Ost‹ bereits am 15. 7. 1941 (!) Himmler vorgelegt wurde. Er stammt also aus dem Monat des ›Triumphes‹ im Osten; siehe S. 114 f.
56 H. Heiber, Der Generalplan Ost, in: VfZg 6 (1958), S. 281 ff.; vollständiger Text veröffentlicht bei: S. Madajcyk, Generalplan Ost, in: Polish Western Affairs, vol. III/2, 1962, S. 391 ff. Der Plan wurde nur relativ langsam zu realisieren versucht, so daß die Aussiedlungsaktionen nur allmählich anliefen.
57 Hildebrand, Vom Reich zum Weltreich, S. 720 f.
58 Siehe S. 116.
59 Neben Martin, Friedensinitiativen, a. a. O., vgl. auch P. Kleist, Zwischen Hitler und Stalin. Aufzeichnungen, Bonn 1950.
60 A. Hillgruber, Staatsmänner und Diplomaten, Bd. II, a. a. O., S. 12 f.
61 Dazu Jäckel, Frankreich in Hitlers Europa, S. 234 ff.
62 Hillgruber/Hümmelchen, Chronik, S. 81.
63 Siehe oben Anm. 43.
64 D. Bonhoeffer, Gesammelte Schriften, Bd. 1 (hrsg. von E. Bethge), München 1958, S. 488 ff.
65 Dazu H.-A. Jacobsen, Zur Schlacht von Stalingrad, in: Hillgruber (Hrsg.), Probleme, S. 145 ff.
66 Vgl. dazu etwa die ›Gedanken zur Friedensordnung‹. »Denkschrift dem Herrn Staatssekretär des Auswärtigen Amts vorgelegt mit der Bitte, zu gegebener Zeit prüfen zu wollen, ob sie zum Vortrag für den Führer geeignet ist.« (November 1941). Der wahrscheinliche Verfasser, Albrecht Haushofer, entwickelt darin – nicht ohne Skepsis über den evtl. Erfolg – Vorstellungen über einen Verhandlungsfrieden. Bundesarchiv Koblenz, Nachlaß Haushofer, HC 833.

VII. Kapitel (Seite 122)

1 Vgl. dazu Hillgruber, Kontinuität, S. 16.
2 Dies sei im Gegensatz zu Joachim Fests Analyse betont, die primär das machtpolitische Motiv akzentuiert: J. Fest, Vorwort, in: Adolf Hitler. Gesichter eines Diktators, hrsg. von J. von Lang, Hamburg 1968. Zur Auseinandersetzung siehe auch K. Hildebrand, Hitlers ›Mein Kampf‹: Propaganda oder Programm des ›Führers‹, in: NPL 1969, S. 79 ff.
3 Siehe S. 107.
4 Zum Problem der Koalitionskriegführung in der preußisch-deutschen und neueren europäischen Geschichte siehe den Aufsatz von A. Hillgruber, Formveränderung in der Koalitionskriegführung in der Epoche 1792/1815 – ein Aufriß, in: Geschichte in Wissenschaft und Unterricht 1966, S. 265 ff., sowie ders., Der Einbau der verbündeten Armeen in die deutsche Ostfront 1941–1944, in: Wehrwissenschaftliche Rundschau 1960, S. 659 ff.
5 Vgl. dazu ausführlich K. Hildebrand, Vom Reich zum Weltreich, S. 731 ff.

6 Siehe dazu allgemein: K. Dönitz, Die Schlacht im Atlantik in der deutschen Strategie, in: Hillgruber (Hrsg.), Probleme, S. 159 ff.
7 Gruchmann, Der Zweite Weltkrieg, S. 281.
8 Dazu grundsätzlich: Hillgruber, Sowjetische Außenpolitik 1939–1945, a. a. O.
9 Siehe dazu S. 108 f. und S. 135 ff.
10 Nur zwei Äußerungen Hitlers aus dem Jahre 1932 und 1939 scheinen überhaupt den Zusammenhang zwischen Außen- und Gesellschaftspolitik ins Auge zu fassen. Nicht zuletzt aus seinem antibürgerlichen Ressentiment heraus hat er gewiß nie bewußt Außenpolitik in den Dienst der bestehenden Ordnung stellen wollen; daß er es objektiv getan hat, dürfte im Verlaufe der Untersuchung deutlich geworden sein.
11 Vgl. zu diesem Problem auch im folgenden die Arbeit von Martin, Friedensinitiativen, a. a. O.
12 Siehe dazu S. 100.
13 Am 27. 1. 1943 erließ der ›Generalbevollmächtigte für den Arbeitseinsatz‹, Gauleiter Sauckel, eine Verordnung für den Arbeitseinsatz zur Führung des totalen Krieges. Am 18. 2. 1943 verkündete Goebbels im Berliner Sportpalast den ›totalen Krieg‹. Am 11. 2. 1943 begann die Einberufung von Schülern der deutschen höheren Schulen, die das 15. Lebensjahr vollendet hatten, als Luftwaffenhelfer.
14 Siehe dazu allgemein, A. Hillgruber, Hitler, König Carol und Marschall Antonescu. Die deutsch-rumänischen Beziehungen 1938–1944, Wiesbaden ²1965.
15 Vgl. auch Martin, Deutschland und Japan, S. 177.
16 Gruchmann, Der Zweite Weltkrieg, S. 350, und bes. Hillgruber, Sowjetische Außenpolitik 1939–1945, a. a. O.
17 Gruchmann, Der Zweite Weltkrieg, S. 346.
18 Zu den russisch-deutschen Friedensbemühungen vgl. K.-H. Minuth, Sowjetisch-deutsche Friedensfühler 1943, in: Geschichte in Wissenschaft und Unterricht 16 (1965), S. 38 ff; zu den Friedensinitiativen von Ribbentrops, die praktisch erst im Februar 1945 einsetzen konnten, siehe auch R. Hansen, Ribbentrops Friedensfühler im Frühjahr 1945, in: ebd. 18 (1967), S. 716 ff.
19 Dazu Gruchmann, Der Zweite Weltkrieg, S. 237.
19a Die Industrieverluste wurden allerdings erst in der zweiten Hälfte des Jahres 1944 relevant.
20 Vgl. dazu Th. Schieder, Die Vertreibung der Deutschen aus dem Osten als wissenschaftliches Problem, in: Hillgruber (Hrsg.), Probleme, S. 379 ff.
21 Siehe dazu H. von Krannhals, Der Warschauer Aufstand 1944, Frankfurt/M. ²1964.
22 Vgl. dazu E. Klink, Das Gesetz des Handelns. Die Operation ›Zitadelle‹, Stuttgart 1966.
23 Dazu allgemein F. W. Deakin, Die brutale Freundschaft. Hitler, Mussolini und der Untergang des italienischen Faschismus, Köln/Berlin 1964.
24 Dazu Jacobsen, Der Zweite Weltkrieg, S. 205.
25 A. Hillgruber/G. Hümmelchen, Chronik des Zweiten Weltkrieges, Frankfurt/M. 1966, S. 97.
26 Siehe dazu jetzt auch A. Speer, Erinnerungen, und z. B. J.-J. Jäger, Die wirtschaftliche Abhängigkeit des Dritten Reiches vom Ausland – dargestellt am Beispiel der Stahlindustrie, Berlin 1969.
28 Swetlana Allilujewa, Das erste Jahr, Wien 1969. Vgl. grundsätzlich Hillgruber, Sowjetische Außenpolitik 1939–1945 a. a. O.
29 Dazu auch J. Schröder, Italiens Kriegsaustritt 1943. Die deutschen Gegenmaßnahmen im italienischen Raum, Göttingen 1969.
30 Hubatsch, Weisungen, S. 233 ff.

31 Siehe dazu auch H. Höhne, Der Orden unter dem Totenkopf. Die Geschichte der SS, Gütersloh 1967, S. 499 ff.
32 Martin, Deutschland und Japan, S. 106.
33a Dazu Martin, Friedensinitiativen, a. a. O.
34 V. R. Berghahn, NSDAP und ›Geistige Führung‹ der Wehrmacht 1939 bis 1943, in: VfZg 17 (1969), bes. S. 51 ff.
35 Dazu P. Hoffmann, Widerstand, Staatsstreich, Attentat, München 1969, S. 223.
36 Messerschmidt, Wehrmacht, S. 451.
37 Vgl. dazu allgemein: M. Mourin, Le drame des états satellites de l'Axe de 1939 à 1945, Paris 1957 und speziell: E. Schmidt-Richberg, Der Endkampf auf dem Balkan, Heidelberg 1955.
38 J. Hillberg, The Destruction of the European Jews, Chicago ²1967.
39 Martin, Deutschland und Japan, S. 189.
40 Ebd., S. 191.
41 Allgemein dazu: H. Feis, Churchill. Roosevelt. Stalin. The War They Waged and the Peace They Sought, Princeton 1957, S. 283 ff.
42 Hillgruber/Hümmelchen, Chronik, S. 115.
43 Seit dem September 1943 bestand allerdings ja schon in gewissem Sinne in Italien eine zweite Front.
44 Zum Partisanenkrieg in Rußland vgl. auch E. M. Howell, The Soviet Partisan Movement 1941–1944, Washington 1956.
45 Vgl. auch: Gruchmann, Zweiter Weltkrieg, S. 254 ff.
46 Vgl. dazu Martin, Deutschland und Japan, S. 196.
47 Dazu: Jung, Die Ardennenoffensive 1944/45, Göttingen/Frankfurt/M./Zürich 1969.
48 Siehe auch Gruchmann, Der Zweite Weltkrieg, S. 417 f. Vgl. dazu auch Martin, Friedensinitiativen, der diese Initiativen aufgrund neu entdeckten Materials gründlicher als bisher analysieren kann.
49 Zu der alliierten Konferenzdiplomatie während des Zweiten Weltkrieges vgl. Feis, Churchill. Roosevelt. Stalin, a. a. O.
50 Hillgruber, Sowjetische Außenpolitik 1939–1945, a. a. O.
51 Vgl. dazu Höhne, Orden, S. 485.
52 Hillgruber/Hümmelchen, Chronik, S. 148.
53 Dazu jetzt Speer, Erinnerungen, a. a. O., vgl. auch W. Boelcke, A. Hitlers Befehle zur Zerstörung und Lähmung des deutschen Industriepotentials 1944/45, in: Tradition, Dez. 1968.
54 Zu dieser Frage siehe auch Höhne, Orden, S. 528 ff. und Gruchmann, Zweiter Weltkrieg, S. 444.
55 Compton, Hitler und die USA, S. 232.
56 Vgl. dazu Höhne, Orden, S. 532.
57 Dazu allgemein die Untersuchung von R. Hansen, Das Ende des Dritten Reiches. Die deutsche Kapitulation 1945, Stuttgart 1966.
58 Vgl. dazu G. Alperovitz, Atomare Diplomatie – Hiroshima und Potsdam, München 1966 sowie F. B. Misse, Le rôle des Etats-Unis dans les conférences de Malte et Yalta, in: Revue d'Histoire de la Deuxième Guerre Mondiale 1969, No. 75, S. 41 ff.
59 Dazu auch: A. Baring, Außenpolitik in Adenauers Kanzlerdemokratie, München 1969.

Schlußbetrachtung (Seite 135)

1 Dies dokumentiert auch die den heutigen Forschungsstand souverän beherrschende, in der Materialdarlegung kaum zu überbietende Studie von Jacobsen, Nationalsozialistische Außenpolitik, a. a. O.

2 Dazu Wehler, Bismarck, passim, bes. Kap. VI; Sauer, Nationalstaat, a. a. O.
3 Anders als Wehler es tut, möchten wir Bismarcks Außenpolitik nicht allzu ausschließlich als vom »Primat der Innenpolitik« bestimmt verstehen, denn »innere Konflikte durch außenpolitische Entscheidungen auszutragen, war nach 1871 zunächst kein Ausweg mehr«. (M. Stürmer, Konservatismus und Revolution in Bismarcks Politik, in: Ders., Das kaiserliche Deutschland, S. 147). Das – zwar vermittelt stets mit den innenpolitischen Voraussetzungen eines Staates im Zusammenhang stehende – originär-machtpolitische System der Konfrontation der großen Mächte schafft durchaus eine eigene Sphäre des außenpolitischen Spielraums, die es als die *eine* Seite historischer Wirklichkeit zu begreifen, d. h. nachvollziehend darzustellen gilt, um sodann zum Versuch einer notwendigerweise auch innenpolitische Faktoren einbeziehenden, vermittelnden Erklärung des ›Ganzen‹ zu gelangen. Vgl. zu dieser methodischen Prozedur auch Hillgruber, Kontinuität, S. 5 f., sowie ders., Gedanken zu einer politischen Geschichte, a. a. O.
4 Wehler, Bismarck, passim, bes. Kap. VI; jetzt dazu auch: Stürmer, Konservatismus, a. a. O. sowie ders., Staatsstreichgedanken im Bismarckreich, in: HZ 209 (1969), S. 566 ff.
5 Zur Rolle des Grundbesitzes in Preußen-Deutschland siehe prinzipiell die Ausführungen von H. Rosenberg, Die Pseudodemokratisierung der Rittergutsbesitzerklasse, in: Probleme der deutschen Sozialgeschichte, Frankfurt/M. 1969, S. 7 ff.
6 H. Rothfels, Bismarck und der Staat, Darmstadt ³1958, S. 331.
7 Zum Problem der ungleichmäßigen Entwicklung vgl. H. Rosenberg, Große Depression a. a. O.
8 Dieser Prozeß des Zusammengehens von Krone und Bürgertum angesichts vermeintlicher oder tatsächlicher Bedrohungen durch den vierten Stand ist für die gesamte europäische Sozial- und politische Geschichte verbindlich. Er ist bereits im England des 17. Jahrhunderts zu beobachten und wiederholt sich in Frankreich und Deutschland im 18. und 19. Jahrhundert. Vgl. dazu auch die Bemerkungen von W. Link, Der Einfluß des Parlaments auf die Außenpolitik. Die außenpolitische Rolle des Parlaments und das Konzept der kombinierten auswärtigen Gewalt, in: PVS 11 (1970), Sonderheft 2, S. 359 ff.
9 Zu den in England in der zweiten Hälfte des 19. Jahrhunderts unternommenen Bemühungen, im Zuge eines neuen Imperialismus, die arbeitenden Klassen in den Staat zu integrieren, siehe die in Vorbereitung befindliche Habilitationsschrift von K. Rohe (Münster).
10 Siehe dazu vorab Anmerkung 3 sowie die Ausführungen bei Berghahn, Flottenbau unter Wilhelm II., die zeigen, daß Tirpitz offenbar beide Ziele, das originär-außenpolitische und das funktional-innenpolitische, intendierte, als er seine Risikostrategie entwarf.
11 Zu den in diesem Zusammenhang wichtigen Methoden der Propaganda vgl. für die Bismarckzeit das Werk von E. Naujoks, Bismarcks auswärtige Pressepolitik und die Reichsgründung (1865–1817), Wiesbaden 1968.
12 H. Gollwitzer, Der Cäsarismus Napoleons III. im Widerhall der öffentlichen Meinung Deutschlands, in: HZ 173 (1952), S. 65 f.
13 Berghahn, Tirpitz-Plan, a. a. O.
14 Stürmer, Konservatismus a. a. O.
15 Während der ›Ära Bülow‹ wurde die Sozialpolitik dann allerdings eingefroren in der Erwartung, daß die fertiggestellte Flotte das soziale Problem durch die als sicher erhofften wirtschaftlichen Erfolge lösen werde. Dazu Berghahn, Tirpitz-Plan, a. a. O. Rüstungspolitik und die damit verbundene Spekulation auf zukünftige Gewinne sollten gesellschaftliche

Fragen beantworten – eine Tendenz, die auch Hitlers System der Kriegswirtschaft immanent war. Der Unterschied liegt allerdings darin, daß der Bülow/Tirpitzsche Imperialismus nicht so notwendig auf den Krieg abzielte, wie dies für Hitler (persönlich) und für sein Regime der Fall war.

16 Vgl. dazu den aus marxistischer Sicht geschriebenen Aufsatz von W. Gutsche, Bethmann Hollweg und die Politik der »Neuorientierung«. Zur innenpolitischen Strategie und Taktik der deutschen Reichsregierung während des Ersten Weltkrieges, in: Zeitschrift für Geschichtswissenschaft 13 (1965), S. 209 ff.
17 Zur Vorgeschichte des Antisemitismus vgl. das nach wie vor führende Werk von P. W. Massing, Vorgeschichte des politischen Antisemitismus, Frankfurt/M. 1959. Von Interesse ist in diesem Zusammenhang auch die Studie von E. Zechlin, Die deutsche Politik und die Juden im Ersten Weltkrieg (unter Mitarbeit von H. J. Bieber), Göttingen 1969.
18 Die im Rahmen dieser Untersuchung notwendigerweise verkürzt und pauschal benutzten Termini der ›politischen Rechten‹ bzw. der ›Konservativen‹ bedürfen natürlich sorgfältiger Differenzierung und werden etwa für die Zeit der Weimarer Republik in der Arbeit von M. Stürmer, Koalition und Opposition in der Weimarer Republik 1924–1928, Düsseldorf 1967, für die Deutschnationale Volkspartei detailliert analysiert.
19 Diese Form der ›Dolchstoßlegende‹ wurde bereits während des Ersten Weltkrieges vorbereitet. Zechlin, Juden im Ersten Weltkrieg, a. a. O.
20 Siehe dazu Hildebrand, Vom Reich zum Weltreich, S. 392 ff.
21 Siehe dazu auch den Aufsatz von E. Krippendorf, Ist Außenpolitik *Außen*politik? in: PVS 4 (1963), S. 243 ff.
22 Vgl. dazu auch die Überlegungen bei H. Heffter, Vom Primat der Außenpolitik, in: HZ 171 (1951), S. 1 ff., und Hildebrand, Vom Reich zum Weltreich, S. 266, Anmerkung 64.
23 Grundsätzlich dazu E. Kehr, Der Primat der Innenpolitik. Gesammelte Aufsätze zur preußisch-deutschen Sozialgeschichte im 19. und 20. Jahrhundert. Hrsg. u. eingel. von H.-U. Wehler, Berlin 1965.
24 Dazu Krippendorf, Ist Außenpolitik *Außen*politik, a. a. O. Die Suche nach einer ›Identität‹ im Zuge einer stufenweisen erst innen-, dann außenpolitischen (gewaltsamen) Lösung der Probleme spiegelt sich z. B. in dem berühmten Zitat Wilhelms II. »unter dem wiederangezündeten Weihnachtsbaum« 1905: »Erst die Sozialisten abschießen, köpfen und unschädlich machen, wenn nötig, per Blutbad, und dann Krieg nach außen. Aber nicht vorher und nicht a tempo.« B. v. Bülow, Denkwürdigkeiten, hrsg. von F. von Stockhammern, Bd. 2, Berlin 1930, S. 198. Siehe unter diesem Aspekt die Ausführungen von Reichskanzler Hitler am 3. 2. 1933 vor der Generalität: Vogelsang, Dokumentation, S. 434 f.
25 Vgl. dazu Fischer, Griff, S. 425 ff.
26 Entgegen der zentralen These in den Arbeiten von Ludwig Dehio (Deutschland und die Weltpolitik im 20. Jahrhundert, Frankfurt/M. 1961) von der ideologiefreien und daher ineffizenten (!) Machtpolitik des Kaiserreichs im Weltkrieg sei hier darauf verwiesen, daß es gerade die in bezug auf die praktizierte Machtpolitik antiquierte bzw. inkongruente Ideologie der deutschen Gesellschaft gewesen ist, die entscheidend dazu beigetragen hat, daß die rational kalkulierte Machtpolitik nicht zum Zuge kommen konnte: Nicht das Fehlen einer Ideologie, sondern der Primat des Dogmas war für Preußen-Deutschlands Geschichte entscheidend.
27 Siehe dazu auch die Forschungsdiskussion um die Annexion von Elsaß und Lothringen, bei der nicht allein politisches Kalkül, sondern auch die emotionale Stimmung der öffentlichen Meinung offenbar die Lösung der Probleme mitbestimmte: Zur Kontroverse (Lipgens, Gall, Buchner, Becke Gall und Kolb) vgl. zusammenfassend: L. Gall, Das Problem Elsaß-

Lothringen, in: Reichsgründung 1870/71, hrsg. von Th. Schieder und E. Deuerlein, Stuttgart 1970, S. 366 ff., bes. 367, Anm. 4.
28 Dazu J. C. G. Röhl, Higher Civil Servants in Germany, 1890–1900 in: Journal of Contemporary History, Bd. 2, Nr. 3, Juli 1967.
29 Dazu ausführlich Röhl, Deutschland ohne Bismarck, passim.
30 Das für die westlichen Demokratien verbindliche Wort, der Krieg sei eine viel zu wichtige Sache, als daß man sie den Militärs überlassen könne, hatte eben für Preußen-Deutschland keine Gültigkeit. Während das parlamentarische System (und seine Ideologie) in den westlichen Nationen die Kriegführung im Effekt günstig beeinflußte, behinderte das Kabinettsystem (und die zu ihm gehörende Ideologie) in Preußen-Deutschland die Entfaltung des Machtkalküls. Über die bereits für Bismarck erheblichen Schwierigkeiten, 1870/71 einen ›Primat der Politik‹ zu wahren, vgl. E. Kolb, Kriegführung und Politik 1870/71, in Schieder/Deuerlein, Reichsgründung, S. 95 ff.
31 Vgl. dazu etwa auch durchgehend die Protokolle: Von Bassermann zu Stresemann. Die Sitzungen des nationalliberalen Zentralvorstandes 1912–1917, bearbeitet von K.-P. Reiß, Düsseldorf 1967.
32 Dazu H. Rosenberg, Die Pseudodemokratisierung, a. a. O.
33 Zu diesem Prozeß siehe die klassische Studie von R. H. Tawney, The Rise of the Gentry 1558–1640, in: Essays in Economic History, ed. by E. M. Carus-Wilson, London 1966, Bd. 1, S. 173 ff. Eine Bibliographie der ›Gentry-Kontroverse‹ findet sich bei J. Hexter, Storm over the Gentry, in: ders., Reappraisals in History, 1961, S. 117 ff.
34 Es gilt einmal – weit in die preußische Geschichte zurückgreifend – zu untersuchen, ob die Bewahrung innenpolitischer Privilegien zu außenpolitischen Schritten veranlaßte oder ob das preußische Militärsystem tatsächlich aufgrund – echter oder vermeintlich so empfundener – außenpolitischer Bedrohungen entstand. Siehe dazu auch K. Hildebrand, Die Suche nach dem ›wahren‹ Preußen, in: PVS 1970, S. 388 ff.
35 Eindrucksvolle Beispiele dafür liefern die Arbeiten von H.-J. Puhle, Agrarische Interessenpolitik und preußischer Konservativismus im wilhelminischen Reich (1893–1914). Ein Beitrag zur Analyse des Nationalismus in Deutschland am Beispiel des Bundes der Landwirte und der Deutsch-Konservativen, Hannover 1966 und P.-C. Witt, Die Finanzpolitik des Deutschen Reiches, 1903–1913, Lübeck/Hamburg 1970.
36 Vgl. dazu K. Hildebrand, Bethmann Hollweg – der Kanzler ohne Eigenschaften? Urteile der Geschichtsschreibung. Eine kritische Bibliographie. Düsseldorf 1970, ²1970.
37 Siehe dazu S. 16.
38 Siehe dazu Stresemanns Rede vor der ›Arbeitsgemeinschaft deutscher Landsmannschaften‹ in Groß-Berlin vom 14. 12. 1925, in: Akten zur deutschen auswärtigen Politik 1918–1945. Serie B: 1925–1933. Band I, 1. Dezember 1925 bis Juli 1926, Göttingen 1966, S. 727 ff. Vgl. dazu Hillgruber, Kontinuität, S. 18.
39 Eine grundlegende Untersuchung über die Vaterlandspartei steht nach wie vor aus. Die Studie von K. Wortmann, Die Geschichte der Deutschen Vaterlandspartei 1917/1918, Diss. Halle 1926 bezieht gerade die hier angeschnittenen Probleme kaum ausreichend ein. Vgl. in diesem Zusammenhang auch die Überlegungen von K. Löwith, Max Weber und Carl Schmitt, in: Frankfurter Allgemeine Zeitung vom 27. 6. 1964.
40 Dazu ausführlich Stürmer, Staatsstreichgedanken, a. a. O.
41 Siehe dazu H. Pogge-von Strandmann, Staatsstreichpläne, Alldeutsche und Bethmann Hollweg, in: H. Pogge-von Strandmann/I. Geiss, Die Erforderlichkeit des Unmöglichen. Deutschland am Vorabend des Ersten Weltkrieges, Frankfurt/M. 1965.

42 Dazu Berghahn, Tirpitz-Plan, a. a. O.
43 Siehe dazu auch Fischer, Krieg der Illusionen, bes. S. 62 ff.
44 Dazu H.-U. Wehler, Sozialökonomie und Geschichtswissenschaft, in: NPL 1969, S. 356.
45 Böhme, Deutschlands Weg, S. 574. Während des Sommers 1878 empfanden die badischen Liberalen Bismarcks innenpolitischen Kurs tatsächlich als die »völlige Alleinherrschaft« und »Diktatur des Reichskanzlers«, dagegen rief man in Berlin nach dem »Mann von Eisen« ... Eintragung der Freifrau von Spitzemberg, zitiert nach Stürmer, Konservative Revolution, S. 16.
46 Vgl. dazu F. L. Carsten, Reichswehr und Politik 1918–1933, Köln/Berlin 1964, S. 25, und Meier-Welcker, Seeckt, S. 200, sowie Hillgruber, Kontinuität, S. 17.
47 Siehe S. 26 ff.
48 M. Boveri in einer Rezension über P. Hoffmann, Widerstand, Staatsstreich, Attentat, München 1969, in: Der Spiegel vom 20. 10. 1969, S. 199.

Personenregister

Die Seitenzahlen beziehen sich auf Text und Anmerkungen. Nicht in das Register aufgenommen wurden Hitler und die Autoren der in den Anmerkungen zitierten wissenschaftlichen Literatur.

Adenauer, K. 179
Aga Khan, Aga Sultan M. Schah 54
Aigner, D. 147
Allen of Hurtwood, Lord 160
Allilujewa, S. 178
Antonescu, I. 125, 178
Baldwin, St. 54, 162
Bassermann, E. 140, 182
Beck, J. 85
Beck, L. 73, 130, 166
Benesch, E. 75, 166
Bethmann Hollweg, Th. von 14, 16, 65, 84, 136, 141, 153 f., 181 f.
Bismarck, O. von (dtsch. Diplomat) 71, 166
Bismarck-Schönhausen, O. Fürst von 10 ff., 28, 40, 65, 84, 96, 123 ff., 134 ff., 139, 141, 143 f., 146, 151 ff., 158, 164 f., 167, 170, 174, 180, 182 f.
Blomberg, W. von 32, 35, 37, 55, 63
Blum, L. 52
Bonhoeffer, D. 177
Bór-Komorowski, T. Graf 131
Bormann, M. 129, 173
Bouhler, Ph. 101
Boveri, M. 145
Brauchitsch, W. von 63
Broszat, M. 147
Brüning, H. 154
Bülow, B. Fürst von 65, 80, 84, 136, 143, 180 f.
Bullitt, W. C. 61
Burckhardt, C. J. 87, 91, 169
Butler, R. A. 110, 174
Canaris, W. 74
Carls, R. 79, 81
Carol II. (Kg. von Rumänien) 178
Chamberlain, N. 54 f., 58 ff., 63 f., 67, 70 f., 73 ff., 81 f., 86 f., 89 f., 95, 162 ff.
Churchill, W. 59, 73, 78, 89, 100, 103, 118 f., 126, 131 f., 164, 167, 179
Ciano, G. Graf 40
Clausewitz, C. von 94, 170

Clodius, C. 99, 171
Coulondre, R. 170
Cowling, M. 149
Curtius, J. 154
Dahlerus, B. 61, 92, 170
Darré, R. W. 20, 24 f., 28, 155
Dawes, Ch. G. 175
Deutsch, K. 141
Dönitz, K. 133, 178
Dollfuß, E. 65, 157, 165
Dülffer, J. 147
Eckart, D. 25
Eden, A. 39 ff., 52, 63, 126, 161, 165
Eduard VIII. (Kg. von England) 54
Eisenhower, D. D. 129
Epp, F. X. Ritter von 21, 98, 101, 154, 168, 173
Felice, R. de 149
Fest, J. 148
Fichte, J. G. 152
Fischer, F. 15
Franco y Bahamonde, F. 50, 104
François-Poncet, A. 78 f.
Freisler, R. 131
Friedrich II. (Kg. von Preußen) 132, 152
Fritsch, W. Frhr. von 55, 63
Gaulle, Ch. de 119
Goebbels, J. 50, 86, 103, 126, 128 ff., 178
Goerdeler, C.-F. 130
Göring, H. 21, 38, 55, 61, 65, 69, 74 ff., 87, 89 ff., 105, 125, 130, 141, 164
Grew, J. C. 52
Grillparzer, F. 124
Guderian, H. 132
Halder, F. 73, 99, 170 ff.
Halifax, Lord 52 f., 59 f., 63 f., 67, 85, 162
Hallgarten, G. W. F. 17
Hassell, U. von 96, 170, 176
Haushofer, A. 177
Haushofer, K. 25
Hegel, G. W. F. 25, 152

Heinrich II. (Kg. von England) 11
Henderson, Sir N. 68, 85, 90, 92, 165
Henke, J. 147
Henlein, K. 70
Hess, R. 25, 69, 111, 175
Hewitt (amerik. Gesandter in Stockholm) 132
Hillgruber, A. 12 f., 147, 149
Himmler, H. 79 ff., 118, 125 f., 128, 132 f., 167, 177
Hindenburg, P. von 16
Hoare, Sir S. 44
Hobbes, Th. 152
Hoesch, L. von 51
Hohenlohe-Schillingsfürst, Ch. Fürst zu 143
Hoßbach, F. 55, 163, 166
Hugenberg, A. 32 f., 36 f., 159
Jacobsen, H.-A. 12, 146
Jodl, A. 63, 111, 128, 131
Jouvenel, B. de 47
Kaas, Monsignore 159
Kapp, W. 143
Karl V. (Kg. von Spanien, dtsch. Kaiser) 11
Keitel, W. 63, 165, 167
Kirkpatrick, Sir I. 71
Klee, K. 111
Kleist, P. 177
Kleist-Schmenzin, E. von 166
Kühlmann, R. von 153
Kuhn, A. 147
Kvaternik, S. 114
Lammers, H.-H. 168, 173
Liebert, E. von 21, 154
Litvinow, M. 72, 77
Lloyd, George, D. 51, 162
Londonderry, Lord 46, 98, 161
Lothian, Lord 54, 163
Ludendorff, E. von 15, 84, 89, 99, 143 f., 170
Luther, M. 13, 152
Marcuse, H. 152
Martin, B. 147
Marx, K. 152
Masur (Vertreter des jüd. Weltkongresses) 133
Miquel, J. 80, 136, 143, 167
Model, W. 131
Molotow, W. 77, 104 f.
Moltke, H. Graf von (der „ältere" Moltke) 14
Monsell, Lord 51
Montgomery, B. Viscount of El Alamein 120

Mooney, J. D. 172
Moutet, M. 52, 68
Mussolini, B. 31, 39 f., 45, 50 f., 63, 66, 76, 97, 104, 111, 120, 125, 160, 165, 171, 178
Nadolny, R. 37
Napoleon III. (Kaiser der Franzosen) 180
Neurath, C. Frhr. von 32, 34 ff., 47, 52, 55, 63, 159
Nolte, E. 101
Oshima, H. 49, 113 f., 176
Pacelli, E. 35
Papen, F. von 32, 35, 159
Pavelić, A. 114, 175
Pétain, H. Ph. 104
Philipp II. August (Kg. von Frankreich) 11
Phipps, Sir E. 39, 46, 160
Pilsudski, J., 38, 159
Pirow, O. 174
Price, W. 34, 48, 159
Quisling, V. 171 f.
Rademacher, F. 102
Raeder, E. 17, 34, 55, 96, 98 f., 158, 160, 166 f., 169, 171
Rathenau, W. 16, 153
Rennel, Lord 51
Reventlow, E. Graf zu 23, 155
Ribbentrop, J. von 17, 42 ff., 47, 51 ff., 62 ff., 79, 85, 96, 99, 104 ff., 109, 113, 116 ff., 126 ff., 131 f., 160 ff., 169, 172, 178
Rich, N. 148
Ritter, K. 99, 171
Roosevelt, F. D. 32, 54, 88, 100, 107, 118 f., 123, 126, 132, 163, 169, 172, 176, 179
Rosenberg, A. 25, 28, 35, 154, 156, 171 f.
Rothermere, Lord 34, 48
Rundstedt, G. von 131
Salis, J. R. von 64
Sauckel, F. 178
Sauer, W. 14
Schacht, H. 21, 32, 35, 46, 49, 51, 53, 58, 61, 68, 69, 74, 141, 155, 161
Schmitt, C. 182
Schmundt, R. 89
Schnee, H. 21, 172
Schukow, G. 176
Schuschnigg, K. von 65 f.
Schwerin von Krosigk, L. Graf 133
Seeckt, H. von 16, 21, 154, 183
Seyß-Inquart, A. 65

Simon, Sir J. 40, 41 ff., 59, 64, 67
Simons, W. 172
Solf, W. 99
Speer, A. 156, 164, 173 f., 178 f.
Spengler, O. 22
Spitzemberg, Freifrau von 183
Stalin, J. 29, 38, 50, 70, 72, 77, 89 f., 95, 98, 106, 118 f., 125 ff., 131 ff., 170, 176 f., 179
Stampfer, F. 166
Steward (Pressechef N. Chamberlains) 78
Strasser, G. 22 f., 155
Strasser, O. 22 f., 155
Stresemann, G. 14, 16, 21, 65, 140 ff., 144, 153 f., 182
Stroop, J. 126
Terboven, J. 171
Thalheimer, A. 157
Thies, J. 149
Thomas, G. 160
Tirpitz, A. von 16, 28, 80, 84, 96, 136, 143 f., 156, 168, 171, 174, 180 f., 183
Turner, H. A. 146, 149
Vansittart, Sir R. 31, 44, 51, 157
Wagner, E. 171
Weber, M. '140, 182
Wegener, W. 171
Wehler, H.-U. 17
Weichs, M. Frhr. von 159
Weigelt, K. 22, 85
Weinberg, G. L. 146
Weizsäcker, E. Frhr. von 61, 76, 91, 97
Wiedemann, F. 164, 166
Wiggershaus, N. 147
Wilhelm II. (dtsch. Kaiser) 28, 84, 141, 156, 180
Wilson, Sir H. 74, 90
Witzleben, E. von 74
Wohlthat, H. 61, 74, 87, 90, 164
Wolff, K. 132
Young, O. D. 175

NACHWORT ZUR VIERTEN AUFLAGE

Die Geschichte der deutschen Außenpolitik (1933–1945) im Urteil der neueren Forschung: Ergebnisse, Kontroversen, Perspektiven

Seit dem Erscheinen der vorliegenden Darstellung über die »Deutsche Außenpolitik 1933–1945 – Kalkül oder Dogma?« im Jahre 1970 hat sich die einschlägige Forschung lebhaft und fruchtbar weiterentwickelt. Ihre Ergebnisse sind so zahlreich und vielfältig, daß sie im einzelnen immer schwerer überschaubar werden[1]. Es würde den Rahmen eines Nachworts sprengen, wollte man versuchen, sie detailliert vorzustellen. Daher konzentrieren sich die folgenden Ausführungen auf die Abhandlung einiger zentraler Probleme der Geschichte der deutschen Außenpolitik im Zeitraum des »Dritten Reiches«, die in den zurückliegenden Jahren bis heute die Geschichtswissenschaft beschäftigt haben.

Im Sinne des bereits im Untertitel dieses Buches – »Kalkül oder Dogma?« – umschriebenen und von der Forschung mehr und mehr hervorgehobenen Sachverhalts[2] gehen sie davon aus, daß die Außen- und Rassenpolitik des »Dritten Reiches« im Grunde untrennbar zusammengehörten. Für Hitlers letztlich utopischen Entwurf totalitärer Herrschaft stellten sie die einander bedingenden Seiten seiner programmatischen Zielsetzungen dar. Auf diese Weise trugen sie lange Zeit zur spezifischen Dynamik nationalsozialistischer Politik bei, bis das Rassendogma mehr und mehr Eigen- und Übermacht erlangte und seine zerstörerische Qualität entfaltete.

Im folgenden sollen sechs zentrale Themen der wissenschaftlichen Forschung über die Geschichte des »Dritten Reiches« behandelt werden, um in sachlicher und forschungshistorischer Perspektive erkennbar werden zu lassen, in welcher Hinsicht die unverändert gebliebene Darstellung über die Geschichte der deutschen Außenpolitik zwischen 1933 und 1945 heute ergänzungsbedürftig erscheint und um darüber hinaus auf neue Erkenntnismöglichkeiten sowie vorhandene Desiderate der Geschichtswissenschaft hinzuweisen. Vor dem Hintergrund des vorangeschrittenen Gangs der Forschung ist in diesem Zusammenhang 1. die Frage zu erörtern, ob stärker Programmatik oder eher Opportunismus die für Hitlers nationalsozialistische Außenpolitik verbindliche Triebkraft darstellte. Sodann gilt es 2. einen Blick zu werfen auf apologetische Darstellungen zur Geschichte der deutschen Außenpolitik und Kriegführung sowie auf ihre Aufnahme durch die

Geschichtswissenschaft. Durch neue Forschungen bereichert wurde unser Kenntnisstand 3. vor allem im Hinblick auf die Kontroverse darüber, ob die Endziele des »Dritten Reiches« europäisch begrenzt oder global orientiert waren. Danach sind 4. die Deutungen nationalsozialistischer Außenpolitik durch die »revisionistischen« Historiker zu betrachten und ist dementsprechend 5. deren spezifische Sicht der Rassenpolitik des »Dritten Reiches« zu behandeln. Denn aufgrund ihrer funktionalistischen Interpretation des Nationalsozialismus schlagen sie vor, Hitlers »Drittes Reich« vornehmlich als »deutschen Faschismus« zu begreifen, die Machtstellung des Diktators vergleichsweise geringer zu veranschlagen und demgemäß die nationalsozialistische Außen- und Rassenpolitik neu zu interpretieren. Der Überblick mündet endlich 6. ein in eine Betrachtung über gegenwärtig sich abzeichnende Tendenzen und Perspektiven der Geschichtsschreibung in bezug auf ihre Beschäftigung mit dem Kontinuitätsproblem in der modernen deutschen Entwicklung im allgemeinen und in der Geschichte der deutschen Außenpolitik im 19. und 20. Jahrhundert im speziellen.

1. Die Auffassung, Hitler in seiner Politik und Kriegführung als machiavellistischen Opportunisten einzuschätzen, dem der Krieg ein Selbstzweck gewesen sei und der genommen habe, was immer die Gunst der Stunde ihm bot, geht maßgeblich auf das von Alan Bullock in seiner großen Biographie über den Diktator ursprünglich entworfene Hitlerbild zurück[3] und findet Niederschlag in Walther Hofers Werk über »Die Entfesselung des Zweiten Weltkrieges«[4]. Inzwischen hat Bullock sein Bild vom prinzipienlosen Opportunisten, den niemals Plan und Entwurf einer politischen Herrschaft geleitet hätten, sondern der jeweils um der Macht willen die ihm günstig vorkommende Situation ergriffen habe, revidiert[5]. Er tat dies unter dem wissenschaftlichen Einfluß seines Landsmannes Hugh R. Trevor-Roper. Dessen grundlegender Aufsatz über »Hitlers Kriegsziele«[6] aus dem Jahre 1960 betonte eben die Zielgerichtetheit und Konsistenz in der Außenpolitik und Kriegführung des Diktators. Ihr programmatisches Ziel sei die »Gewinnung neuen Lebensraumes« im europäischen Rußland gewesen. Diese Auffassung ist sodann in den sechziger und siebziger Jahren weitgehend akzeptiert worden, wenn man einmal von Einwänden absehen will, wie sie neuerlich Dietrich Aigner gegen diese Sicht der Dinge vorgetragen hat[7], und wenn man die in gewisser Hinsicht beobachtbare Renaissance dieser These im Rahmen der »revisionistischen« Interpretation einer differenzierten Behandlung vorbehält. Daß der nationalsozialistischen Außenpolitik gewisse programmatische Zielrichtungen zu eigen waren, kann als weitgehend akzeptiert angesehen werden. Wie weit diese Endziele freilich reichten, ist demgegenüber ein in der Diskussion zwischen »Kontinentalisten« und »Globalisten« nach wie vor ebenso umstrittenes Problem wie die von den »Revisionisten« wieder aufgeworfene neu-alte Frage, wie weit die nationalsozialistische Programmatik Eigenmacht besaß oder lediglich Propagandacharakter hatte. Ein für den gegenwärtigen Stand der Forschung repräsentatives Werk aber wie das von Norman Rich[8] geht im Zuge seiner

Darstellung der nationalsozialistischen Außenpolitik und Kriegführung als gesicherten Voraussetzungen sowohl von Hitlers ausschlaggebender Rolle aus als auch von seinen programmatisch festliegenden Zielsetzungen, ohne darüber deren selbstverständlich vorhandene und zu beachtende Situationsgebundenheit aus dem Auge zu verlieren.

2. Angesichts dieser Entwicklung der Forschung haben inzwischen die von A. J. P. Taylor und David L. Hoggan vertretenen unorthodoxen bzw. apologetischen Interpretationen über Hitlers Außenpolitik in wissenschaftlicher Hinsicht ihre Wirksamkeit eingebüßt[9]. Taylor hat in seinem Buch über »Die Ursprünge des Zweiten Weltkrieges« die These aufgestellt, der deutsche Diktator sei im Grunde ein Revisionspolitiker gewesen, der sich nicht grundsätzlich von Gustav Stresemann unterschieden habe. Den Ausbruch des Zweiten Weltkrieges beurteilte er dabei als einen von allen am Geschehen beteiligten Staaten verursachten Unfall in der langen Kette europäischer Kriege. Im Zuge solchen Verständnisses verkannte Taylor die fundamentalen Unterschiede zwischen der friedlichen Revisionspolitik Stresemanns und dem kriegerischen Expansionismus Hitlers ebenso, wie ihm die rassenideologischen Motive als Triebkräfte nationalsozialistischer Außenpolitik entgingen. David Hoggans politisch eingefärbte und in seinem Buch »Der erzwungene Krieg« vorgetragene Interpretation, die in erster Linie den britischen Außenminister Lord Halifax für den Ausbruch des Zweiten Weltkrieges als verantwortlich anklagt, wurde von der seriösen Forschung niemals ernst genommen.

Mittlerweile hat sich die Geschichtswissenschaft im Bereich der apologetischen Literatur mit den Werken eines anderen englischen Autors, David Irving, auseinanderzusetzen, der unter anderem in seinen beiden Bänden über »Hitler und seine Feldherren« und »Hitlers Weg zum Krieg« eine die Politik und Kriegführung des Diktators verteidigende Sicht der Dinge präsentiert[10]. Von der Forschung wurden ihre Ergebnisse weitgehend negativ aufgenommen; sie sind im folgenden dennoch eingehender zu betrachten, weil sie anders als die meisten Apologien eine bemerkenswert breite Publizität gefunden haben[11]. Zuerst erschien Irvings Darstellung über »Hitler und seine Feldherren«[12]. Die deutsche und die amerikanische Ausgabe unterscheiden sich dabei besonders in bezug auf die die Judenfrage behandelnden Passagen des Werkes. Von der in dieser Beziehung nicht in völliger Entsprechung zum amerikanischen Text stehenden deutschen Version des Buches hat Irving sich sogar ausdrücklich distanziert, obwohl auch sie die Tendenz seiner Argumentation durchaus zu erkennen gibt. Insgesamt handelt es sich bei diesem Werk um einen biographischen Versuch über Hitlers Persönlichkeit und Politik während der Jahre 1939–1945. Aufgrund zahlreicher, bislang unbekannter Details verdient es eine gewisse Anerkennung, als kompositorische Leistung kann es dagegen nicht überzeugen. Denn es finden sich banale Nebensächlichkeiten neben Resultaten, die die historische Forschung beschäftigen werden. Beachtenswert ist vor allem die große Zahl bislang unerschlossener Quellen beispielsweise in Form von

Tagebüchern ehemals führender Diplomaten und Generäle, mit denen Irving die Forschung zumindest auszugsweise bekannt macht. Unter ihnen ragt besonders die Benutzung des bisher unbekannten Tagebuchs des »Verbindungsmannes« zwischen von Ribbentrop und Hitler im Führerhauptquartier, Walter Hewel, hervor.

Mißtrauisch äußert Irving sich dagegen über den Wert zahlreicher, der Historiographie schon lange bekannter und von ihr benutzter Quellen. Die Fragwürdigkeit der Ciano-Tagebücher (oder neuerdings auch des Engel-Tagebuches) ist jedoch der zeitgeschichtlichen Forschung keineswegs entgangen. Alles in allem übertreibt es der britische Autor wohl mit seinen Vorbehalten gegenüber den bisher erarbeiteten Ergebnissen der einschlägigen Geschichtswissenschaft. Wenn er es in den Fußnoten auch weitgehend vermeidet, sich auf entsprechende Sekundärliteratur zu beziehen, so läßt der Gang seiner Argumentation immer wieder deutlich werden, daß er beispielsweise dem großen Werk von Andreas Hillgruber über »Hitlers Strategie« weit mehr verpflichtet ist, als dies bei einer Durchsicht des Anmerkungsapparates klar wird. Dennoch: Irvings Buch ist eine Fundgrube neu erschlossener Materialien, die die Forschung auszuwerten hat.

Aufsehen hat der englische Autor mit seiner Darstellung über die nationalsozialistische Judenpolitik erregt. Denn er vertritt die Auffassung, Hitler habe bis 1943 an dem Gedanken festgehalten, die europäischen Juden nach Osten zu deportieren, und habe erst danach von der bereits unter Himmlers Leitung eigenmächtig angelaufenen Vernichtung des Judentums erfahren. Diese These ist von der Geschichtswissenschaft in quellenkritischer Prüfung des dafür von Irving angeführten Belegs zurückgewiesen worden. Ja, darüber hinaus war Irving vorzuhalten, daß es seiner Darstellung an einer zusammenhängenden Behandlung der nationalsozialistischen Judenpolitik mangelt. Sie entbehrt mithin jener historischen Entwicklungsperspektive, die das Problem ebenso erkennbar werden läßt wie Hitlers uneingeschränkte Verantwortung. Denn offenbar hatte der »Führer« jede schriftliche Andeutung untersagt, die eine Spur für die Nachwelt legen und auf die Judenvernichtung aufmerksam machen konnte.

Entsprechende Würdigung und Kritik hat auch Irvings danach erschienener erster Band über »Hitlers Weg zum Krieg«[13] gefunden, der es sich zum Ziel setzt, »die Ereignisse gleichsam vom Schreibtisch Hitlers aus zu beschreiben, jede Begebenheit gleichsam mit seinen Augen zu sehen und zu begreifen«. Wiederum gelang es dem Autor, bislang unbekannte Quellen aus privater Hand zu bekommen, unter denen vor allem die Tagebücher und Papiere des Freiherrn von Fritsch, Herbert Backes und Fritz Todts herausragen. Dennoch reicht die Materialbasis insgesamt nicht aus, um das Vorhaben angemessen verwirklichen zu können, nämlich die Geschichte jener Zeit allein aus Hitlers Sicht darzustellen. Die »Sensation« des Buches liegt wiederum in der apologetischen Interpretation der Judenfrage, die »noch über das in der amerikanischen Ausgabe von ›Hitler und seine Feldherren‹ Behauptete« hinausgeht. Denn Irving versteigt sich zu der von der

Forschung zurückgewiesenen These (auf die noch in anderem Zusammenhang einzugehen sein wird), Hitler habe den Antisemitismus in der Kampfzeit lediglich als Propagandawaffe zum Gewinn von Wählerstimmen benutzt. Nach der Machtergreifung aber habe er sich vom Antisemitismus getrennt »und bekannte sich nur noch formell zu diesem Teil seiner Weltanschauung«. »Die NS-Gangster unter ihm« seien es vielmehr gewesen, die die Hetze weiter betrieben hätten. Der »Führer« selbst habe dies immer zu unterbinden versucht. »Dokumente, die Hitler faktisch mit der Behandlung der Juden in Verbindung bringen, haben stets die Form eines Unterlassungsbefehls«. Da aber Hitlers »Gewalt über seine Untertanen von Jahr zu Jahr« abgenommen habe, sei es ihm nicht gelungen, der Judenverfolgungen Herr zu werden. Hier liegen unübersehbar, freilich – dies sei ausdrücklich betont – unbeabsichtigte Berührungspunkte der inzwischen widerlegten Apologie Irvings mit der »revisionistischen« Interpretation vom »schwachen Diktator«[14] Hitler, die in gewisser Hinsicht – ohne daß diese Irvings damit verbundene Absichten teilte, Hitlers Verantwortung für den Judenmord zu verkleinern – zu ähnlichen Resultaten gelangt und die noch näher zu betrachten ist[15].

Was die außenpolitischen Teile des Buches angeht, so konstatiert Irving durchaus in Übereinstimmung mit der Forschung, Hitler habe seit den zwanziger Jahren konsequent das Ziel der Ostexpansion verfolgt, hält aber wie in seinem Buch über »Hitler und seine Feldherren« an der nicht zutreffenden Behauptung fest, daß Hitler »zu keiner Zeit eine wirkliche Bedrohung für England oder das Empire darstellte oder sein wollte«[16]. Mit Recht ist in diesem Zusammenhang auf den Widerspruch hingewiesen worden, daß Irving Quellen anführt, die demgegenüber zu zeigen geeignet sind, daß Hitlers politische Vorstellungen weit über Europa hinausgingen, und die demonstrieren, daß es dem Diktator letztlich um die Beherrschung der Welt ging. Insgesamt ist solche Ungereimtheit in der Komposition des Buches typisch für David Irvings Arbeiten, der im Dienste vordergründiger politischer Ziele und nicht zuletzt wohl auch von kommerziellem Antrieb bestimmt, recht erfolgreich Quellen sammelt und sodann Wichtiges sowie Unwichtiges unausgereift und kaum durchdacht aneinanderstückelt, ohne abwägend über Zusammenhänge zu reflektieren. Dazu fehlt ihm offensichtlich der nötige Überblick über den Stand der Forschung, die inzwischen einen ganz außerordentlichen Grad von Differenzierung erreicht hat. Er schlägt sich beispielsweise
3. im wissenschaftlichen Streit um die Reichweite der außenpolitischen Zielsetzung Hitlers nieder. In Weiterentwicklung der grundlegenden These Trevor-Ropers von der programmatisch seit den zwanziger Jahren festliegenden Zielgerichtetheit und Einheitlichkeit in Hitlers Politik hat sich die Forschung in zweifacher Art und Weise entfaltet:
In seinem 1969 publizierten Buch über »Hitlers Weltanschauung«[17] hat Eberhard Jäckel Trevor-Ropers Anstoß aufgenommen, im Prinzip bestätigt und im einzelnen ausgeführt. Hitlers außenpolitisches Konzept und der

Bündnisentwurf des Diktators wurden in diesem Rahmen ebenso rekonstruiert, wie Jäckel vor allem auf die für Außenpolitik und Kriegführung des »Führers« konstitutive antisemitische Komponente seiner Weltanschauung eingegangen ist. Als letztes Ziel der Außenpolitik Hitlers schätzt er die »Lebensraum«-Eroberung im Osten Europas und die rassische Neugestaltung des nationalsozialistischen Reiches ein.

Demgegenüber sehen andere Historiker weitergehende, über die kontinentaleuropäischen Grenzen hinausgreifende Ziele als für Hitlers Außenpolitik verbindlich an, deren Ausmaß und Realitätsgehalt Milan Hauner soeben in einem zusammenfassenden Aufsatz unter der Frage »Did Hitler Want a World Dominion?« alles in allem zustimmend geprüft hat und auf die er auch in seiner Dissertation über »India and the Axis Threat: Germany, Japan, and Indian Nationalism in the Second World War« eingegangen ist[18]. Bereits 1961 hatte Günther Moltmann in seinem Aufsatz über »Weltherrschaftsideen Hitlers«[19] – rückblickend betrachtet – einen für die Forschung in dieser Hinsicht wegweisenden Anstoß gegeben. 1965 hatte sodann Andreas Hillgruber mit seinem Buch über »Hitlers Strategie« und danach in weiteren Arbeiten wie in seiner Darstellung über »Deutschlands Rolle in der Vorgeschichte der beiden Weltkriege« oder in seinen Aufsätzen über »Der Faktor Amerika in Hitlers Strategie 1938–1941« und »Die ›Endlösung‹ und das deutsche Ostimperium als Kernstück des rassenideologischen Programms des Nationalsozialismus«[20] in einem für die Ausbildung dieser wissenschaftlichen Position entscheidenden Maße »vom Ansatz Trevor-Ropers ausgehend, jedoch die Perspektive auf Grund des inzwischen verfügbar gewordenen weitaus umfangreicheren Quellenmaterials ins Globale wendend ... als Interpretationsmuster für die Außenpolitik Hitlers die Vorstellung eines ›Stufenplans‹« entwickelt[21]: »Dieser endete nicht bei der projektierten Eroberung neuen Lebensraums im Osten, sondern war weltweit angelegt. Auf die Stufe der Eroberung eines europäischen Kontinentalimperiums mit Rückhalt im eroberten Rußland sollte in einer zweiten ›Stufe‹ imperialen Ausgreifens ein kolonialer Ergänzungsraum in Mittelafrika sowie ein Stützpunktsystem im Atlantik und Indischen Ozean gewonnen werden, das einer starken deutschen Überwasserflotte als Basis dienen sollte. Im Bunde mit Japan, nach Möglichkeit auch mit Großbritannien, sollten dabei die USA als weltpolitischer Hauptgegner zunächst auf dem amerikanischen Doppelkontinent isoliert und in der auf Hitler folgenden Generation – gleichsam in einem Kampf der Kontinente – gegen Amerika die Weltvorherrschaft des ›germanischen Reiches deutscher Nation‹ erkämpft werden«.

Gemeinsam ist beiden Positionen, der der »Kontinentalisten« – der neben Hugh R. Trevor-Roper und Eberhard Jäckel vor allem auch H.-A. Jacobsen mit seiner großen Darstellung über die »Nationalsozialistische Außenpolitik« zuzurechnen ist[22] – und der der »Globalisten« – deren bekanntester Repräsentant Andreas Hillgruber ist[23] –, daß sie die miteinander ursächlich verbundenen Elemente der »Lebensraum«-Eroberung und Rassenherrschaft als für »Hitlers Weltanschauung« programmatisch und als Kernstück seiner Politik ansehen. In diesem Sinne hat inzwischen Norman Rich in seinem grundlegenden Werk über »Hitler's War Aims« den Rassegedanken als »the very rock on which the Nazi church was built«[24] charakterisiert, hat die von ihm als maßgeblich beurteilten kontinentalen Ziele, insbesondere im Osten Europas und in der Sowjetunion, eingehend dargestellt und hat auch auf die darüber hinaus erkennbar werdenden außenpolitischen Vorstellungen Hitlers hingewiesen. Nach dem Erscheinen dieser für den Forschungsstand durchaus repräsentativen Synthese von Rich stellte Jochen Thies in seiner 1976 publizierten Dissertation über Hitlers Endziele[25] im Sinne der von Andreas Hillgruber vertretenen Position eine Vielzahl von teilweise bereits bekannten, teilweise aber auch neuen Belegen (z. B. Offiziersreden Hitlers Anfang 1939; nationalsozialistische Architekturpläne) zusammen, die die These über Hitlers Weltherrschaftsziel recht plausibel erscheinen lassen.

Wenn der (als heuristisches Instrument von Hillgruber eingeführte) Begriff vom »Stufenplan« in der Forschung auch »noch umstritten« ist, so hat sich dieses Konzept Karl Dietrich Erdmanns Urteil zufolge doch »auf jeden Fall . . . als ein fruchtbarer Anstoß« erwiesen[26]. Zu beachten ist dabei, daß Begriffe wie »Stufenplan« und »Programm« keineswegs beabsichtigen, einen »Fahrplan zur Weltherrschaft« zu beschreiben. Vielmehr möchten sie die wesentlichen Triebkräfte und zentralen Ziele der Außenpolitik Hitlers erfassen, die unverrückbar waren (»Lebensraum«-Eroberung; Rassenherrschaft; Weltmachtstellung), ohne darüber die »Improvisation« des Diktators und den hohen Grad seiner taktischen Wendigkeit zu verkennen.

Ohne Zweifel standen insgesamt gesehen die europäischen Ziele nationalsozialistischer Außenpolitik im Zentrum der konkreten Politik und Kriegführung Hitlers. Darauf hat Eberhard Jäckel immer wieder mit Recht und Nachdruck hingewiesen. Da das »Unternehmen Barbarossa« mißlang, blieb Hitler in Europa festgehalten. Desungeachtet sind jedoch darüber hinausgehende machtpolitische Zielvorstellungen als geschichtlich in gewisser Hinsicht durchaus wirksam gewordene Triebkräfte in Form von Plänen, Entwürfen und Ideen ebensowenig zu übersehen, wie die Tatsache zu beachten ist, daß das rassische Bewegungsgesetz des Nationalsozialismus im Kern auf die Erringung der Weltherrschaft zielte. In diesem Sinne hat beispielsweise auch Joachim Fest in seiner Hitler-Biographie die Außen- und Rassenpolitik des Diktators interpretiert und dargestellt[27].

Überlagert und verdrängt wurde diese mit außerordentlich großer Sachlichkeit und viel methodischer Kompetenz geführte Kontroverse[28] inzwischen von einer anderen Auseinandersetzung. Sie ergab sich

4. im Zusammenhang mit dem Versuch einer Neuinterpretation der Geschichte der Außenpolitik des »Dritten Reiches«, die ihrerseits vor dem Hintergrund einer grundsätzlich »revisionistischen« Sicht der Geschichte des »Dritten Reiches« zu beurteilen ist[29]. In diesem Rahmen müssen nunmehr a) sowohl das Problem der Benutzbarkeit des allgemeinen Faschis-

musbegriffs als auch b) die Frage nach der Tragfähigkeit der damit in Beziehung stehenden speziellen Betrachtungsweise der »Revisionisten« in bezug auf die Außen- und Rassenpolitik des »Dritten Reiches« kritisch gewürdigt werden.

a) Sieht man dabei die Komponenten des Antisemitismus und der rassischen Höherzüchtung, das rassenpolitische Dogma in Hitlers Gedankenbildung, als konstitutiv für die nationalsozialistische Außenpolitik und ihre Ziele an, dann scheint beispielsweise im Hinblick auf Mussolinis italienischen Faschismus die gemeinsame Basis der Vergleichbarkeit zu entfallen. Mussolinis außenpolitische Forderungen nach einem römischen »impero«, nach kolonialer Herrschaft, nach dem »mare nostro« sowie seine Diplomatie des »peso determinante« (Politik des Züngleins an der Waage)[30] sind letztlich nicht mit Hitlers Zielen zu vergleichen, die kriegerische Eroberung und rassische Herrschaft in globaler Dimension ins Auge faßten. Viel eher scheint hier die Differenz zwischen einer traditionell-imperialistisch orientierten Außenpolitik und Hitlers »neuartiger« Kriegs- und Rassenpolitik hervorzutreten, deren qualitative Unterschiede kaum zu bestreiten sind. Die Überlegungen des einen bewegten sich durchaus noch in historisch vertrauten Kategorien, die des anderen sprengten eben diesen Rahmen, beabsichtigten den historischen Verlauf zu überholen und in einer biologischen Utopie stillzulegen. Zumindest in dem für Europa und die Welt so geschichtsmächtig und entscheidend gewordenen Feld der internationalen Politik läßt sich von einem für Deutschland und Italien konstitutiven und einheitlichen Faschismusbegriff nicht sprechen[31].

b) Eingehender zu betrachten ist der Versuch, das sog. polykratische Modell der »revisionistischen« Interpretation auf die Geschichte der nationalsozialistischen Außenpolitik zu übertragen. Dabei ist vorab daran zu erinnern, daß auch die bisherige Forschung bereits sehr differenziert die verschiedenen Richtungen und Repräsentanten innerhalb der deutschen Außenpolitik in den Jahren 1933–1945 untersucht und dargestellt hat[32], ohne damit den entscheidenden Einfluß Hitlers in Frage zu stellen und den »Führer« in diesem Zusammenhang als einen Getriebenen des chaotischen Gefüges seiner Herrschaft zu verstehen. Hans-Adolf Jacobsens Standardwerk über die »Nationalsozialistische Außenpolitik«[33] ging ja gerade von der Überlegung aus, daß es nicht ausreiche, die Außenpolitik des »Dritten Reiches« vornehmlich aus dem Blickwinkel Hitlers zu betrachten. Daher zeichnete er ihre »Struktur« und beschrieb die Vielzahl der Ämter und Institutionen, die sich in Hitlers Staat mit außenpolitischen Fragen beschäftigten. An der letztlich ausschlaggebenden und programmatisch fixierten Kompetenz und Entscheidungsgewalt des Diktators hat er dabei jedoch keinen Zweifel gelassen. Demgegenüber versucht die »revisionistische« Schule innerhalb der deutschen Zeitgeschichtsschreibung Hitlers nationalsozialistische Außenpolitik in ihren entscheidenden Elementen weitgehend als »ideologische Überhöhung einer gesellschaftlichen Dynamik«[34] zu verstehen. In Auseinandersetzung mit den »Programmologen«[35] schlagen ihre

Vertreter vor, Hitlers Omnipotenz auch im außenpolitischen Bereich zu relativieren und »die polykratischen Machtstrukturen des sogenannten Führerstaates auch auf die Außenpolitik«[36] zu übertragen.

Den in dieser Hinsicht wohl reflektiertesten Versuch zu zeigen, »daß das polykratische Binnensystem des NS-Staates . . . sich auch auf die Außenpolitik auswirkte«[37], hat Martin Boszat in seinem Aufsatz über »Soziale Motivation und Führer-Bindung des Nationalsozialismus«[38] unternommen. Er möchte das nationalsozialistische Herrschaftssystem und Hitlers Außenpolitik im Begriff der »ideologischen Metapher« miteinander verrechnen. Dabei begreift er die Endziele Hitlers als Symbole zur Begründung immer neuer Aktivität des nationalsozialistischen Regimes, dessen Gesetz die im Grunde inhalts- und ziellose Bewegung gewesen sei.

Diese Auffassung, Hitlers Außenpolitik und Kriegführung nicht in erster Linie als eigenständige Phänomene, sondern als Funktionen gesellschaftlicher Abläufe zu interpretieren, ist bislang von der internationalen Forschung allerdings nicht allzu lebhaft rezipiert worden. Demgegenüber führte sie in der Bundesrepublik Deutschland zu einer noch andauernden Kontroverse, in der sie unter anderem vom Verfasser im wesentlichen mit folgenden Argumenten zurückgewiesen wurde[39]:

1. Die »revisionistische« Interpretation nationalsozialistischer Außenpolitik übersieht die relativ hohe Eigenständigkeit des Hitlerschen »Programms«, dessen inhaltlich umrissene Ziele vom Diktator als Intentionen formuliert und verwirklicht wurden. Sie zu stark zu funktionalisieren, verkennt darüber hinaus, daß Hitler im Prinzip nach der Überwindung, nicht nach der Perpetuierung des bestehenden Herrschafts- und Gesellschaftssystems trachtete.

2. Hitlers weltanschaulich fixierte Ziele in erster Linie als ideologisches Derivat gesellschaftlicher Vorgänge zu begreifen, wird kaum der Tatsache gerecht, daß beispielsweise Antisemitismus und Antibolschewismus des Diktators nicht allein und auch nicht vornehmlich funktional, sondern primär und eigenmächtig als politische Ziele einzuschätzen sind.

3. In diesem Sinne erliegen die »Revisionisten« der Gefährdung, Folgen der Politik Hitlers zu deren Motiven zu erheben.

4. Denn die sich im Gefolge der Realisierung programmatischer Ziele, die konkret entworfen und autonom verfolgt wurden, einstellende Dynamik des Systems, die immer schwerer von Hitler kontrolliert werden konnte, riß den Diktator niemals zu grundsätzlichen Alternativen fort, für die er nicht offen war. Sie berührte letztlich nicht die Formulierung der Endziele, die der Diktator sich und seinem Volk gesetzt hatte, sie drängte vielmehr programmatisch in ihre Richtung, betraf allerdings, und dies zum Teil gravierend, ihre Verwirklichung.

Diese Kritik darf jedoch nicht dazu führen, die Verdienste und Möglichkeiten gering zu achten, die der »revisionistischen« Interpretation nationalsozialistischer Außenpolitik zukommen und die eine solche Sicht der Dinge vielleicht eröffnen kann:

1. Der neue Ansatz warnt eindringlich vor der früher auch schon erkannten Gefahr, Hitlers Außenpolitik zu stark im Sinne einer angenommenen Gesetzmäßigkeit und Kohärenz zu verstehen und darüber die Betrachtung der Aktivitäten anderer Institutionen und Personen zu vernachlässigen. Freilich entgeht den Autoren dieser Richtung im Eifer des als ganz neuartig eingeschätzten Bemühens, daß sich die Beschreibung solcher Alternativen durchaus bereits in früheren Werken findet.
2. Mit ihrer Kritik treffen die »Revisionisten« zweifellos einen Zug und Effekt in der Geschichte der Außenpolitik des »Dritten Reiches«, die zu ihrer Darstellung gehören. Ihr Vorbehalt gegenüber einer zu starken Hitler-Zentrik der Interpretation nationalsozialistischer Außenpolitik kann in diesem Zusammenhang soweit überzeugend wirken, wie er nicht seinerseits zu dem Irrtum führt, den Diktator als einen Funktionär gesellschaftlicher Vorgänge mißzuverstehen.
3. Noch klarer als zuvor mag die »revisionistische« Kritik der Forschung die Aufgabe bewußt gemacht haben, der sich Wolfgang Michalka in seiner Dissertation über Joachim von Ribbentrop und die deutsche Englandpolitik 1933–1940[40] angenommen hat, nämlich im Zuge einer Studie zur außenpolitischen Konzeptionendiskussion im »Dritten Reich« die monokratischen und »polykratischen« Elemente nationalsozialistischer Außenpolitik darzustellen und zu gewichten.

Alles in allem besteht in der internationalen Forschung (von der erörterten Kritik der »Revisionisten« abgesehen) im übrigen weitgehend Einigkeit darüber, daß Hitler im außenpolitischen Bereich ein absolutes Regiment praktizierte und daß seine Außenpolitik nicht, wie Martin Broszat annimmt, metaphorisch, mithin uneigentlich, sondern eigentlich, nämlich auf Verwirklichung angelegt war. Sie zielte auch nicht vornehmlich auf innenpolitische Integration, sondern auf außenpolitische Expansion und Rassenherrschaft, und sie war keineswegs Produkt gesellschaftlicher Dynamik, sondern besaß vergleichsweise hohe Autonomie, von der sich die (freilich oftmals zur Verselbständigung drängende) Dynamik des nationalsozialistischen Regimes ableitete.

Angesichts dieser Sachlage überzeugen auch jene Versuche nicht, die Ziele nationalsozialistischer Außenpolitik in überzogener Ideologiekritik allein als Propaganda-Elemente darzustellen, sie als beliebige Produkte von ausweglos produzierten Krisen des Regimes zu verstehen, den so beschriebenen Vorgang als »faschistische Struktur«[41] zu kennzeichnen und in diesem Sinne die Außenpolitik des »Dritten Reiches« auch als »Ideologisierung und Mystifizierung konkreter Herrschaftsverhältnisse« zu interpretieren, »mit dem Ziel, sie auf diese Weise besser und bequemer perpetuieren zu können«[42]. Eine solche Sicht der nationalsozialistischen Außenpolitik führt sodann auch zu der speziellen Frage, wie weit in diesem Zusammenhang Versuche überzeugen können, den Beginn des Zweiten Weltkrieges »wesentlich als innerkapitalistischen Konflikt und nicht als das Produkt Hitlers zu begreifen«[43].

In diesem Sinne finden gegenwärtig weniger die Interpretationen der orthodox marxistischen Forschung Beachtung[44], die Hitlers Außenpolitik als Funktion des sogenannten staatsmonopolistischen Charakters des »Dritten Reiches« beurteilen. Denn es ist zu offensichtlich, daß sie die Autonomie der Politik Hitlers ebenso verkennen, wie sie die Vielfalt der politischen Gestaltungsmöglichkeiten kapitalistischer Gesellschaften unterschätzen. Zudem übersehen sie, daß Hitlers politische Ziele bereits lange festlagen, ehe er mit angesehenen Kreisen der Wirtschaft und Gesellschaft in Verbindung trat. Im übrigen gibt es kein einziges Dokument, das zu beweisen geeignet wäre, daß Hitlers außenpolitische Ziele während des Friedens oder im Krieg durch primär wirtschaftliche Interessen bestimmt gewesen wären.

Eben an dieser Stelle der Interpretation nationalsozialistischer Außenpolitik setzt eine flexibler orientierte marxistische Deutung an. Sie legt weniger Wert darauf, direkte gesellschaftliche bzw. persönliche Beziehungen zwischen den Repräsentanten nationalsozialistischer Außenpolitik und wirtschaftlicher Interessen nachzuweisen. Demgegenüber geht sie vielmehr prinzipiell davon aus, daß jede Außenpolitik in sog. kapitalistischen Staaten notwendigerweise im Dienste eines anonym und allmächtig zugleich sich vollziehenden wirtschaftlichen und gesellschaftlichen Prozesses stehe und ihm diene. In diesem Sinne hat kürzlich Timothy Mason in der Einleitung zu seinem Dokumentenband über »Arbeiterklasse und Volksgemeinschaft«[45] eine neue Deutung über die Ursprünge und Motive für den Beginn des deutschen Feldzuges gegen Polen im Jahre 1939 vorgelegt. Seinem Selbstverständnis nach Marxist, leitet ihn die Beobachtung, daß die im Dienste der außenpolitischen und kriegerischen Ziele des Regimes betriebene Wirtschaftspolitik die Möglichkeiten des »Dritten Reiches« zunehmend mehr überfordert habe. Diese Situation sei noch zusätzlich und entscheidend dadurch verschärft worden, daß Hitler aus Furcht vor einer Wiederholung der Revolution von 1918 stets auch den zivilen Konsum gefördert habe, um die von Mason in ihrem Widerstandswillen und ihrer entsprechenden Aktivität überschätzte Arbeiterschaft bei der Stange zu halten. Die auf diese Art und Weise im Banne der politischen Zielsetzung sich mehr und mehr zuspitzende ökonomische und soziale »Krise« habe das Regime dann im Spätsommer 1939 zur »Flucht nach vorn« und in den Krieg gegen Polen getrieben.

Masons These von der Krisenanfälligkeit des »Dritten Reiches« und des daraus abgeleiteten Zwanges zur »Flucht nach vorn« ist bislang in der Forschung eher ablehnend aufgenommen worden[46]. Zum einen blieben die sog. wirtschaftlichen Zwänge gegenüber Hitlers politisch autonomen Zielen sekundär. Sie liefen der Politik und Kriegführung des Diktators nicht entgegen, sondern wurden von ihnen initiiert, forcierten sie, dienten ihnen und fanden im »Blitzkrieg«-Konzept ihre politisch und wirtschaftlich entsprechende Strategie. Zum anderen überschätzt Mason Ausmaß und Qualität der sog. ökonomischen und sozialen »Krise« des »Dritten Reiches«. Für ihre Beurteilung gilt, was Ernst Nolte in anderem Zusammenhang einmal so formuliert hat⁴⁷: »Eine Wirtschaftskrise kann Radikalisierung nur dann hervorbringen, wenn sie sich im Rahmen eines parlamentarischen Systems vollzieht«. Für Hitlers Gedankenbildung und Entscheidungen war die sog. »Krise« nicht ausschlaggebend, die er letztlich immer mit Gewalt und Terror hätte unterdrücken können. Ja, man kann in diesem Rahmen auch nicht übersehen, daß Hitler im Zeichen seiner politischen Erfolge bis zum Sommer 1939 in der deutschen Bevölkerung einschließlich der Arbeiterschaft hohe Popularität besaß. Sein Kriegsentschluß entstammte allein politischen Motiven und orientierte sich im »timing« primär an den Bedingungen der internationalen Konstellation. Ökonomische und gesellschaftliche Faktoren blieben zweitrangig und wurden von ihm nicht zuletzt auch als Argumentationshilfen benutzt, um mit dem Hinweis auf wirtschaftliche Notwendigkeit vor dem Kriegsentschluß zögernde Vertreter aus den konservativen Eliten zu überzeugen. Niemals bestimmten krisenhafte Eigengesetzlichkeiten im »Dritten Reich« den politischen Kurs des Regimes. Sie konvenierten vielmehr mit Hitlers Politik, und sie waren in ausschlaggebendem Maße nicht einmal für den Zeitpunkt der Kriegsauslösung bestimmend. Denn der politischen Motiven entspringende, bis 1941 auch für die Funktionsfähigkeit der deutschen Kriegswirtschaft⁴⁸ so entscheidende und Hitlers Blitzkriege erst ermöglichende Pakt mit Stalin⁴⁹, d. h. der internationale Kontext nationalsozialistischer Außenpolitik⁵⁰ waren in diesem Zusammenhang für den Termin des Kriegsbeginns gegen Polen weit entscheidender als die von Mason scharfsinnig, aber überspitzt gezeichneten innenpolitischen und gesellschaftlichen Motive, die natürlich angemessen gewichtend zu beachten sind. Vorläufig am eingehendsten hat wohl Heinrich August Winkler⁵¹ diese »anfechtbaren Thesen« Masons umsichtig kritisiert und zurückgewiesen: »Mason differenziert nicht genug, wenn er der sinkenden Arbeitsdisziplin generell ein politisches Motiv zuspricht und sie auf die Ebene des bewußten antifaschistischen Kampfes hebt. In Wirklichkeit war vieles von dem, was sich unter dem Vorzeichen der Vollbeschäftigung in Deutschland abspielte, gar kein spezifisch nationalsozialistisches Phänomen. Auch in England gab es nach Kriegsausbruch, als das Land erstmals eine Phase der Vollbeschäftigung erlebte, zahlreiche Fälle von Leistungsverweigerung. Der verständliche Wunsch, in der Arbeiterklasse den aktiven Widerpart von Faschismus und Krieg zu sehen, sollte nicht zu einem idealisierenden Bild ihres Bewußtseins und ihres Verhaltens in einem totalitären System verleiten. Wenn aber das nationalsozialistische Herrschaftssystem von den Arbeitern in seiner Existenz nicht unmittelbar bedroht war, dann wird nicht nur Masons Behauptung von der politischen Krise des ›Dritten Reiches‹ in den Jahren 1936 bis 1939 fragwürdig, sondern auch eine weitere These: die soziale, wirtschaftliche und politische Krise habe der politischen Führung die Flucht nach vorn, den Entschluß zum Krieg nahezu aufgezwungen. Gewiß war die Wirtschaftspolitik des nationalsozialistischen Deutschland nicht mehr über längere Zeit hinweg aufrechtzuerhalten. War jedoch das System 1939 politisch weniger labil, als Mason meint, so verliert die Auffassung, innere Gründe hätten den *Zeitpunkt* des Kriegsbeginns diktiert, einiges von ihrer Plausibilität«.

Alle Versuche, Hitler und den »deutschen Faschismus« in weitestem Sinne als Exponenten und Derivate der Krisen und Verwertungsbedingungen des Kapitalismus zu beurteilen und das »Dritte Reich« in irgendeiner Indienstnahme für ökonomische Ziele zu interpretieren, lassen zudem das ganz entscheidende Problem offen, wie die Zweckgerichtetheit kapitalistischen Wirtschaftens mit der Rassenidee des Nationalsozialismus zu vereinbaren ist. Ihre unbestrittene Priorität in der Politik des Regimes beschreibt dessen Wesen und ist mit den Erfordernissen einer kapitalistischen Wirtschaft in allen Bereichen eher unverträglich als kongruent. Es mag sein und muß der Untersuchung durch künftige Forschungen vorbehalten bleiben, daß gegen Hitlers Kriegskurs opponierende Repräsentanten des Regimes wie Schacht (zeitweise vielleicht sogar Göring) im Rahmen der bestehenden Diktatur, die sie in bezug auf ihre totalitäre Ausprägung unter Umständen zu wandeln vorhatten, eine stärkere Indienstnahme des Staates durch die Wirtschaft betrieben hätten. Bezeichnenderweise kamen sie jedoch nicht zum Zuge, so daß insgesamt Norman Richs Urteil über das Verhältnis von Politik und Wirtschaft im »Dritten Reich« Anerkennung finden kann[52]: »The Nazi use of economic assets was never characterized by efficiency, however, for almost all Nazi leaders, if not to the same extent as Himmler, regarded the economy primarily as a means to an end. It was therefore hardly surprising that the Nazi operation of the economy was almost exclusively determined by political and ideological considerations«.

5. Die Diskussion darüber, ob Hitlers »Drittes Reich« eher autonome oder funktionale Gestalt besaß, ist inzwischen über das Feld der nationalsozialistischen Außenpolitik hinaus auf die Einschätzung der Rassenpolitik des Regimes ausgedehnt worden und dauert gegenwärtig an. Dabei geht es darum, den intentionalen oder improvisatorischen Charakter der nationalsozialistischen Judenvernichtung zu bestimmen. Angesichts der Tatsache, daß der Befehl Hitlers zum Mord an den Juden bislang (noch) nicht gefunden wurde, nahm die traditionelle Forschung im allgemeinen an, der Diktator habe einen entsprechenden, erst einmal auf die sowjetischen Territorien bezogenen, später auf das gesamte übrige Europa ausgeweiteten Geheimbefehl im Zusammenhang mit den Vorbereitungen zum Rußlandkrieg, dem Kernstück seines ideologischen und politischen Programms, gegeben. Andreas Hillgruber geht beispielsweise davon aus[53], daß Hitlers »mündlich Himmler oder Heydrich erteilte Weisung zur Erschießung aller Juden in Rußland Ende Mai 1941, also einige Wochen vor Angriffsbeginn, in der Grenzpolizeischule in Prätzsch (bei Wittenberg) vom Chef des Reichssicherheitshauptamtes, zugleich Chef der Sicherheitspolizei und des SD, R. Heydrich, mündlich den Führern der sogenannten ›Einsatzgruppen‹ und ›Einsatzkommandos‹ übermittelt wurde«. An Hitlers maßgeblicher Rolle, an seiner ausschlaggebenden, persönlichen Aktivität und an seiner direkten, vollen Verantwortung besteht dabei kein Zweifel.

Während in diesem Sinne beispielsweise die große Gesamtdarstellung zur Judenfrage im »Dritten Reich« aus der Feder von L. Dawidowicz«[54] nicht in erster Linie »The Twisted Road to Auschwitz«[55], sondern vor allem die Zielgerichtetheit nationalsozialistischer Rassenpolitik nicht nur im Verlauf des Zweiten Weltkrieges, sondern auch während der Friedensjahre betont, hat Uwe Dietrich Adam in seinem Buch über »Judenpolitik im Dritten Reich«[56] eine davon erheblich abweichende Meinung vorgetragen. Sie ist vor allen Dingen dadurch charakterisiert, daß Hitlers Rolle im Rahmen der Judenpolitik des »Dritten Reiches« insgesamt erheblich relativiert wird. Zwar veranschlagt auch er den Einfluß des Diktators auf die Behandlung der Judenfrage und auf den »Prozeß der Vernichtung« nicht eben gering. Doch sieht er in letztlich bestimmendem Maße das institutionelle Gefüge des »Dritten Reiches« für die Entstehung des Vernichtungsbefehls als verantwortlich an. Bereits das durch die Judentransporte in die besetzten Territorien des Ostens dort entstandene Chaos habe die für den Nationalsozialismus spezifische Planlosigkeit noch potenziert. Als dann im November/Dezember 1941 der deutsche Vormarsch in Rußland ins Stocken geriet, der für die Judendeportation zur Verfügung stehende Raum mithin noch knapper wurde und Eroberungen neuer Territorien unwahrscheinlich erschienen, habe die organisatorische Unfähigkeit des Regimes Hitler dazu getrieben, improvisierend den Judenmord zu befehlen[57]. Diese Auffassung hat sodann Martin Broszat in einem scharfsinnig durchdachten Aufsatz über »Hitler und die Genesis der ›Endlösung‹«[58] weiterentwickelt. Darin hat er nicht zuletzt David Irvings in seinem Buch über »Hitler's War« vorgetragene These, Hitler habe von den Judenmorden erst im Jahre 1943 erfahren und es sei Himmler gewesen, der auf diesem Gebiet eigenmächtig gehandelt habe, überzeugend zurückgewiesen[59].

Davon abgesehen legt Broszat seiner Interpretation der nationalsozialistischen Judenpolitik jedoch die Annahme zugrunde, daß es wahrscheinlich gar keinen einschlägigen Befehl Hitlers für das Genozid an den Juden gegeben habe. Er beurteilt vielmehr das Zusammenwirken von weltanschaulichem Dogma und pathologischer Improvisation als den entscheidenden Faktor für Hitlers Haltung zur Judenfrage. Dabei schätzt er das Problem des Antisemitismus für die Außenpolitik des »Führers« so zentral ein, daß er die These wagt, der Diktator habe den Krieg im September 1939 auch deshalb riskiert, um das Judentum zu bekämpfen. Insgesamt aber bewertet er eben nicht die zielgerichtete Planung Hitlers, sondern die unkontrollierte, zur Improvisation drängende Dynamik des Regimes und ihre daraus sich entwickelnde, beständig steigernde sowie endlich überschlagende Radikalisierung als entscheidend für die Vernichtung des europäischen Judentums. Zwar bestreitet er gar nicht die in der nationalsozialistischen Weltanschauung angelegte grundsätzliche Bereitschaft zur radikalsten Lösung der Judenfrage. Doch sieht er die konkrete historische Lage als ausschlaggebend an für die in einzelnen Etappen und unkoordinierten Schüben sich vollziehenden Aktionen der Judenpolitik. Broszat zufolge waren es der ins Stocken geratene Vormarsch in Rußland, die Ausweglosigkeit der durch die Deportationen entstandenen Situation in den besetzten Gebieten des Ostens und die selbständigen Initiativen lokaler Stellen, die die oberste Führung mehr und mehr unter Zugzwang setzten, die sie dann zur »Flucht nach vorn« fortrissen und die sich auf diesem Weg entwickelnde »Endlösung« endlich zum Programm erhoben.

Allerdings gibt diese neue Sicht der Dinge Broszat nicht die geringste Veranlassung, an Hitlers Verantwortung zu zweifeln[60]. Dennoch tritt er der traditionellen Auffassung deutlich entgegen, die Hitlers Judenpolitik als planvolle und früh fixierte Handlung deutet[61]: ». . . sicher ist, daß der dogmatische ideologische Antisemitismus Hitlers nicht zeit- und aktualitätsunabhängig war. Er entfaltete sich nicht einfach ›programmatisch‹, sondern pathologisch, wurde mehr oder weniger aufgeladen, und diese ›Aufladungen‹ waren als Motiv der Entschlüsse und Handlungen mindestens ebenso wichtig wie das feststehende Dogma«.

Broszats Interpretationsvorschlag dürfte zweifellos Widerspruch finden, der sich unter anderem wohl auf folgende Argumente stützen wird:

(1) Daß bislang kein Befehl Hitlers zur Judenvernichtung aufgefunden wurde, schließt keineswegs aus, daß er nicht mündlich oder schriftlich gegeben worden ist. Diese Wahrscheinlichkeit anzunehmen, hat auch nichts zu tun mit einer sogenannten »idealistischem Intentionalismus« entspringenden »Konspirationskonstruktion« traditioneller Historiographie. Denn Geheimhaltung des vom »Führer« Beabsichtigten gehörte belegt und aktenkundig zum Prinzip der Politik des »Dritten Reiches«. Demgegenüber erscheint die Valenz der These vom improvisatorischen Charakter des Regimes doch nach wie vor eher als umstritten.

(2) Die mit dem deutschen Einmarsch in die Sowjetunion koordiniert anlaufenden Erschießungsaktionen, bei denen russische Juden ohne Ansehen ihrer Person, ihres Standes oder ihres Berufes und allein aufgrund der Tatsache ihrer Rassenzugehörigkeit ermordet wurden, vermag Broszats stärker funktionale und situationsgebundene Interpretation nicht zureichend zu erklären. Sie wurden vielmehr von Hitler befohlen und dementsprechend planmäßig durchgeführt. Als Auftakt zur »physischen Endlösung« hoben sie sich von deren letzter Stufe, den technisch perfekt durchgeführten Vergasungen, qualitativ im Prinzip nicht ab.

(3) Selbst wenn man dazu bereit ist, der historischen Situation einen vergleichsweise hohen »Stellenwert« für die Verwirklichung der nationalsozialistischen Judenpolitik einzuräumen, so ist doch nicht zu übersehen, daß die Genesis der »Endlösung« lange vorher in Hitlers programmatischen Überlegungen angelegt war und die Vernichtung der europäischen Juden auf das Vorhandensein des rassenideologischen Dogmas in der nationalsozialistischen Weltanschauung zurückgeht. Ohne deren Existenz hätte auch die angeblich so geschichtsmächtige Improvisation keinen Orientierungspunkt gehabt. Grundlegend für das nationalsozialistische Genozid war Hitlers Rassendogma. Es mag Situationen geschaffen haben, die im Sinne

seiner Erfüllung auf die a priori mögliche und langfristig anvisierte radikalste Lösung beschleunigend drängten. Mit anderen Worten: das situative Element nationalsozialistischer Judenpolitik könnte in diesem Sinne sekundär zur Erfüllung des rassenpolitischen Dogmas beigetragen haben, keineswegs aber schuf es dieses neu, wesentlich und programmatisch. In diesem Sinne haben

(4) historische Situationen möglicherweise verstärkend auf das ursprünglich Gewollte und planmäßig (wenn freilich auch pathologisch) in Gang Gesetzte eingewirkt. Als primär und verursachend, als Motiv und Ziel, als Vorsatz und Fluchtpunkt der Judenpolitik des »Dritten Reiches« aber sind nach wie vor Hitlers programmatische Ideen über Judenvernichtung und Rassenherrschaft einzuschätzen. Sie stifteten jene Dynamik des Regimes, die Hitlers Planungen gewiß verändernd beschleunigte, ihn jedoch niemals zu Lösungen fortriß, die er nicht schon lange vorher anvisiert und gefordert hatte.

Von einem methodisch gegenüber der »revisionistischen« Interpretation ganz unterschiedlichen Standpunkt aus hat Sebastian Haffner[62] zum Problem der nationalsozialistischen Judenpolitik im Zweiten Weltkrieg Stellung genommen und die im Dezember 1941 begonnene Form der technisch perfekt durchgeführten »physischen Endlösung«, die ab 1942 auf alle unter deutschem Einfluß stehenden Länder Europas ausgedehnt wurde, zu erklären versucht. In diesem Zusammenhang mißt er dem Kalkül Hitlers für Verursachung, Beginn, Entwicklung und Zeitplanung der Judenvernichtung die allein ausschlaggebende Bedeutung bei. Solange Hitler in Rußland noch auf einen ähnlichen schnellen Sieg gehofft habe wie ein Jahr zuvor in Frankreich, sei für den Diktator damit die Hoffnung auf ein Einlenken Englands verbunden gewesen, das nach der russischen Niederlage ohne seinen letzten »Festlandsdegen« dagestanden wäre. Zu diesem Zweck aber habe er für die Briten verhandlungsfähig bleiben müssen. Daher sei der »systematische Judenmord« erst einmal auf Polen und Rußland beschränkt worden, »und seine umständliche Methode waren Massenerschießungen ... Was er in Polen und Rußland tat, mochte er hoffen, wenigstens solange der Krieg dauerte, vor der Außenwelt geheimhalten zu können; Massenmord in Frankreich, Holland, Belgien, Luxemburg, Dänemark, Norwegen, auch in Deutschland selbst, mußte dagegen sofort in England bekannt werden und Hitler dort endgültig unmöglich machen, wie es ja auch geschah ... Seinen lange gehegten Wunsch, die Juden ganz Europas auszurotten, durfte er sich erst erfüllen, wenn er jede Hoffnung auf einen Ausgleichsfrieden mit England (und die damit verbundene Hoffnung, den Kriegseintritt Amerikas zu vermeiden) aufgab. Und das tat er erst nach dem 5. Dezember 1941, dem Tag, an dem ihn die russische Offensive vor Moskau aus seinem russischen Siegestraum riß«[63].

Haffner postuliert mithin zwischen den Massenerschießungen osteuropäischer Juden auf den Territorien Polens und der Sowjetunion bis zum Dezember 1941 und den (seit dem Juni/Juli 1941 vorbereiteten) danach praktizierten Massenvergasungen (auch west-)europäischer Juden in einem den europäischen Kontinent insgesamt ergreifenden Maßstab keinen qualitativen Unterschied. Vielmehr beurteilt er beide Vorgänge als verschiedene, lange zuvor geplante Phasen der Judenpolitik Hitlers und leitet ihre jeweilige Realisierung unmittelbar aus den strategischen und weltanschaulichen Entscheidungen des Diktators ab. Wie weit sich diese im Zuge scharfsinniger Konjektur vorgetragene Interpretation quellenmäßig erhärten läßt, um von der Forschung akzeptiert zu werden, darüber wird der künftige Gang der wissenschaftlichen Beschäftigung mit der Judenpolitik des »Dritten Reiches« entscheiden.

Aufgabe der Geschichtswissenschaft aber bleibt es nach wie vor, eine zusammenhängende und umfassende Darstellung der nationalsozialistischen Rassenpolitik vorzulegen. Sie dürfte sich nicht darauf beschränken, allein die Geschichte der Vernichtung der Juden zu beschreiben. Vielmehr müßte sie darüber hinaus auf den hinter den darzustellenden Gegenständen der Euthanasie, des »Lebensborns« und der Züchtungs-»Maßnahmen« sich abzeichnenden Entwurf einer rassischen Utopie als Endziel nationalsozialistischer Politik eingehen.

6. Es war nicht zuletzt die Beschäftigung mit der nationalsozialistischen Rassenpolitik, die immer wieder aufs neue dazu drängte, sich mit der Frage nach Kontinuität und Diskontinuität in der modernen deutschen Geschichte auseinanderzusetzen. In diesem Zusammenhang aber wirft die Problematik des deutschen Nationalstaates in der europäischen Geschichte über den engeren Rahmen seiner Außenpolitik hinaus Fragen der Deutung auf, die gerade in jüngster Zeit wieder lebhaft erörtert werden[64]. Unbestritten erscheint dabei die Tatsache, daß gewisse innen- und außenpolitische Kontinuitätsstränge im Hinblick auf Hitlers »Ermöglichung« wirksam waren und zur Erklärung der nationalsozialistischen »Machtergreifung« beitragen können. Ebenso deutlich betont aber wird in diesem Rahmen, daß sich aus der geschichtlichen Kontinuität der historische Bruch des Jahres 1933 herleitet, der mit Hitlers politischer Wirksamkeit zu registrieren ist. Intensiver wird die Forschung dabei das Problem zu klären haben, warum es eine gewisse Tradition antiparlamentarischer Orientierung innerhalb der deutschen Eliten auf ihrem Weg von Bismarck zu Hitler gab. Mit Sicherheit muß sie dabei über eine innenpolitisch dimensionierte Erklärung hinausgreifen. Denn es treten die internationalen Bedingungen als Wirkungsfaktor wieder stärker ins Blickfeld, die vom 18. bis zum 20. Jahrhundert für das preußische bzw. deutsche »Sicherheitsdilemma« verantwortlich waren und vor allem im Zeitraum der Reichseinigung und während der »Ära Bismarck« den monarchisch-konstitutionellen Staatstyp in gewissem Sinne als Voraussetzung und Bedingung der Gründung und Existenz des Reiches erscheinen lassen[65]. In dieser Hinsicht hat die Forschung seit einiger Zeit neue Wege beschritten, um unbefangener als bisher tatsächlich Innen- und Außenpolitik in eine angemessene Beziehung zueinander zu setzen und den Verlauf der preußisch-deutschen Geschichte nicht mehr allein am Ideal ei-

ner Anglisierung des Verfassungslebens zu messen. Vielmehr bemüht sie sich bei ihrer Suche nach Erklärungen für die Tatsache der Dauerhaftigkeit des preußisch-deutschen Konstitutionalismus bzw. der ihn überdauernden spezifischen politischen Gesinnung auch wieder darum, die Mittellage des Deutschen Reiches angemessen ins Kalkül zu ziehen. Nach dem Verständnis des Reichsgründers war nämlich außenpolitische Mäßigung die Grundbedingung für die Existenz des neuen Staates in der Mitte Europas, die ihm durch die internationale Konstellation gleichsam vorgeschrieben war. Um aber nicht zuletzt diese außenpolitische Voraussetzung erfüllen zu können, galt es im Rahmen der monarchisch-konstitutionellen Verfaßtheit den seit 1848 in hohem Maße nationalistisch und ausgreifend fordernden Einfluß der nach Parlamentarisierung verlangenden liberalen und demokratischen Kräfte einzudämmen. Denn gerade ihre außenpolitischen Wünsche mußten die Gründung und den Bestand des Deutschen Reiches gefährden. Ob eine rechtzeitig vollzogene Parlamentarisierung diese Tendenzen gezähmt oder gerade ihren Durchbruch gefördert hätte, steht dabei als noch näher zu erörternde Frage im Raum. Nicht zu übersehen ist in diesem Rahmen jedoch, daß gerade die auf Parlamentarisierung drängenden Vertreter des liberalen Bürgertums außen- und weltpolitische Forderungen erhoben, die Deutschlands Stellung existentiell in Frage stellten und nach dem Ende der »Ära Bismarck« – rückblickend gesehen – den Auftakt zum Ende des Deutschen Reiches legten. In dieser Hinsicht dürfte es für die Geschichtswissenschaft künftig geboten sein, die Kategorien ihrer Beurteilung und damit einhergehend das Problem des preußisch-deutschen Konstitutionalismus insbesondere im Lichte seiner außenpolitischen und internationalen Voraussetzungen und Bedingungen wiederum neu zu überdenken.

Unter gebührender Berücksichtigung der internationalen Rahmenbedingungen ist aber auch die Außenpolitik Hitlers und des »Dritten Reiches« weiterhin zu erforschen und einzuordnen. Dabei soll es selbstverständlich nicht darum gehen, die innenpolitischen, gesellschaftlichen und nicht zuletzt auch mentalitätsmäßigen Voraussetzungen für Hitlers »Ermöglichung« zu relativieren, die Albert Speer rückschauend treffend umschrieben hat[66]: »Hitler hat mich nicht von mir selbst abgebracht. Mein Widerwille gegen die Großstadt, den Menschentypus, den sie hervorbrachte, und selbst mein Unverständnis für die Vergnügungen meiner Kommilitonen, dazu meine Leidenschaft für das Rudern, Wandern und Bergsteigen: das alles waren ja schon romantische Protesthaltungen gegen die Zivilisation. In Hitler sah ich vor allem anderen den Bewahrer der Welt des neunzehnten Jahrhunderts gegen jene beunruhigende großstädtische Welt, die ich als unser aller Zukunft fürchtete. So gesehen muß ich auf Hitler geradezu gewartet haben«.

Demgegenüber ist im internationalen Zusammenhang der Zwischenkriegszeit etwa der Frage nachzugehen, wie weit das außenpolitisch revisionistische und expansionistische »Programm« Hitlers beispielsweise analog zur japanischen Geschichte der Zwischenkriegszeit als »Reflex auf die zu selbstverständlich praktizierte und folglich als Diskriminierung empfundene Suprematie der westlichen Großmächte«[67] zurückzuführen ist. War die Rückkehr zur atavistischen Machtpolitik *auch* eine Reaktion auf die verzweifelte Einsicht in die Tatsache, angesichts der von den Vereinigten Staaten von Amerika und England propagierten modernen Außenwirtschaftspolitik hoffnungslos unterlegen zu sein[68]? Liegt in dem Sachverhalt eines politischen, wirtschaftlichen und moralischen Zivilisationsgefälles auch ein Teil jener großen Angst begründet, die Hitlers Politik und ihre Resonanz erklären mag? In dieser Forschungsperspektive betrachtet, wird es darum gehen, jene nach dem Ende des Ersten Weltkrieges verbreitete spezifische Desperado-Mentalität zu untersuchen, die auch für Hitlers Programm prägend war. Auf jeden Fall ist, wie Jost Dülffer gezeigt hat[69], »von Hitlers Weltsicht her . . . ein maßgeblicher Einfluß . . . äußerer Faktoren auf innenpolitische Grundentscheidungen anzunehmen«. Auf diesem Gebiet der Mentalitätsforschung sind ebenso wie in wirtschaftlicher, gesellschaftlicher und ideologischer Hinsicht langfristig wirkende Tendenzen der modernen Zeit in die Erklärung der Geschichte des »Dritten Reiches« einzubeziehen, um den Hintergrund für Hitlers »Ermöglichung« und die Entstehung seines politischen »Programms« beschreiben zu können. Desungeachtet liegt die hohe Eigenständigkeit seiner Außenpolitik in Parallele zur Autonomie des internationalen Systems auf der Hand, und es werden – von dieser noch näher zu untersuchenden Interdependenz zwischen nationaler und internationaler Politik ausgehend – neue Ergebnisse und Urteile über die deutsche Außenpolitik zu erwarten sein, die zukünftig insgesamt stärker als bisher in den Kontext der Weltpolitik einzuordnen ist. Dabei wird die Forschung vor allem auf Resultate aus Arbeiten zur britischen Appeasementpolitik[70] oder zur sowjetischen Außenpolitik[71] angewiesen sein, um die deutsche Außenpolitik jener Zeit besser verstehen zu können. Denn zweifellos ist die Geschichte der Außenpolitik anderer Nationalstaaten in der Zwischenkriegszeit bislang weniger gut und weniger vorbehaltlos erforscht, als dies für die Entwicklung der deutschen Außenpolitik zwischen 1933 und 1945 der Fall ist. Sie hat über die Suche nach individueller oder kollektiver Schuld für die »deutsche Katastrophe« hinaus die Frage nach ihren Ursachen so weit wie gegenwärtig möglich beantwortet und ist nunmehr damit beschäftigt, zu einem historisch gewichtenden Urteil über Hitlers »Drittes Reich« und seine Außen- und Rassenpolitik zu gelangen. Daß sie dabei immer wieder dem Problem der Verantwortung für das Vergangene begegnet und sich mit neu aufgeworfenen Fragen im Bereich der Ursachenforschung zu beschäftigen hat, beschreibt letztlich den natürlichen Gang der Forschung, auf deren in den letzten Jahren zu beobachtende Ergebnisse, Kontroversen und Perspektiven wir hier zurückgeblickt haben.

Anmerkungen

1 Vgl. dazu den Stand der Forschung in sachlicher und historiographischer Hinsicht zusammenfassend K. D. Erdmann, Deutschland unter der Herrschaft des Nationalsozialismus und der Zweite Weltkrieg, in: ders., Die Zeit der Weltkriege, Gebhardt, Handbuch der deutschen Geschichte, 9., neu bearbeitete Aufl., hg. v. H. Grundmann, Bd. 4, Stuttgart 1976, S. 455 ff. Einen umfassenden Überblick gibt auch M. Funke (Hg.), Hitler, Deutschland und die Mächte. Materialien zur Außenpolitik des Dritten Reiches, Düsseldorf 1976 (Taschenbuchausgabe 1978). Für die Entwicklung der Forschung siehe den Band von W. Michalka (Hg.), Nationalsozialistische Außenpolitik, Darmstadt 1978. Als führende diplomatiegeschichtliche Darstellung hat – trotz der im zweiten Band in bezug auf die Beurteilung der Englandpolitik Hitlers nicht unproblematischen Tendenz – das Werk von G. L. Weinberg zu gelten: The Foreign Policy of Hitler's Germany. Diplomatic Revolution in Europe 1933–1936, London, Chicago 1970, und: Starting a War. The Foreign Policy of Hitler's Germany 1937–1939, London, Chicago 1980. Die Schlußfolgerungen dieses neuen Buches von Weinberg finden sich vorabgedruckt in: ders., Deutschlands Wille zum Krieg. Die internationalen Beziehungen 1937–1939, in: W. Benz/H. Graml (Hg.), Sommer 1939. Die Großmächte und der Europäische Krieg, Stuttgart 1979, S. 15 ff. Siehe jetzt auch die Darstellung von M. Messerschmidt, Außenpolitik und Kriegsvorbereitung, in: Das Deutsche Reich und der Zweite Weltkrieg, hg. vom Militärgeschichtlichen Forschungsamt, Bd. 1: W. Deist/M. Messerschmidt/H.-E. Volkmann/W. Wette, Stuttgart 1979, S. 535 ff. Zur Einordnung der nationalsozialistischen Außenpolitik in die Geschichte der preußisch-deutschen Außenpolitik vgl. insgesamt A. Hillgruber, Deutsche Großmacht- und Weltpolitik im 19. und 20. Jahrhundert, Düsseldorf 1977, sowie die knappe Gesamtdarstellung der Geschichte deutscher Außenpolitik dieses Autors, die als Vorarbeit für dessen geplante große Gesamtdarstellung der Geschichte preußisch-deutscher Außenpolitik zwischen 1815/48 und 1945 anzusehen ist: Germany and World Politics from Bismarck to Hitler, erscheint London 1980, vgl. dazu ferner Anmerkung 64. Siehe jetzt auch K. Hildebrand, Das Dritte Reich, München, Wien 1979. An einschlägige Passagen dieses Buches lehnen sich auch Teile der folgenden Ausführungen an.
2 Vgl. vor allem E. Jäckel, Hitlers Weltanschauung. Entwurf einer Herrschaft, Tübingen 1969; A. Hillgruber, Die »Endlösung« und das deutsche Ostimperium als Kernstück des rassenideologischen Programms des Nationalsozialismus (1972), in: ders., Deutsche Großmacht- und Weltpolitik, S. 252 ff.; N. Rich, Hitler's War Aims, 2 Bde., New York 1973/74.
3 A. Bullock, Hitler. A Study in Tyranny, London 1952.
4 W. Hofer, Die Entfesselung des Zweiten Weltkrieges. Eine Studie über die internationalen Beziehungen im Sommer 1939. Mit Dokumenten, 3., neu bearbeitete Auflage, Frankfurt 1964.
5 A. Bullock, Hitler, A Study in Tyranny. Completely revised edition, London 1964. Deutsch: Hitler. Eine Studie über Tyrannei, Düsseldorf 1953. Vollständig überarbeitete Neuausgabe: Düsseldorf 1971 (jetzt auch Kronberg/Ts. 1977).
6 H. R. Trevor-Roper, Hitlers Kriegsziele (1960), in: Michalka, Nationalsozialistische Außenpolitik, S. 31 ff.
7 D. Aigner, Hitler und die Weltherrschaft, ebd., S. 48 ff.
8 Rich, Hitler's War Aims, wie Anmerkung 2.
9 A. J. P. Taylor, Die Ursprünge des Zweiten Weltkrieges, Gütersloh 1962, engl. 1961; D. L. Hoggan, Der erzwungene Krieg. Die Ursachen und Urheber des 2. Weltkrieges, Tübingen 1961. Dazu grundlegend: G. Jasper, Über die Ursachen des zweiten Weltkrieges. Zu den Büchern von A. J. P. Taylor und David L. Hoggan, in: VfZg 10 (1962), S. 311 ff.

10 D. Irving, Hitler's War, London u. a. 1977; deutsche – zuvor erschienene – Ausgabe: Hitler und seine Feldherren, Frankfurt a. M. u. a. 1975; ders., The War Path. Hitler's Germany 1933–1939, London 1978. Deutsche Ausgabe: Hitlers Weg zum Krieg, Berlin 1979.
11 Vgl. dazu und zur Beschreibung des Irvingschen Standortes J. Dülffer, David Irving, der Widerstand und die Historiker, in: GWU (1979), S. 686 ff., bes. S. 690.
12 Vgl. zu Irvings Buch über die Zeit des Zweiten Weltkrieges eingehender K. Hildebrand, Rassen- contra Weltpolitik. Ergebnisse und Desiderate der Forschung, in: Militärgeschichtliche Mitteilungen 1/1976, S. 216 ff. Vgl. jetzt besonders Ch. W. Sydnor, jr., The Selling of Adolf Hitler: David Irving's Hitler's War, in: Central European History 12 (1979), S. 169 ff.
13 Siehe beispielsweise die Rezension von A. Hillgruber, Hitler – nie eine Bedrohung für England? Zum neuen Buch von David Irving. Neue Quellen, fragwürdige Thesen, in: Frankfurter Allgemeine Zeitung vom 19. 6. 1979, S. 23. Vgl. jetzt auch die eingehende Besprechung zur englischen Ausgabe des Irvingschen Werkes von R. Blasius, in: Militärgeschichtliche Mitteilungen 2/1979, S. 228 ff.
14 H. Mommsen, Nationalsozialismus, in: Sowjetsystem und demokratische Gesellschaft. Eine vergleichende Enzyklopädie, Freiburg u. a. 1971, Bd. 4, Sp. 702.
15 Kaum lohnend ist freilich in diesem Zusammenhang eine Auseinandersetzung mit Hans-Ulrich Wehlers (in bezug auf die Geschichte des »Dritten Reiches« ohne Sachkenntnis, sondern allein mit politischem Gesinnungseifer verfaßte) Schmähschrift über »Geschichtswissenschaft heute«, in: J. Habermas (Hg.), Stichworte zur »Geistigen Situation der Zeit«, Bd. 2, Frankfurt a. M. 1979, passim, bes. S. 732 und S. 748.
16 Zur Englandpolitik Hitlers vgl. vor allem J. Henke, England in Hitlers politischem Kalkül. Vom Scheitern der Bündniskonzeption bis zum Kriegsbeginn (1935–1939), Boppard a. Rh. 1973, und B. Martin, Friedensinitiativen und Machtpolitik im Zweiten Weltkrieg 1939–1942, 2. Aufl. Düsseldorf 1976, sowie die einordnende Betrachtung von A. Hillgruber, England in Hitlers außenpolitischer Konzeption (1974), in: ders., Deutsche Großmacht- und Weltpolitik, S. 180 ff. Zur Frankreichpolitik vgl. in diesem Zusammenhang Ch. Bloch, La place de la France dans les différents stades de la politique extérieure du Troisième Reich (1933–1940), in: Les Relations Franco-Allemandes 1933–1939. Colloques internationaux du Centre National de la recherche scientifique No. 563, Strasbourg 7.–10. Oktober 1975, Paris 1976, S. 15 ff.; K. Hildebrand, Die Frankreichpolitik Hitlers bis 1936, in: Francia. Zeitschrift für westeuropäische Geschichte 5 (1977), S. 591 ff.; A. Hillgruber, Frankreich als Faktor der deutschen Außenpolitik im Jahre 1939, in: K. F. Werner/K. Hildebrand (Hg)., Frankreich und Deutschland 1936–1939, erscheint 1981. F. Knipping, Frankreich in Hitlers Außenpolitik 1933–1939, in: Funke, Hitler, Deutschland und die Mächte, S. 612 ff. Zur Politik des »Dritten Reiches« gegenüber den USA siehe die den Forschungsstand resümierende Zusammenfassung von H.-J. Schröder, Das Dritte Reich und die USA, in: M. Knapp/W. Link/H.-J. Schröder/K. Schwabe, Die USA und Deutschland 1918–1975. Deutsch-amerikanische Beziehungen zwischen Rivalität und Partnerschaft, München 1978, S. 107 ff. Zur deutschen Außenpolitik gegenüber der Sowjetunion siehe zusammenfassend R. Cecil, Hitlers Griff nach Rußland, Graz u. a. 1977 (engl. 1977). Neuerdings auch: D. S. McMurry, Deutschland und die Sowjetunion 1933–1936 – Ideologie, Machtpolitik und Wirtschaftsbeziehungen, Köln, Wien 1979. Für die Beziehungen des »Dritten Reiches« zu allen anderen Staaten vgl. die entsprechenden Beiträge bei Funke, Hitler, Deutschland und die Mächte.
17 Jäckel, Hitlers Weltanschauung.
18 M. Hauner, Did Hitler Want a World Dominion? In: Journal of Contemporary History 13 (1978), S. 15 ff., und ders., India and the Axis Threat. Germany, Japan and the Indian Nationalism in the Second World War, Überarb. Manuskript seiner Cambridge Dissertation, London 1979. Vgl. ebenfalls M. Michaelis,

World Power Status or World Dominion? A. Survey of the Literature on Hitler's Plan of World Dominion (1937–1970), in: Historical Journal 15 (1972), S. 331. Siehe auch J. H. Voigt, Indien im Zweiten Weltkrieg, Stuttgart 1978.
19 G. Moltmann, Weltherrschaftsideen Hitlers, in: Europa und Übersee, Festschrift für E. Zechlin, Hamburg 1961, S. 197 ff.
20 A. Hillgruber, Hitlers Strategie. Politik und Kriegführung 1940/41, Frankfurt a. M. 1965; ders., Deutschlands Rolle in der Vorgeschichte der beiden Weltkriege, Göttingen 1967, ²1979, und die auf der überarbeiteten Ausgabe basierende amerikanische Fassung des Buches, die in Harvard 1980 erscheinen wird. Ders., Der Faktor Amerika in Hitlers Strategie 1938–1941 (1966), in: ders., Deutsche Großmacht- und Weltpolitik, S. 197 ff.; ders., Die »Endlösung«, wie Anmerkung 2.
21 Ders., Zum Forschungsstand über die Geschichte des Nationalsozialismus, in: Auswärtiges Amt – Informationen für die Auslandsvertretungen – 240-312.73. Beilage zum Blauen Dienst VII/Nr. 23, Nr. 87, S. 9.
22 H.-A. Jacobsen, Nationalsozialistische Außenpolitik 1933–1938, Frankfurt a. M. 1968.
23 Vgl. ferner die Arbeiten von B. Martin, Deutschland und Japan im Zweiten Weltkrieg. Vom Angriff auf Pearl Harbour bis zur deutschen Kapitulation, Göttingen 1969, und ders., Friedensinitiativen und Machtpolitik; J. Dülffer, Weimar, Hitler und die Marine. Reichspolitik und Flottenbau 1920–1939, Düsseldorf 1973; J. Thies wie Anmerkung 25; K. Hildebrand, Vom Reich zum Weltreich. Hitler, NSDAP und koloniale Frage 1919–1945, München 1969, und ders., Das Dritte Reich, wie Anmerkung 1.
24 Rich, Hitler's War Aims, Bd. 1, S. 4.
25 J. Thies, Architekt der Weltherrschaft. Die »Endziele« Hitlers, 2. Aufl., Düsseldorf 1976.
26 Erdmann, Zeit der Weltkriege, S. 342.
27 J. Fest, Hitler. Eine Biographie, Berlin, Frankfurt a. M. 1973 (und weitere Auflagen).
28 Dabei ist insbesondere auch an ein von Eberhard Jäckel (Universität Stuttgart) veranstaltetes Kolloquium über »Hitlers Endziele – Kontinentalgroßmacht oder Weltherrschaft« zu denken, das am 5. und 6. Juli 1974 dieses umstrittene Problem behandelte.
29 Vgl. dazu allgemein Hildebrand, Das Dritte Reich, S. 132 ff. und 162 ff.
30 R. de Felice, Beobachtungen zu Mussolinis Außenpolitik, in: Saeculum 24 (1973), S. 314 ff.
31 Siehe dazu ausführlich K. Hildebrand, Innenpolitische Antriebskräfte der nationalsozialistischen Außenpolitik (1974), in: Funke, Hitler, Deutschland und die Mächte, S. 236 f.
32 Vgl. beispielsweise ders., Vom Reich zum Weltreich, passim.
33 Siehe Anmerkung 22.
34 W. Schieder/Chr. Dipper, Einleitung, in: dies. (Hg.), Der Spanische Bürgerkrieg in der internationalen Politik (1936–1939). 13 Aufsätze, München 1976, S. 18. Über die Haltung des Deutschen Reiches zum Spanischen Bürgerkrieg siehe besonders die Darstellung von H. H. Abendroth, Hitler in der spanischen Arena. Die deutsch-spanischen Beziehungen im Spannungsfeld der europäischen Interessenpolitik vom Ausbruch des Bürgerkrieges bis zum Ausbruch des Weltkrieges (1936–1939), Paderborn 1974, und für die Weltkriegsjahre K.-J. Ruhl, Spanien im Zweiten Weltkrieg, Franco, die Falange und das »Dritte Reich«, Hamburg 1975.
35 W. Schieder, Spanischer Bürgerkrieg und Vierjahresplan. Zur Struktur nationalsozialistischer Außenpolitik, in: Schieder/Dipper, Spanischer Bürgerkrieg, S. 163.
36 Ebd., S. 166.
37 Ebd., S. 169.

38 M. Broszat, Soziale Motivation und Führer-Bindung des Nationalsozialismus (1970), in: Michalka, Nationalsozialistische Außenpolitik, S. 92 ff.
39 K. Hildebrand, Innenpolitische Antriebskräfte der nationalsozialistischen Außenpolitik (1974), in: ebd., S. 175 ff., und ders., Das Dritte Reich, S. 173 f. In welchem Maße sich die gerade auf diesem Gebiet ungemein differenzierte Forschungslage einer primitiven Schlagwort-»Historiographie« entzieht, zeigt H.-U. Wehlers bereits erwähnter Beitrag (siehe Anmerkung 15), der für die wissenschaftlich seriöse Geschichtsschreibung unbrauchbar ist, da er (ver)urteilt, ohne wissenschaftlich zu argumentieren, und da er die Entwicklung der Forschung nicht zur Kenntnis nimmt.
40 W. Michalka, Ribbentrop und die deutsche Weltpolitik 1933–1940. Außenpolitische Konzeptionen und Entscheidungsprozesse im Dritten Reich, München 1980, und ders., Die nationalsozialistische Außenpolitik im Zeichen eines »Konzeptionen-Pluralismus«. Fragestellungen und Forschungsaufgaben, in: Funke, Hitler, Deutschland und die Mächte, S. 46 ff.
41 H. Mommsen, Hitlers Stellung im nationalsozialistischen Herrschaftssystem, in: W. J. Mommsen (Hg.), Gesellschaft und Herrschaftsgefüge des »Dritten Reiches«, erscheint Stuttgart 1980.
42 G. Ziebura, Einleitung, in: ders. (Hg.), Grundfragen der deutschen Außenpolitik seit 1871, Darmstadt 1975, S. 2
43 E. Krippendorff, Verblendung, Zur Analyse von Außenpolitik, Zweiter Teil, in: ders. (Hg.), Internationale Beziehungen, Köln 1973, S. 122.
44 Vgl. dazu beispielsweise in repräsentativer Form: Weltherrschaft im Visier. Dokumente zu den Europa- und Weltherrschaftsplänen des deutschen Imperialismus von der Jahrhundertwende bis Mai 1945, hg. und eingel. von W. Schumann und L. Nestler unter Mitarbeit von W. Gutsche und W. Ruge, Berlin (Ost) 1975.
45 T. Mason, Arbeiterklasse und Volksgemeinschaft. Dokumente und Materialien zur deutschen Arbeiterpolitik 1936–1939, Opladen 1975. Überarbeitete Fassung der Einleitung zu diesem Band unter dem Titel: Sozialpolitik im Dritten Reich. Arbeiterklasse und Volksgemeinschaft, Opladen 1977.
46 Vor allem H. A. Winkler, Vom Mythos der Volksgemeinschaft, in: Archiv für Sozialgeschichte 17 (1977), S. 484 ff. Zur Einordnung in den Forschungsstand siehe dazu auch A. Hillgruber, Forschungsstand und Literatur zum Ausbruch des Zweiten Weltkrieges, in: Benz/Graml, Sommer 1939. S. 340 f.
47 E. Nolte, Hitlers Aufstieg und die Großindustrie, in: ders., Der Nationalsozialismus, Frankfurt a. M. u. a. 1970, S. 193.
48 W. Birkenfeld, Stalin als Wirtschaftspartner Hitlers (1939–1941), in: Vierteljahresschrift für Sozial- und Wirtschaftsgeschichte 53 (1966), S. 477 ff.
49 Dazu jetzt A. Hillgruber, Der Hitler-Stalin-Pakt und die Entfesselung des Zweiten Weltkrieges. Situationsanalyse und Machtkalkül der beiden Pakt-»Partner«, in: A. Hillgruber/K. Hildebrand, Kalkül zwischen Macht und Ideologie. Der Hitler-Stalin-Pakt: Parallelen bis heute? Zürich/Osnabrück 1980, S. 7–34 und 70–73.
50 J. Dülffer, Der Beginn des Krieges 1939. Hitler, die innere Krise und das Mächtesystem, in: Geschichte und Gesellschaft 2 (1976), S. 443 ff. Vgl. auch ders., Zum »decision-making-process« in der deutschen Außenpolitik 1933–1939, in: Funke, Hitler, Deutschland und die Mächte, S. 186 ff.
51 Winkler, Mythos der Volksgemeinschaft, S. 488 f.
52 Rich, Hitler's War Aims, Bd. 1, S. 58.
53 A. Hillgruber, Gutachten zur nationalsozialistischen Judenverfolgung auf dem Territorium der Sowjetunion (betr. Strafverfahren gegen Manfred R. K. Roeder, Az.: Js 175/77 [Kls]).
54 L. Dawidowicz, The War Against the Jews 1933–1945, London 1975.
55 K. A. Schleunes, The Twisted Road to Auschwitz. Nazi Policy Toward German Jews, 1933–1939, Urbana Ill. 1970.
56 U. D. Adam, Judenpolitik im Dritten Reich, Düsseldorf 1972; vgl. auch ders.,

An Overall Plan for Anti-Jewish Legislation in the Third Reich? in: Yad Washem Studies 11 (1976), S. 33 ff.
57 Adam, Judenpolitik, S. 360. Vgl. in diesem Sinne auch H. Mommsen, Nationalsozialismus oder Hitlerismus? In: M. Bosch (Hg.), Persönlichkeit und Struktur in der Geschichte, Düsseldorf 1977, S. 66.
58 M. Broszat, Hitler und die Genesis der »Endlösung«. Aus Anlaß der Thesen von David Irving, in: VfZg 25 (1977), S. 739 ff.
59 Vgl. dazu auch vor allem H. R. Trevor-Roper, in: The Sunday Times vom 12. 6. 1977; A. Bullock, in: The New York Review of Books vom 26. 5. 1977; E. Jäkkel, in: Frankfurter Allgemeine Zeitung vom 25. 8. 1977 und 22. 6. 1978.
60 Broszat, Hitler und die Genesis der »Endlösung«, S. 756.
61 Ebd., S. 770. Siehe dazu jetzt auch die dieser These zustimmenden Überlegungen von D. Bald im Rahmen einer Besprechung des Broszatschen Aufsatzes in: Militärgeschichtliche Mitteilungen 2/1979, bes. S. 244.
62 S. Haffner, Anmerkungen zu Hitler, München 1978, S. 172 ff.
63 Ebd., S. 178 f.
64 Vgl. dazu Th. Nipperdey, 1933 und Kontinuität der deutschen Geschichte, in: HZ 227 (1978), S. 86 ff.; D. Calleo, The German Problem Reconsidered. Germany and the World Order, 1870 to the Present, Cambridge u. a. 1978; G. Craig, Germany 1866–1945, Oxford 1977; E. Nolte, Deutscher Scheinkonstitutionalismus?, in: HZ 228 (1979), S. 529 ff., wieder abgedruckt in: ders., Was ist bürgerlich? und andere Artikel, Abhandlungen, Auseinandersetzungen, Stuttgart 1979, S. 179 ff.; F. Fischer, Der Stellenwert des Ersten Weltkriegs in der Kontinuitätsproblematik der deutschen Geschichte, in: HZ 229 (1979), S. 25 ff.; ders., Bündnis der Eliten. Zur Kontinuität der Machtstrukturen in Deutschland 1871–1945, Düsseldorf 1979; Hillgruber, Germany and World Politics, wie Anmerkung 1. Die deutsche Ausgabe dieser Studie ist soeben erschienen mit dem Titel: Die gescheiterte Großmacht. Eine Skizze des Deutschen Reiches 1871–1945, Düsseldorf 1980, siehe vor allem S. 109 ff. M. Stürmer (Hg.), Die Weimarer Republik. Belagerte Civitas, erscheint Kronberg 1980. Siehe auch K. H. Jarausch, From Second to Third Reich: The Problem of Continuity in German Foreign Policy, in: Central European History 12 (1979), S. 68 ff.
65 K. Hildebrand, Staatskunst oder Systemzwang? Die »deutsche Frage« als Problem der Weltpolitik, in: HZ 228 (1979), S. 624 ff. und ders., Großbritannien und die deutsche Reichsgründung, in: E. Kolb (Hg.), Bismarcks Reichsgründung und die Mächte. Erscheint in: Beiheft der HZ 1980.
66 A. Speer, Spandauer Tagebücher, Frankfurt a. M., Berlin, Wien 1975, S. 219.
67 B. Martin, Japan – Zur Rezeption und wechselseitigen Beeinflussung von Herrschaftspraktiken und Weltmachtbestrebungen, in: E. Forndran/F. Golczewski/D. Riesenberger (Hg.), Innen- und Außenpolitik unter nationalsozialistischer Bedrohung. Determinanten internationaler Beziehungen in historischen Fallstudien, Opladen 1977, S. 103. Vgl. jetzt auch M. Miyake, Die Lage Japans beim Ausbruch des Zweiten Weltkrieges, in: Benz/Graml, Sommer 1939, S. 195 ff.
68 Vgl. dazu auch K. Hildebrand, Weltpolitik 1931–1941: Internationales System und auswärtige Politik der Mächte. Bericht über die vierte Sektion des 31. deutschen Historikertages in Mannheim 1976, in: GWU 28 (1977), S. 151.
69 J. Dülffer, Der Einfluß des Auslandes auf die nationalsozialistische Politik, in: Forndran/Golczewski/Riesenberger, Innen- und Außenpolitik, S. 309.
70 Vgl. dazu jetzt L. Kettenacker, Die Diplomatie der Ohnmacht. Die gescheiterte Friedensstrategie der britischen Regierung vor Ausbruch des Zweiten Weltkrieges, in: Benz/Graml, Sommer 1939, S. 223 ff.
71 Zur Lage der Forschung in dieser Hinsicht zusammenfassend Hillgruber, Forschungsstand und Literatur, ebd., S. 361 ff.

Weitere Literatur zum Thema „Außenpolitik"

Marshall Lee/Wolfgang Michalka
Geschichte der deutschen Außenpolitik 1917–1933
Ca. 200 Seiten. Kart. ca. DM 24,–. ISBN 3-17-005217-9

Werner Link
Der Ost-West-Konflikt
Die Organisation der internationalen Beziehungen
im 20. Jahrhundert
1980. Ca. 230 Seiten. Ca. DM 16,–. ISBN 3-17-005888-6
Urban-Taschenbücher, Bd. 326

Paul Noack
Deutsche Außenpolitik seit 1945
1972. 206 Seiten. Kart. DM 22,–. ISBN 3-17-231191-0

Ernst-Otto Czempiel
Amerikanische Außenpolitik
Gesellschaftliche Anforderungen und politische
Entscheidungen.
1979. 188 Seiten. Kart. DM 28,–. ISBN 3-17-004803-1

Ursula Schmiederer
Die Außenpolitik der Sowjetunion
1980. 196 Seiten. Kart. DM 28,–. ISBN 3-17-005397-3

Oskar Weggel
Die Außenpolitik der VR China
1977. 172 Seiten. Kart. DM 25,–. ISBN 3-17-002695-X

Bitte Prospekt anfordern.

Verlag W. Kohlhammer
Stuttgart·Berlin·Köln·Mainz

William Carr

Adolf Hitler

Persönlichkeit und politisches Handeln
1980. Ca. 300 Seiten. Kart. ca. DM 28,–
ISBN 3-17-005136-9

Fünfunddreißig Jahre nach dem gewaltsamen Ende Adolf Hitlers im Bunker der Reichskanzlei ist die Frage noch immer aktuell: Wie konnte ein einzelner Mensch eine so ungeheure Wirkung auf seine Zeit und auf die Welt ausüben.

Das Buch des englischen Zeithistorikers ist keine Biographie im üblichen Sinn. Es zeigt Hitler vielmehr als Handelnden in der jeweiligen historischen Situation – weder als Werkzeug unpersönlicher Kräfte noch als Herr aller Situationen.

In fünf Kapiteln werden Hitlers Rollen als Parteipolitiker, als Staatsmann, als militärischer Führer, seine Weltanschauung und die medizinischen und psychischen Bedingungen seines Wirkens geschildert. Die Untersuchung beruht auf der Grundlage der modernen historischen Forschung und schlägt dort, wo sich das Phänomen Hitler ihr entzieht, eine Brücke zur aktuellen psychohistorischen Diskussion.

Professor William Carr, Ph. D., lehrt Europäische Geschichte an der Universität Sheffield.

Bitte Prospekt anfordern.

Verlag W. Kohlhammer
Stuttgart·Berlin·Köln·Mainz